中国博士后科学基金面上资助项目（项目编号：2019M650132）
中央高校基本科研业务费专项资金项目（项目编号：2019WA01）
双一流建设文化传承专项（项目编号：2018WHCC02）
国家社科基金项目（项目编号：18BZZ038）

性别、家国与生计
当代乡村美好生活建构研究

汪超 著

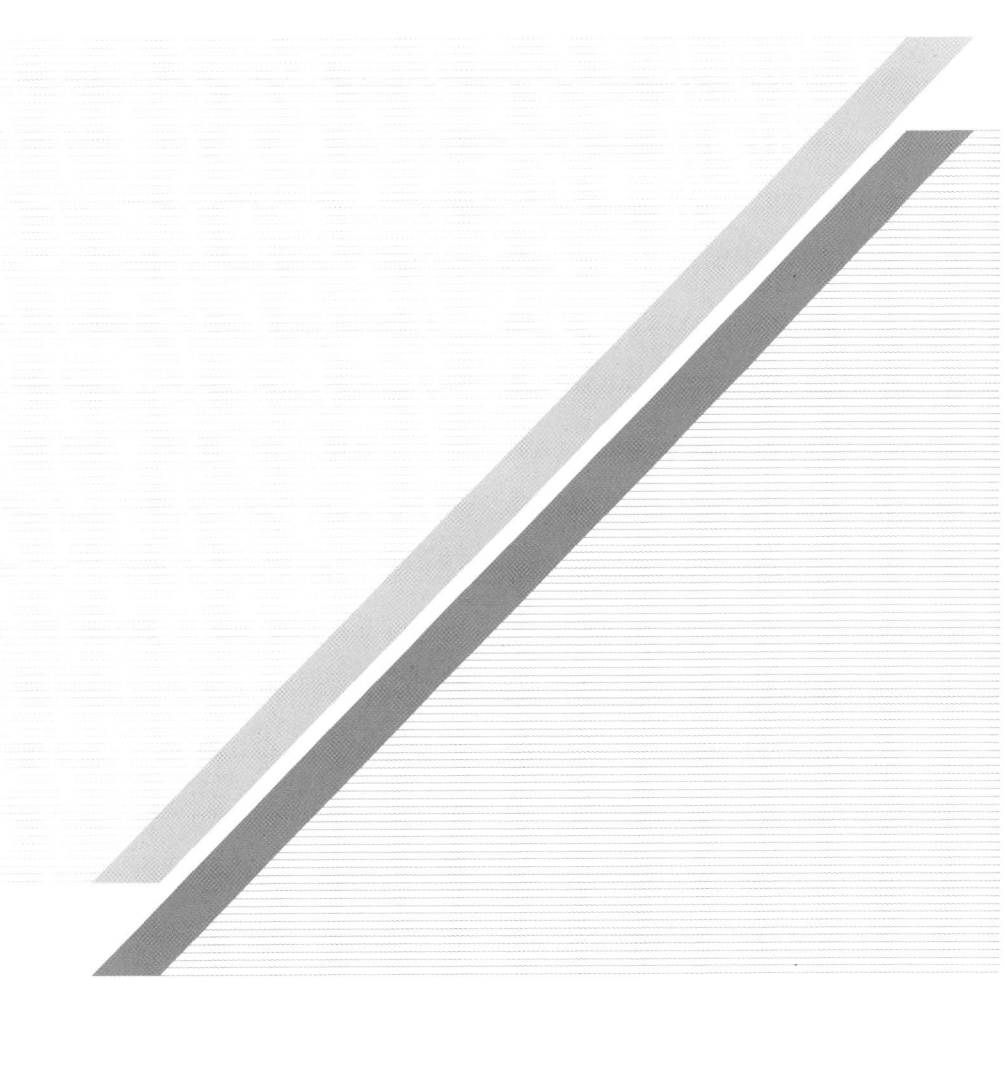

中国社会科学出版社

图书在版编目（CIP）数据

性别、家国与生计：当代乡村美好生活建构研究／汪超著．—北京：中国社会科学出版社，2019.7

ISBN 978-7-5203-4593-4

Ⅰ.①性… Ⅱ.①汪… Ⅲ.①农村—妇女问题—研究—中国—现代 ②乡村—社会生活—研究—中国—现代 Ⅳ.①D669.68②D422.7

中国版本图书馆 CIP 数据核字（2019）第 122377 号

出 版 人	赵剑英
责任编辑	杨晓芳
责任校对	张　扬
责任印制	王　超

出　　版	中国社会科学出版社
社　　址	北京鼓楼西大街甲 158 号
邮　　编	100720
网　　址	http://www.csspw.cn
发 行 部	010-84083685
门 市 部	010-84029450
经　　销	新华书店及其他书店
印　　刷	北京明恒达印务有限公司
装　　订	廊坊市广阳区广增装订厂
版　　次	2019 年 7 月第 1 版
印　　次	2019 年 7 月第 1 次印刷
开　　本	710×1000　1/16
印　　张	16
插　　页	2
字　　数	208 千字
定　　价	78.00 元

凡购买中国社会科学出版社图书，如有质量问题请与本社营销中心联系调换
电话：010-84083683
版权所有　侵权必究

序　　言

"家是最小的国，国是千万家。"国家富强、民族复兴、人民幸福不是抽象概念，最终要体现在千千万万家庭的幸福美满上，体现在亿万人民的美好生活上。"天下之本在家"，历史与现实告诉我们，家庭的前途命运同国家和民族的前途命运紧密相连。千家万户都好，国家才能好，民族才能好。[①] 我们要自觉能动地把实现家庭梦融入民族梦之中，心往一处想，劲往一处使，用我们4亿多家庭、13亿多人民的智慧和热情汇聚起实现"两个一百年"奋斗目标、实现中华民族伟大复兴中国梦的磅礴力量。[②] 然而，在城市化与工业化的高歌猛进之中，留在幸福彼岸的却是"空心化"的农村、"空巢化"的家庭。

家庭是整个社会的细胞，是人类最为基础的社会组织，是个体物质和精神需求的主要依托。[③] 家庭离散化的状态势必会造成家庭结构功能的部分缺损，带来难以弥合的灾难性裂解问题，导致农村妇女缺乏举家"进城生活"与"留村安居"的生计能力，留守与流动妇女群体面临着生计脆弱性困境。家庭离散不仅是社会失序的

[①] 2018年2月14日，习近平在2018年春节团拜会上的讲话。
[②] 2016年12月12日，习近平在会见第一届全国文明家庭代表时的讲话。
[③] 刘筱红、全芳：《农村留守家庭离散的生成逻辑与治理研究》，《华中师范大学学报》（人文社会科学版）2017年第56（05）期，第11—18页。

致病因子，也会演化为未来农村乃至整个国家社会的发展隐患，须以终结离散之势来解决农村妇女问题。① 因此，研究农村家庭离散的生成逻辑，破解家庭离散困境，对推动农村家庭幸福团聚与解决农村妇女生计脆弱性困境具有重要意义。

21世纪的中国是正在崛起中的超级大国，在如是宏大背景中关怀农村家庭，是精准把握机遇、迎接挑战、甄别"鲜花"、规避"陷阱"的正确选择。我们必须借助实践调查，才能正确"知己"、探本溯源，更好地推进我国和平崛起。关注家户的DFID理论框架则是一个强调整合宏观与微观、理论联系实践的逻辑成因分析框架，其既强调主体生计资本拥有情况与生计策略选择的能动性，又注重外部环境的宏观政策因素，可让读者领略DFID理论框架的内在逻辑性及其在现实中的解释性。理论与调查的合声共振，有助于该研究既有缜密的理论阐释，也有鲜活的事件述说，还有深刻的思想启迪和重大的研究指引。

"妇女解放的第一个先决条件就是一切女性重新回到公共的劳动中去。"② 当前中国国家治理现代化要实现"劣治"转为"善治"，需男女两性平等参与公私生活领域和决策。③ 对性别差异的研究也许就是这个时代从理智上获得拯救的关键课题④，本研究借由农村妇女问题的研究，延伸探讨了"家庭离散"对农村留守与流动群体问题的阐释作用，论述了作为村庄本源型制度的家户制度传统对农村系列逻辑问题的隐性建构作用，提出了需从乡村社会制度底色进行顶层设计的新政策议题，试图为中国"三农"问题的解决

---

① 汪超、刘筱红：《主流化的政策导向与进城务工女性市民化研究》，《内蒙古社会科学》（汉文版）2015年第36（01）期，第139—144页。

② 《马克思恩格斯文集》（第4卷），人民出版社2009年版，第88页。

③ 朱春奎：《社会性别主流化与国家治理现代化》，《中国行政管理》2015年第3期，第7—11页。

④ 张京媛：《当代女性主义文学批评》，北京大学出版社1995年版，第371页。

寻求特色的中国方案，也希冀成为其他国家参考借鉴的中国样本，力图增强中国道路的理论自信、制度自信与文化自信。

这份书稿付梓出版的时候，距离我硕士毕业到进入中国矿业大学任教正好五年。这五年间，经历了个人生活的变迁和从学生到教师的转变，也经历了教育国际化语境下的中国高校人文社会科学赶超式发展，东学西传、西学东渐和中西融合已蔚然成风，见它高楼平地起，个中感念自知。五年的光阴，如白驹过隙，消融在实质意义与象征意义的工作之中，偶有徘徊于闲来垂钓碧溪上、忽复乘舟梦日边的心境之间。这份书稿付梓出版，想来并非远大理想的支撑，不过是想要追问学术的好奇心与想要守持的职业专业。接下来的五年，我希望——我仍然可以是一个专业的高等学府教师和研究者，即便不那么优秀。

刘筱红老师将我带上学术之路，即便后来赴德国留学到如今工作，刘老师的学术教诲一直在潜移默化中指导着我。每感念及于此，内心五味杂陈。在学生心中，刘老师是最纯粹的学者。这本书是学生向老师提交的毕业五年学习报告。

谨以此书献给敬重的刘筱红老师！

汪超

2018年12月31日

目 录

第一章 绪论……………………………………………………（1）

一 研究背景与研究意义……………………………………（2）

（一）研究背景 ………………………………………（2）

（二）研究意义 ………………………………………（3）

二 国内外相关研究综述……………………………………（5）

（一）数据来源与研究方法…………………………（8）

（二）农村妇女研究的知识图谱……………………（11）

（三）研究前沿与发展趋势分析……………………（20）

（四）结论与思考……………………………………（23）

三 研究目标与主要内容……………………………………（25）

（一）研究目标………………………………………（25）

（二）主要内容………………………………………（26）

四 研究创新与研究特色……………………………………（26）

（一）理论工具的适恰性……………………………（26）

（二）研究视角的解释性……………………………（26）

（三）学术见解的创新性……………………………（27）

第二章　研究设计 …………………………………………… (28)
　一　理论工具与研究思路 ……………………………………… (28)
　　（一）理论工具 …………………………………………… (28)
　　（二）研究思路 …………………………………………… (33)
　二　研究变量与研究方法 ……………………………………… (35)
　　（一）研究变量 …………………………………………… (35)
　　（二）研究方法 …………………………………………… (39)
　三　问卷设计、实地调查与数据统计 ………………………… (40)
　　（一）问卷设计 …………………………………………… (40)
　　（二）实地调查 …………………………………………… (41)
　　（三）数据统计 …………………………………………… (42)

第三章　家庭离散：农村妇女生计脆弱性的症结点 ………… (49)
　一　农村家庭迁移与留守的基本情况 ………………………… (49)
　　（一）农村劳动力迁移男性化现象 ……………………… (49)
　　（二）农村留守家庭的离散化现象 ……………………… (50)
　　（三）农村家庭迁移与离散的印证 ……………………… (51)
　二　农村留守妇女生计脆弱性的表征 ………………………… (52)
　　（一）金融资本问题 ……………………………………… (52)
　　（二）人力资本问题 ……………………………………… (54)
　　（三）社会资本问题 ……………………………………… (55)
　　（四）物质资本问题 ……………………………………… (57)
　三　进城务工女性生计脆弱性的表征 ………………………… (58)
　　（一）金融资本问题 ……………………………………… (58)
　　（二）人力资本问题 ……………………………………… (60)

（三）社会资本问题 …………………………………………（64）
　　（四）物质资本问题 …………………………………………（68）

第四章　缘何两难：生计环境塑造的家庭生计抉择 …………（71）
　一　宏观结构框架：国家"四化"发展不同步的
　　　现代化建设 ………………………………………………（71）
　　（一）城镇化与工业化的非对称互惠共生 …………………（72）
　　（二）城镇化与农业现代化的偏利共生格局 ………………（73）
　　（三）工业化与农业现代化长期寄生状况 …………………（75）
　　（四）信息化与工业化、农业现代化、城镇化
　　　　　融合不足 ……………………………………………（76）
　二　中观脆弱背景：不断弱化家庭的社会现代化进程 ……（77）
　　（一）社会现代化进程不断冲击家庭意识 …………………（77）
　　（二）弥散的个人本位社会思潮缺损家庭功能 ……………（78）
　　（三）非均衡现代化建设实践缺乏家庭关怀观 ……………（79）
　三　微观行为选择：社会性别文化下家庭生计策略选择 …（79）
　　（一）传统社会性别文化形塑了家庭的性别
　　　　　分工模式 ……………………………………………（80）
　　（二）劳动生产过程社会化推动了家庭分工
　　　　　模式转向 ……………………………………………（80）
　　（三）家庭生计策略隐含了城市政策的性别
　　　　　分工刻痕 ……………………………………………（81）

第五章　研究结论与政策建议 …………………………………（83）
　一　研究结论 …………………………………………………（83）

二　政策建议 …………………………………………… (84)
　　　　（一）明确弥合家庭离散的价值导向 ……………… (85)
　　　　（二）构建弥合家庭离散的发展战略 ……………… (86)
　　　　（三）搭建弥合家庭离散的制度框架 ……………… (87)

第六章　延伸与总结 ………………………………………… (101)
　　专题一：家庭、儿童与老人 …………………………… (101)
　　专题二：家庭、农民工迁移与贫困 …………………… (131)
　　专题三：家户制传统、乡村土地与村级自治 ………… (162)
　　总结与讨论 ……………………………………………… (190)

参考文献 …………………………………………………… (192)

附录　农村留守与流动人口调查问卷 …………………… (213)

第一章

绪　论

随着国家工业化和城镇化的发展，农村劳动力的"家庭离散化"流动既使数量庞大的妇女"留守农村"抑或"流入城市"，也使农村出现大量的离散型家庭，造成家庭结构功能的部分缺损，带来了难以弥合的灾难性裂解问题，农村妇女被迫缺乏举家"进城生活"与"留村安居"的生计能力。家庭离散并非指家庭解体，而是指因打工和留守导致农村家庭成员长期分离、散住异地的现象。[①]家庭离散状态影响了家庭正常功能的发挥[②]，不仅是社会失序的致病因子，也会演化为未来农村乃至整个国家社会的发展隐患，必须通过离散家庭的适应性、维系性和修复性行为弥合，以终结离散方式来解决农村妇女问题。因此，研究农村家庭离散的生成逻辑，破解家庭离散困境，对推动农村家庭幸福团聚与化解农村妇女生计脆弱性具有重要意义。

[①] 汪超、刘涛：《生计脆弱性：何以为及何以能——来自中国农村进城务工女性的实践调查》，《苏州大学学报》（哲学社会科学版）2017年第5期，第47—54页。

[②] 金一虹：《离散中的弥合——农村流动家庭研究》，《江苏社会科学》2009年第2期，第98—102页。

一 研究背景与研究意义

(一) 研究背景

1. 贯彻新时代的主旋律：实现中华民族伟大复兴的中国梦

一个半多世纪以来，无数中华儿女一直在为实现中华民族伟大复兴这个最伟大的梦想而奋斗，并且成功总结出了中国特色社会主义理论体系，设计出了中国特色社会主义制度，探索出了一条中国特色社会主义道路，从而为圆梦提供了制度保障、理论与实践基础。不仅如此，实现这个最伟大的梦想仍将贯穿整个21世纪，成为时代的主旋律，激励着近14亿人为之贡献自己的青春年华与聪明才智，为之付出巨大且持久的努力。中国梦的魅力在于中国梦是民族的梦，也是每个中国人的梦，其根本目的就是要实现好、维护好、发展好最广大人民群众的根本利益，进而提升全社会的幸福指数，提高社会和谐的水平。

2. 民生导向的社会建设：关注社会弱势群体的生存与发展

增进民生福祉是发展的根本目的。必须多谋民生之利、多解民生之忧，在发展中补齐民生短板、促进社会公平正义，保证全体人民在共建共享发展中有更多获得感，不断促进人的全面发展、全体人民共同富裕。对于广大农村居民群体而言，民生工程直接影响到他们的生计质量，是决定他们的"幸福梦"能否实现的关键因素。男女平等的基本国策是妇女合法权益的重要制度保障，但由于社会性别歧视等因素的影响，农村女性在某些方面的处境比男性更艰难，在社会适应过程中承担着额外的生计成本，即因性别歧视或性别排斥所付出的代价。可见，消除社会建设与改善民生过程中的性别歧视与性别差异，促进可持续生计，是摆在我们面前的重要任务。

3. 乡村振兴的顶起践行：急需发挥妇女的巾帼建功作用

乡村振兴战略，是解决人民日益增长的美好生活需要和不平衡不充分的发展之间矛盾的必然要求，是实现全面建成小康社会和共同富裕的必然要求。然而，随着我国的快速城镇化，大量农村人口流入城市，造就了一支数量庞大的留守群体。其中，农村留守妇女是指丈夫外出打工，本人留守农村家庭的已婚妇女。在实施与推进乡村振兴战略过程中，要正确认识与发挥留守妇女的重要作用，为乡村振兴注入不一样的"动力"！"家庭离散"是本研究的核心概念，是指因打工和留守导致农村家庭成员长期分离、散住异地的现象。有报道称农村留守家庭是"类单亲家庭"，留守妇女是"体制性寡妇"，反映了农村留守妇女家庭离散现象是一个体制性产物，并且已经成为一个潜在危害影响深远、亟待治理的社会问题。

4. 新型城镇化的实质要求：从注重规模扩展到关注人的发展

新型城镇化的关键是农民工的市民化，而市民化的关键在于进城务工女性的身份转变。"人"的城镇化是"新型城镇化"中"新"的意蕴所在。只有农村妇女进城成为市民，才有可能举家迁居进城，留守子女才有可能"终结留守"，成为城市新居民。如果进城务工女性不能真正融入城镇，不仅会影响自身的发展，还会直接影响家庭成员（即丈夫、老人和孩子）的生存与发展。换言之，进城务工女性不能融入城市，农民工群体的市民化只能是一句空话。只有进城务工女性融入城镇，实现身份的转变，其他家庭成员的城镇化才能成为可能。

（二）研究意义

1. 在"新四化"进程中终结留守与解决农村留守问题

工业化、信息化、城镇化和农业现代化是相互联系、相互影响，互为支撑，互为促进的系统工程，系统中任何一方的偏废或滞后都会造成整个系统的结构失衡、发展失衡，导致非健康运行。农村留守家庭离散问题是结构失衡的产物，也是农村留守群体生计脆弱性的本质特征和困难的归结点，更是解决留守妇女问题的关键点。因而，解决留守群体生计脆弱性问题，关键是终止留守妇女之留守。将留守妇女家庭离散问题的治理纳入与"四化"同步的战略蓝图，有利于提高工业化、信息化、城镇化和农业现代化的质量，包括留守妇女、儿童、老人以及在外务工的男性家庭成员等庞大基层群体都将受益，还利于农民工家庭的市民化进程。

2. 实现务工女性的可持续生计与融入城镇的幸福梦想

中国道路建设关涉到"中国梦"的实现进程，"中国梦"归根到底又是人民的梦，必须紧紧依靠人民来实现。只有走中国道路才能真正促进进城务工女性的城镇融入，才能实现她们的城镇化梦想，进而激发她们建设中国道路的信心和动力。融入城镇是进城务工女性的梦想，这个梦想与民族复兴的中国梦密切相连。在中华民族复兴、国家富强的梦想蓝图中，包括农村进城务工女性这个人数众多、并且快速增长的群体的振兴和富强。也只有进城务工女性很好地适应社会，才能使举家迁移城镇成为可能，从而实现真正的城镇化。"三农"问题的核心是农民问题，实现进城务工女性城镇融入将带动农村三留守群体合理有序地向城镇转移，从而加快"三农"问题的解决。

3. 尝试深化可持续生计研究与拓展该理论的应用领域

我国学者主要运用可持续生计理论分析失地农民与农户生计等问题，直接关于农民工生计问题的研究相对较少。其中，关于工程移民生计资本的研究[①]，以及女性农民工以就业能力为核心的"可

---

① 杨云彦、赵锋：《可持续生计分析框架下农户生计资本的调查与分析——以南水北调（中线）工程库区为例》，《农业经济问题》2009年第3期，第58—65页。

持续生计"分析①是目前直接运用可持续生计概念分析农民工问题的有益尝试,不过现有成果尚未运用可持续生计理论框架展开系统研究。本研究不仅尝试将社会性别意识纳入可持续生计理论框架,直接将其应用于农村妇女生计方面的研究,还寻求从理论上解释和回答制度背景下农村妇女过去为何"被留守"和今后怎样"去留守"的问题,以及进城务工女性城镇融入过去如何"被阻滞"和今后怎样深度融合的问题。其理论成果既可应用于中国农村建设与城镇化的解释和质量改善,也期待可能作为一个解释框架和范型为世界他国借鉴。

二 国内外相关研究综述

学界对于"农村妇女"的概念一般存在三个层面的理解：一是指职业,即从事农业劳动的妇女；二是指居住地,即生活并居住在农村的妇女；三是指社会身份,即持有农村户口的妇女,而不论其从事何种职业或居住于何处。②本研究的"农村妇女"概念使用第三种解释,即包括留守妇女和进城务工女性两类群体。本章将结合这两类社会群体的相关文献对农村妇女研究进行全面的总结与进一步研究。

农村留守妇女现象主要出现在亚洲和一些发展中国家,近年来国外学者对此进行了研究。主要包括以下几方面：第一,运用理论框架分析留守现象。如史塔克和布鲁姆所提出的"家户策略理论"

---

① 肖云、郭峰：《女性农民工"可持续生计"问题研究——以重庆市女性农民工为个案》,《农村经济》2006年第3期,第100—104页。
② 高小贤：《农村妇女研究综述（1991—1995年）》,《妇女研究论丛》1997年第2期,第13—18页。

(houselold strategy)①，运用"流动—留守关系框架"研究亚洲的留守群体②。第二，外出务工对留守妇女产生的影响和改变。如日本秋津元辉、天野宽子等学者研究了日本战后男性农业劳动力外流时女性农业者的地位及变化。德赛和班纳吉对印度的男性务工者及留守妇女进行了研究，提出务工丈夫对留守妻子所造成的影响大小及形式取决于留守家庭的结构类型。③ 第三，对农村妇女留守问题原因和对策的分析。如英国牛津大学研究员项飚指出中国农村家庭作出流动和留守决定的背后具有根本性的制度制约，应该改变城乡分离的现状，增加对农村公共物品的供给。④

农民工的存在与发展代表了中国传统农村社会向现代工业社会过渡的转折点，关系到中国现代化的未来。⑤ 因而，有必要推进农业转移人口市民化。推进以人为核心的城镇化的关键是进城务工女性的城镇化，只有她们"体面劳动"与"活得有尊严"，才能融入城镇真正成为市民，进而才可能举家迁居进城，实现家庭的城镇化进而实现人的城镇化。⑥ 农民工问题确是一个具有鲜明中国特色的研究题目，在此领域，国外研究主要集中在国际移民问题上。随着中国国际地位的凸显，国外学者对中国农村移民进行了研究，如特

---

① Stark O, Bloom D E., The New Economics of Labor Migration, *American Economic Review*, 1985, 75 (2): 173-178.

② Toyota M, Yeoh B S A, Nguyen L., Bringing the "left behind" back into view in Asia: a framework for understanding the "migration-left behind nexus", *Population Space & Place*, 2010, 13 (3): 157-161.

③ Desai S., M. Banerji, Negotiated Identities: Male Migration and Left-behind Wives in India, *Journal of Population Research*, 2008, 25 (3): 337-335.

④ Xiang B., How Far are the Left-Behind Left Behind? A Preliminary Study in Rural China, *Population, Space and Place*, 2007, 13 (3): 179-191.

⑤ 韩长赋:《中国农民工的发展与总结》,中国人民大学出版社 2007 年版,第 3 页。

⑥ 汪超、刘筱红:《主流化的政策导向与进城务工女性市民化研究》,《内蒙古社会科学》(汉文版)2015 年第 1 期,第 139—144 页。

雷曼等人从社会资本角度分析了中国农村移民的决定性因素[①]，毛雷尔—法齐奥等发现户籍制度是影响农民工进入城市和产生收入差距的重要原因[②]，萨托提出租赁形式是解决农村移民居住问题的主要途径[③]。

国外研究成果为我们研究中国农村妇女问题打开了国际视野。国内学者对农村妇女的研究成果也为数不少，主要包括留守妇女的生存现状、功能、问题原因及对策，提出留守妇女主要面临劳动负担重、精神压力大、婚姻危机、子女教育困难等问题。有学者提出，留守妇女问题的解决取决于制度和政策导向是否有助于解决两方面的问题：一是如何让流动农民回到乡村，二是如何使留守妇女迁往城市。然而，农村进城务工女性在城市中遭遇边缘化困境，城乡分割的二元制度是影响该群体城市融入的最大障碍，社会网络、社会歧视、土地以及个体等因素，都可能对她们融入城市造成影响。

当前农村妇女研究较少运用科学统计软件进行系统性研究，既有研究呈现出碎片化状态，亟待科学与系统的文献梳理。基于此，本章节立足于改革开放 40 周年的时间节点，利用 CiteSpace 软件对时间区段内的文献进行梳理，力图建构农村妇女研究的知识图谱，试图对我国改革开放以来的此类主题研究进行科学的、系统的可视化分析。有鉴于此，本章节试图围绕以下三个重点问题展开：一是回顾改革开放以来农村妇女研究的知识图谱，直观展示此主题的研究信息；二是改革开放 40 年来农村妇女研究的时间序列，动态说

---

① Treiman D J., Politics and Life Chances in a State Socialist Regime: Dual Career Paths into the Urban Chinese Elite, 1949 to 1996, *American Sociological Review*, 2000, 65 (2): 191 – 209.

② Maurer- fazio M, Earnings and education in China's transition to a market economy Survey evidence from 1989 and 1992, *China Economic Review*, 1999, 10 (1): 17 – 40.

③ Sato H., Housing inequality and housing poverty in urban China in the late 1990s, *China Economic Review*, 2006, 17 (1): 37 – 50.

明此类主题的演进脉络；三是我国农村妇女的未来研究取向，深刻揭示此主题的前沿方向。

（一）数据来源与研究方法

1. 数据来源与分析

本章节数据来自中国学术期刊网络出版总库（CNKI）。由于农村妇女这一名词所囊括的范围十分广阔，所以按照"主题＝农村妇女，或者主题＝农村女性，或者主题＝留守妇女，或者主题＝留守女性，或者主题＝女性农民工，或者主题＝进城务工女性，或者主题＝打工妹，或者主题＝外来务工女性"进行高级检索。检索时将文献发表时间设置为1956—2018年，一共检索到15772篇文献，手动剔除其中没有主题词的文献、论坛公告、卷首语、征文启事等非研究文献3004篇，最后获得有效文献12768篇。由于CiteSpace对其输入数据格式要求为WoS（Web of Science）的形式，所以将检索得到的12768篇文献按照Refworks格式导出，在储存数据时以"download_ xxx"对文献命名，存储格式为". txt"，最终得到的文件便是要导入CiteSpace软件的数据集合。

根据所得文献的时间分布特征（见图1-1）可知，CNKI上第一篇有关农村妇女的研究文献出现在1956年。从农村妇女文献数量线性趋势线来看，虽然从2013年开始，相关文献数量有所减少，但是文献数量整体上呈现上升趋势，其中1994年和2013年是两个关键的时间点，这与当时的社会背景和国家政策紧密相关。1994年我国在北京和河南召开了两次有关农村妇女的专题研讨会，并且出版了相应的论文集，[①] 这极大地促进了学者对农村妇女的研究，使有关农村妇女研究的文献从1994年开始急剧增加。从2013年开

[①] 黄雯、李录堂：《中国农村妇女问题研究综述》，《哈尔滨工业大学学报》（社会科学版）2008年第3期，第55—61页。

始，我国农村妇女的研究逐年递减，且研究的局限性日渐突出，相关研究开始呈现衰退趋势。

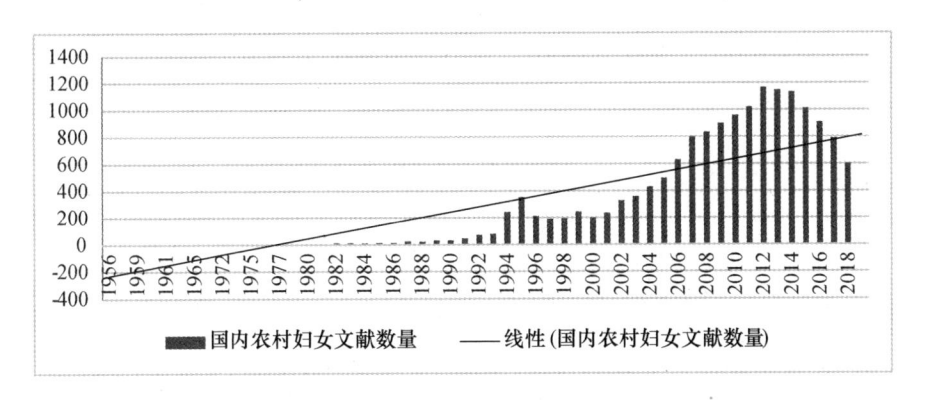

图 1-1　国内农村妇女文献分布图

从研究领域来看，农村妇女的研究主要分布在政治学[1]、社会学[2]、公共卫生与预防医学[3]、临床医学[4]、农业经济[5]等学科。其中政治学是最主要的研究领域，有 3759 篇相关的文献，约占到总数的 23.77%。社会学领域在此研究中也占很大的比重，有 3279 篇，占到总数的 20.74%。总体而言，此类研究所涉及的领域还是相对比较广泛的。关于"农村妇女"的相关文献《中国女性乳腺癌的发病和死亡现况——全国 32 个肿瘤登记点 2003—2007 年资料分析报告》最早出现在期刊《肿瘤》（2012 年第 32 卷第 6 期）上，

---

[1] 惠建利：《农村集体产权制度改革中的妇女权益保障——基于女性主义经济学的视角》，《中国农村观察》2018 年第 6 期，第 73—88 页。
[2] 程铭莉：《农村进城务工女性社会融入问题思考——基于辽宁省四城市实地调查》，《中华女子学院学报》2018 年第 30（06）期，第 72—77 页。
[3] 郭玉芹：《健康宣教对农村地区女性"两癌"认知水平及筛查行为的干预效果探讨》，《中外女性健康研究》2018 年第 22 期，第 85—86 页。
[4] 赵迪、冯秀娟、厉萍：《农村中年女性睡眠质量与心理困扰、正念的关系》，《中国心理学会》，《第二十一届全国心理学学术会议摘要集》，《中国心理学会》，2018 年版，第 2 页。
[5] 范欣、韩琳琳、寇志霞：《农村女性参与乡村振兴战略路径探析》，《邢台学院学报》2018 年第 33（04）期。

描述了2003—2007年中国女性乳腺癌的发病和死亡情况,发现女性乳腺癌已经成为中国女性最常见的癌症之一,且农村女性乳腺癌的发病率和死亡率显著高于城市。此文献至今已被引用514次,被下载4426次,表明其成果对今天仍有重要的借鉴意义。

表1-1　　　　　　　　　　高被引用文献及作者

序号	文献名	作者	年份	被引用次数
1	中国女性乳腺癌的发病和死亡现况——全国32个肿瘤登记点2003—2007年资料分析报告	黄哲宙、陈万青、吴春晓,等	2012	514
2	第二期中国妇女社会地位抽样调查主要数据报告	第二期中国妇女社会地位调查课题组	2001	414
3	第三期中国妇女社会地位调查主要数据报告	第三期中国妇女社会地位调查课题组	2011	394
4	进城农民工就业状况及收入影响因素分析——以北京、石家庄、沈阳、无锡和东莞为例	高文书	2006	233
5	当代中国农村劳动力转移及农业女性化趋势	高小贤	1994	228

2. 研究工具与方法

本章节选用的科学计量工具是由华裔学者陈超美教授创制的CiteSpace软件,其可用于观察某个研究领域的研究热点、重点、趋势及动向等,并能以可视化的方式加以呈现。CiteSpace软件主要是依据人们输入的数据来绘制相对应的知识图谱,从而实现对某研究领域中相关问题的分析。知识图谱(Mapping Knowledge Domains),也称为科学知识图谱,是显示知识发展进程与结构关系的一系列各种不同的图形。它用可视化技术来描述知识资源及其载体,从而使人们能够挖掘、分析、构建、绘制和显示知识及它们之间的相互联系。[1]

由于CiteSpace强大的运算体系为研究者提供了极大的便利，因此其被广泛应用于信息科学、图书馆学、计算机科学、管理科学、地理学等多种学科。本章节通过对检索所得到的文献中的关键词（Keywords）进行聚类（Cluster）、对关键词进行突现性检测来生成有关农村妇女研究的知识图谱。最后再详细地分析图谱中的模块性（Modularity）、网络节点（Node）、中介中心性（Betweenness Centrality）、演进路径（Path）等数值，从而来展现1956年以来有关农村妇女研究的全貌。

本章节运用CiteSpace软件绘制知识图谱之前，需要进行以下几点操作。一是将数据操作栏右侧的时间区间（Time Slicing）调整为1956—2018年，将时间切片设置为三年。二是在文本处理（Text Processing）栏下的术语来源（Term Source）中勾选全部选项，包括文献标题（Title）、摘要（Abstract）、关键词（Author Keywords）、标识符（Keywords Plus）。三是在节点类型（Node Type）中选中Keywords。四是将选择标准（Select Criteria）中的节点数据选择为100，其他保持默认值即可。通过以上操作，设置好了数据输入软件时需满足的相关公式，最后可以生成与关键词相关的知识图谱。

（二）农村妇女研究的知识图谱

本章节运用CiteSpace软件进行作者和机构分析、关键词聚类、突发性检测、中介中心性分析、时间线图谱绘制等操作，得到农村妇女研究的关键词共现图谱（见图1-2），图谱中每个节点代表一

---

[1] 梁永霞：《引文分析学知识图谱》，大连理工大学出版社2012年版，第132—133页。

个关键词，节点越大说明该关键词出现次数越多；节点颜色反映关键词出现的时间，色调越冷说明关键词出现越早，色调越暖说明关键词出现越晚；节点之间的连线代表关键词间的相互关系，连线的粗细反映关键词间关系的密切程度。图谱中共有 563 个节点，2205 条连线，网络密度为 0.0139，Modularity Q = 0.5673，大于临界值 0.3，说明该图谱模块化程度较高，聚类效果显著。

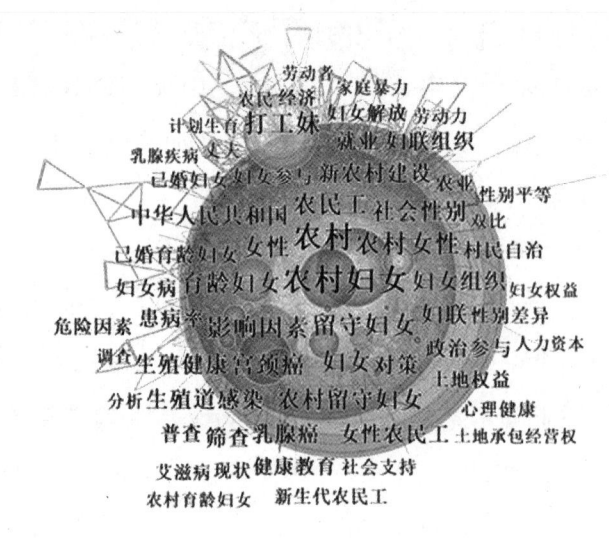

图 1-2　农村妇女关键词共现图谱

1. 研究重点：关键词共现聚类分析

聚类（Cluster）是将分析对象划分成类或簇，在同一个类或簇中数据对象的同质性程度较高，不同类中异质性程度较高。[①] 通过农村妇女关键词共现聚类图谱（见图 1-3）可知，图谱中一共存在 12 个聚类，分别为妇联组织（#0）、宫颈癌（#1）、经济体制（#2）、留守妇女（#3）、打工妹（#4）、育龄妇女（#5）、妇女（#6）、社会性别（#7）、女性（#8）、妇女运动（#9）、妇女解放（#10）、劳动局（#11）。根据各聚类的特性进行聚类编码，本章节

---

① 韩家炜：《数据挖掘概念与技术》，机械工业出版社 2012 年版，第 185—186 页。

将聚类分为3组（见表1-2）。

图1-3 农村妇女关键词共现聚类图谱

表1-2 农村妇女聚类编码表

编码	聚类结果
#A. 研究主体	妇联组织（#0）、劳动局（#11）
#B. 研究客体	留守妇女（#3）、打工妹（#4）、育龄妇女（#5）、妇女（#6）、女性（#8）
#C. 研究主题	宫颈癌（#1）、经济体制（#2）、社会性别（#7）、妇女运动（#9）、妇女解放（#10）

（1）研究主体（#0、#11）

作为伟大祖国和伟大时代中的基层群体，农村妇女不仅是改革成果的贡献者，也必须是改革红利的同享者，当然也应该有人生出彩的机会。随着农村妇女问题逐渐凸显，党中央对农村妇女的重视程度也不断增强，也吸引越来越多的学者、机构研究农村妇女问题，帮助她们得到更好的发展。妇联组织是党和政府联系妇女群众的重要纽带，开展农村妇女研究，妇联组织责无旁贷。管艾宏等学者认为妇联组织应该创建实施组织、信心、爱心等"六大工程"来提高打工妹的思想政治认识。① 蒋月娥就妇联组织在农村留守妇女保护问题上的做法和改进措施提出了自己的见解。② 随着农村妇女非农转移问题的出现，劳动局对农村妇女也越发重视。

（2）研究客体（#3、#4、#5、#6、#8）

本章节所研究的"农村妇女"概念涵盖范围较广，主要包括留守妇女、女性农民工、打工妹等。对于留守妇女，学界已经有了较为成熟的研究，其中封立涛等以湖北省为例，研究得出留守妇女现象的根本原因是家庭最优化选择的结果。③ 有学者提出，留守妇女问题的解决取决于制度和政策导向是否有助于解决两方面的问题：一是如何让流动农民回到乡村，二是如何使留守妇女迁往城市。对"打工妹"等农村进城务工女性，早在 20 世纪 90 年代中期，国内已有课题组集中关注该群体特征、生存状态、流动过程和普遍心态问题，同时针对权益保护、平等发展等问题提出了对策与建议。④

（3）研究主题（#1、#2、#7、#9、#10）

目前关于农村妇女的研究主题较多，但从家庭离散角度研究农村妇女问题的文献较少。金一虹认为，家庭离散是一种偏离常态的，造成家庭结构功能部分缺损的状态，它带来了难以弥合的灾难性裂解问题，必须通过离散家庭的适应性、维系性和修复性行为弥合。⑤ 农村劳动力"性别差异化"和"家庭分散化"的流动使农村

---

① 管艾宏、耿丽、吕玉芹：《创建实施"六大工程"推动打工妹思想政治工作》，《中国妇运》2005 年第 7 期，第 27—28 页。
② 蒋月娥：《农村留守妇女问题的思考与建议》，《中国妇运》2011 年第 8 期，第 44—46 页。
③ 封立涛、刘再起：《湖北留守妇女形成原因分析——基于理性选择》，《华中师范大学学报》（人文社会科学版）2014 年第 1（S1）期，等 34 页。
④ 宋玉书、王纯菲：《广告文化学》，中南大学出版社 2004 年版，第 53 页。
⑤ 金一虹：《离散中的弥合——农村流动家庭研究》，《江苏社会科学》2009 年第 2 期，第 98—102 页。

进城务工女性陷入异态生存困境。传统社会性别文化使她们在城镇资源分配过程中被边缘化，在削弱她们城镇融入能力的同时也增大了其城镇融入难度；不积极的家庭政策导致农民工家庭共同体碎化，既抬高了进城务工女性在城镇生存发展的成本，也致使其因家庭难以在城镇生存而面临回流的可能。

2. 研究热点：关键词词频分析

研究热点是指某一时段内在联系较频繁、数量相对较多的一组文献所探讨的科学问题或专题。[①] 关键词的出现频数和研究热度存在正相关关系。因此，本章节选用关键词频数指标来衡量研究热点。通过 CiteSpace 软件中的数据可以得出关键词特征表，并按频数进行倒序排列。由表1-3中数据可知，出现频数≥200的关键词共有24个，关于农村妇女的研究热点主要为以下三个方面：

表1-3　　　　　　关键词特征分布表（词频≥200）

序号	关键词	频数	序号	关键词	频数
1	农村妇女	2002	13	社会性别	277
2	农村	1686	14	妇女组织	272
3	农村女性	524	15	妇联	264
4	打工妹	514	16	生殖健康	263
5	留守妇女	497	17	生殖道感染	257
6	影响因素	427	18	对策	233
7	妇女	401	19	新农村建设	231
8	农民工	387	20	中华人民共和国	221
9	女性	382	21	乳腺癌	208
10	宫颈癌	347	22	就业	205
11	育龄妇女	342	23	妇联组织	204
12	农村留守妇女	294	24	筛查	202

---

① Chen C., CiteSpace II: Detecting and visualizing emerging trends and transient patterns in scientific literature, [J]. *Journal of the Association for Information Science & Technology*, 2014, 57 (3): pp. 359-377.

(1) 农村妇女的非农转移

"打工妹"的出现频次是 514,"农民工"的出现频次是 387,"就业"的出现频次是 205,一定程度上反映出农村妇女向非农产业转移趋势。农村劳动力从农业部门转移到非农业部门,是各国现代化进程中的共同现象,在一定程度上它是衡量农村现代化的重要标志。[①] 中国 19 世纪 70 年代末开始的经济体制改革对中国的一个重大影响就是 2 亿多农村劳动力脱离了农业生产,相当数量的农村妇女也完成了从农民到非农民的身份转换。虽然农村妇女的非农转移较男性存在一定程度的滞后性,但这一变化给农村妇女带来了极大的影响。

(2) 农业女性化特征凸显

"留守妇女"的出现频次是 497,"农村留守妇女"的出现频次是 294,一定程度表明农业女性化趋势。中国传统农业生活的一个基本特征是以铁犁牛耕为主要方式的精耕细作。于是,通过生理基础上的家庭内部分工,由男性承担起劳动力需求较多、劳动强度较大的田间劳作,女性则担负起劳动强度相对较小的家务劳动,形成男女生理优势得以发挥的"男耕女织"的分工模式。[②] 新中国成立后,农村妇女开始从"生在锅前、死在锅台"的命运中挣脱出来,积极投身于"社会主义革命与建设",在整个农村生产生活中扮演着"半边天"的角色。尤其是生产社会化条件下的社会分工减少了农业生产所需劳动时间和劳动力,使得留守妇女亦能从事繁重的农业生产,促使农村剩余劳动力不断转移至非农产业,这种新型分工格局称为"男工女耕"模式。

[①] 高小贤:《农村妇女研究综述(1991—1995 年)》,《妇女研究论丛》1997 年第 2 期,第 13—18 页。

[②] 李伯重:《多视角看江南经济史(1250—1850)》,生活·读书·新知三联书店 2003 年版,第 308—310 页。

（3）农村妇女健康问题堪忧

"宫颈癌"的出现频次是347，"生殖健康"的出现频次是263，"生殖道感染"的出现频次是257，"乳腺癌"的出现频次是208，"筛查"的出现频次是202，这些高频关键词均指向健康问题，说明农村妇女的身体健康引起学者的关注。其中，江洪等探讨了农村留守妇女身体健康的诸多影响因素，并提出改善留守妇女健康的对策。[①] 舒星宇等则对农村更年期妇女的生殖健康服务现状进行了研究，并提出了相关政策建议。[②]

3. 演进路径：时序图谱分析

CiteSpace软件生成的时序图（Timeline）（见图1-4）可以非常直观地展现出我国农村妇女研究的演进路径。1956—2018年我国农村妇女研究热点的时间线清晰地展示了该主题的发展过程。我国农村妇女的相关研究最早起源于1956年，初期的研究成果比较少，80年代后，研究逐渐增多，出现了很多新关键词，研究范围不断拓宽，研究内容不断加深，并在2012年达到该主题研究的顶峰阶段。但从2013年起，研究呈现出衰退的趋势，一大部分研究主题开始逐渐淡出人们的视野，不再是研究的重点与热点。

普赖斯（Price）依据科学文献增长规律，总结了学科发展阶段的理论，提出了学科的发展过程包括学科诞生期、学科大发展期、学科理论成熟期和学科理论完备期4个阶段。时序图可以清晰地展现一个研究主题发展的全过程，可以展现一个聚类演变的时间跨度和研究进程。图1-4中，聚类#1（宫颈癌）领域，相关研究的时间跨度为1975—2016年。聚类#3（留守妇女）领域，相关研究的时间跨度为1992—2016年。通过对时序图的分析以及对12个聚类

[①] 江洪、李继华、傅兰英：《农村留守妇女健康状况及健康需求调查——基于社会性别的视角》，《湖南社会科学》2014年第2期，第112—115页。

[②] 舒星宇、孙晓明、宗占红等：《农村围更年期女性人口生殖健康服务现状与发展战略研究》，《人口与发展》2015年第21（03）期，第61—66页。

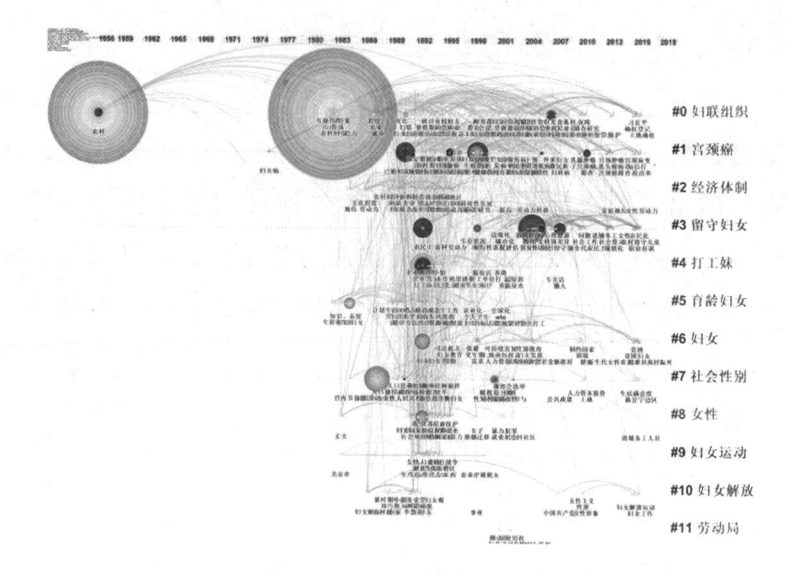

图 1-4　农村妇女关键词共现聚类时序图 (Timeline)

信息的考虑，本章节将农村妇女的演进路径分为三个阶段：研究起步期为 1956—1993 年，研究发展期为 1994—2012 年，研究低谷期为 2013 年至今。

(1) 1956—1993 年：农村妇女研究的起步期

这一阶段的研究文献数量少，研究主题分散。80 年代中期经济体制改革由农村转入城市，引发了一系列城市妇女问题，如企业拒收女工、城市职业妇女的双重负担等。在此背景下，对妇女的相关研究兴起。由于农村经济体制改革带来的经济快速增长掩盖了农村性别问题，也由此导致农村妇女的相关研究偏少。到 80 年代后期，才有了一些关于农村妇女和女性劳动力非农转移的研究。其中，黄西谊研究了中国当代社会变迁中农村妇女经济身份转换的问题。[①] 高小贤则对我国农村妇女迁移的一般状况和特点进行了分析，

---

① 黄西谊：《中国当代社会变迁中农村妇女经济身份的转换》，《社会学研究》1990 年第 6 期，第 60—72 页。

并提出对策性建议。① 综合这一阶段的研究，我国农村妇女研究尚处于起步阶段，有待进一步深入与完善。

(2) 1994—2012 年：农村妇女研究的发展期

这一阶段，不论是从研究成果、研究领域，还是研究队伍来看，农村妇女研究都有长足的发展，主要原因是 1994 年召开了两次与农村妇女有关的专题研讨会（1994 农村妇女与发展研讨会和 1994 农村妇女发展与对策研讨会），以及 1995 年在北京召开的第四次世界妇女大会②。1994 年的专题研讨会促进了一批优秀著作和文献的出现，1995 年世界妇女大会则使中国妇女问题得到世界范围的

---

① 高小贤：《女性人口迁移与城镇化》，《农村经济与社会》1990 年第 6 期，第 22—28 页。
② 宪法从国家层面规定了男女平等。为进一步落实宪法的规定，1995 年 9 月 4 日，江泽民在联合国第四次世界妇女大会开幕式上庄严提出，"我们把男女平等作为促进社会发展的一项基本国策"，使"男女平等"进入了国家政策体系的最高层，从源头上为实现男女平等提供了有力保障。2012 年年底召开的中国共产党第十八次全国代表大会将男女平等基本国策写入了大会的报告，标志着这项国家基本公共政策完成了从"政府承诺"到"立法确认"再到"执政党意志"的全方位"认证"，也表明社会性别意识已进入社会主流的轨道。基本国策是执政党的基本价值取向与治国方针，中国传统社会也有基本国策，最近研究国学的学者们在热辩三纲价值。所谓三纲，君为臣纲、父为子纲、夫为妻纲。这是当时的基本价值，也是治国的基本原则。"三纲派"通过对中国文化基本价值反思，认为三纲是"中国文化的精神"，这个纲的含义"所代表的是一种服从大局的精神"，三纲五常的意义在于，是从人与人的良好关系建构出发的。而"解构三纲派"则认为，三纲实际上是把妻要顺夫，变成了一个普遍的原则，从妻顺夫开始，逐级推衍，建立一个不平等的社会等级架构，"三纲"的价值与现代价值是相悖的。三纲之辩是一个很长的话题，笔者在这里只想说，夫妻关系进入三纲，说明关于社会性别关系的看法或者说是价值取向是其他社会关系的起点，社会性别关系的定位，也制约其他关系的定位。两千余年前的韩非子很懂得这个道理，所以他说："臣事君，子事父，妻事夫，三者顺则天下治，三者逆则天下乱。"妻事夫是一种不分对错的绝对服从，由此推衍，则父子、君臣关系也须如此。传统社会男女的服从关系是其他服从关系的基础、现代社会男女平等是其他社会关系平等的基础。传统社会将夫妻关系上升到"三纲"的基本价值高度，宣称天不变，这个"道"亦不变。现代社会要建立平等、和谐的社会关系，同样要从社会性别平等关系这个基础、这个起点开始，同样应该而且必须将社会性别平等上升到基本国策的高度。1995 年中国国家领导人承诺男女平等作为基本国策，有其特定的历史背景，从"承诺"到认同，到"立法确认"，再到党的十八大成为"执政党意志"，中国执政党的进步、中国社会的进步彰明较著，这个基本国策才是真正"从人与人的良好关系建构出发"，是对"中国文化精神"的重大发展。（刘筱红、汪超：《21 世纪中国妇女政治参与：希望中的前行》，载于《21 世纪中国女性文化本土化建构研究报告集成：2001—2012》，现代出版社 2013 年。）

重视，各种妇女组织以及学术间的交流活动迅速增加，一些国际组织和机构资助了许多与妇女发展相关的研究项目，这其中就有许多是关于农村妇女问题的。此后，农村妇女研究一直是学界关注的焦点，出现大量成熟且高质量的研究成果。

（3）2013年至今：农村妇女研究的低谷期

从2013年开始，对于农村妇女的研究呈现出低迷的趋势。虽然这一主题的研究仍在进行，但整体上已不及过去，而且研究成果大多具有局限性，主要存在以下几方面问题：一是碎片化研究多而系统性研究少，大多数学者是以某一地区的资料为基础进行研究，使研究结果缺乏普遍意义；二是横向研究多而纵向研究少，学者们多从某一具体时间点对农村妇女进行调查，很少会针对某一问题进行持续性、跟踪式的历时性研究；三是定性研究多而定量研究少，但定性研究又很少能更深层次地揭示农村妇女问题。

（三）研究前沿与发展趋势分析

研究前沿是科学研究中最先进、最近、最有发展潜力的研究主题或研究领域。[1] 突变词是指在较短时间内出现较多或使用频次较高的词。[2] 依据对突变词的分析，可以推断出农村妇女研究的前沿热点和发展趋势，从而实现对农村妇女研究的未来展望。CiteSpace软件生成了25个具有突变性质的关键词，可通过这些关键词来反映农村妇女研究的前沿问题。通过对这25个关键词的年限特征以及突变率的分析，发现农村妇女未来的研究方向主要围绕以下几方面展开（见图1-5）：

---

[1] 秦晓楠、卢小丽、武春友：《国内生态安全研究知识图谱——基于Citespace的计量分析》，《生态学报》2014年第34（13）期，第3693—3703页。

[2] 孙晓红、韩布新：《国内外流动儿童青少年心理健康状况研究：基于CiteSpace的可视化分析》，《中国青年研究》2018年第12期，第67—73页。

Top 25 Keywords with the Strongest Citation Bursts
1956—2019

Keywords	Year	Strength	Begin	End
生育率	1956	9.2532	1982	1997
丈夫	1956	13.9773	1983	2004
计划生育	1956	21.6603	1983	2006
地位	1956	21.955	1984	2004
劳力	1956	5.216	1984	1997
宫内节育器	1956	4.4586	1984	1994
劳动力	1956	15.4535	1986	2004
家务劳动	1956	7.4713	1986	2000
文化程度	1956	7.0208	1986	1994
程度	1956	8.2851	1987	2005
农业	1956	23.1175	1987	2002
农村妇女素质	1956	9.1212	1989	2006
文盲	1956	13.7508	1989	1999
经济	1956	26.6664	1989	2005
劳动	1956	8.0475	1989	2000
女性人口	1956	11.6788	1989	1997
计划生育工作	1956	5.8352	1989	1997
多胎生育	1956	4.7089	1989	1997
乡村	1956	7.5407	1989	1992
生育观念	1956	7.0338	1989	2003
生育水平	1956	7.6205	1990	1997
避孕方法	1956	8.4489	1990	1997
农村工业	1956	5.3885	1990	2006
中华人民共和国	1956	37.0944	1990	2000

图1-5 突变率排名前25的关键词

1. 生育问题持续升温

在很大程度上，人类生活就发生在一个人类建构的世界中，其生命具有历史积淀性，这种沉积是一种对待世界的态度。[①] 在农村社会中，"父权"意识、传宗接代、儿女双全等传统观念根深蒂固。[②] 因此，在对农村妇女的研究中，与生育相关的主题一直是研究的焦点。目前，农村社会在一定程度上对生育观念、生育健康等问题还缺乏正确的认识，对此，殷浩栋等研究了子女性别对贫困地区农村妇女家庭决策权的影响机制，并就引导生育观念转变提出了建议对策。[③] 刘筱红等对农村妇女生育意愿进行了研究，提出为实现"二胎"政策目标需要通过配套制度设计来缓解人口再生产的压

---

① Berton G., THE PHENOMENOLOGY OF PERCEPTION, [J]. *Transatlantic Review*, 1964, pp. 111–113.

② 田立法、荣唐华、张馨月等：《"全面二孩"政策下农村居民二胎生育意愿影响因素研究——以天津为例》，《人口与发展》2017年第23（04）期，第104—112页。

③ 殷浩栋、毋亚男、汪三贵等：《"母凭子贵"：子女性别对贫困地区农村妇女家庭决策权的影响》，《中国农村经济》2018年第1期，第108—123页。

力,从而提高妇女的生育意愿。① 将来如何改善与农村妇女生育相关的问题,还需要学者们进一步探索。

2. 文化贫困问题亟待解决

文化贫困指某一特定文化的低水平、低层次状态,它不单纯是指知识贫困,更是指某一群体、家庭或个人在科学技术修养、价值观念、思维方式、心理素质、思想道德状况及行为趋势上落后于当代社会的发展水平,从而影响其自身生存和发展的落后状态。② 然而,农村妇女中普遍存在受教育程度低、文化生活单一、法律意识较为淡薄等问题,她们或多或少处于文化贫困的状态,这不仅关系到其自身的发展,还会影响到家庭的和睦、社会的和谐以及下一代的健康成长。因此,改善农村妇女文化贫困是目前亟待解决的一个问题。

3. 农村经济发展

随着我国工业化和城镇化的发展,农村大量男性劳动力向非农行业转移,加之农村妇女非农转移具有滞后性,因此农业女性化的特征逐渐突出,农村女性已日益成为推动农业以及农村经济发展的中坚力量。这也与中国传统的性别分工有关系,传统的性别分工将妇女定型为以家庭为主的形象,赋予男性资源配置的优先权利,选择男性进入获利更多的城市产业而将女性留守在无酬家庭农业中。因此,农村妇女的职业教育水平直接关系到农业的发展与农村经济水平的进步。③ 而影响农村妇女职业教育水平的因素有很多,包括基础教育水平、政府政策、农村传统文化等。因而,如何切实、有

---

① 刘筱红、余成龙:《集体化时期农村妇女生育意愿的变化:制度系统性调适视角——基于湖北省多点口述史与鄂北冯村的研究》,《妇女研究论丛》2018年第1期,第63—81页。
② 庞海云:《农村留守妇女文化贫困问题及对策研究》,《成人教育》2014年第34(08)期,第45—47页。
③ 石菊红:《农村妇女职业教育对农村发展的影响及对策》,《广东农业科学》2009年第11期,第272-273+284页。

效地提高农村妇女职业教育水平,促进农村经济发展,还有待进一步研究。

(四) 结论与思考

本章节利用科学计量软件 CiteSpace 对我国农村妇女的研究成果进行了知识图谱构建,通过上述分析,得出以下结论:

1. 农村妇女研究的重点

从农村妇女关键词共现聚类图谱可以看出,我国农村妇女研究的重点包括研究主体、研究客体和研究主题。在研究主体方面,妇联组织作为党和政府联系妇女群众的重要纽带,对农村妇女的研究做出了较大贡献。在研究客体方面,本章节所研究的农村妇女涵盖范围较广,包括农村留守妇女、农村进城务工女性、打工妹等。在研究主题方面,农村妇女可以与多种学科进行交叉研究,其研究主题不计其数,但从家庭视角展开的精致研究有限。[①]

2. 农村妇女研究的热点

由 CiteSpace 生成的关键词特征分布表可以看出,我国农村妇女的研究热点主要有三个:一是我国经济体制改革后,工业化和城镇化所带来的农村妇女非农转移问题。二是农村大量男性劳动力向非农产业转移,以及中国传统的性别分工将妇女定型为以家庭为主的形象,将女性留守在无酬家庭农业中,导致农业女性化特征凸显。三是农村妇女健康问题堪忧,越来越多的学者致力于研究如何提高农村妇女健康水平。

3. 农村妇女研究的演进路径

通过对时序图(Timeline)的分析,可以将我国农村妇女研究的演进路径大致分为三个阶段:农村妇女研究的起步期(1956—

---

① 汪超、刘筱红:《主流化的政策导向与进城务工女性市民化研究》,《内蒙古社会科学》(汉文版)2015 年第 36(01)期,第 139—144 页。

1993年)、农村妇女研究的发展期(1994—2012年)、农村妇女研究的低谷期(2013年至今)。第一阶段,我国经济体制改革引发了大量城市妇女问题,农村妇女问题暂时被掩盖,直至19世纪80年代后期,关于农村妇女的研究才兴起。第二阶段,不论是从研究成果、研究领域还是从研究队伍来看,农村妇女研究有长足的发展。第三阶段,对农村妇女的研究呈现出低迷的趋势,而且这一阶段的研究成果大多具有局限性。

4. 农村妇女研究的前沿问题

根据突变率排名前25的关键词,能总结出我国农村妇女研究未来的发展趋势:一是由于农村"父权"意识以及传宗接代、儿女双全等传统观念顽固,与生育相关的主题一直是研究的焦点。二是农村妇女文化贫困不仅关系到其自身的发展,还会关系到家庭的和睦、社会的和谐以及下一代的健康成长,因此这一问题必须得到有效解决。三是农业女性化特征逐渐突出,农村女性日益成为推动农业以及农村经济发展的中坚力量,如何更好地发挥这种推动作用值得学者们进一步思考。

上述研究都是极有价值的成果,是我们研究的起点。但尚未揭示或研究尚须深入的问题有:一是农村妇女面临的诸多问题(生产劳动、婚姻情感、家庭经济、社会生活、身心健康等)最终都归结和指向一个穴点,即家庭离散。二是农村家庭离散现象的本质是在工业化快速发展中,一部分人被抛出了发展的轨道,被定义为被边缘遗落的弱势群体。三是农村妇女面临的问题不是需要临时性修复策略,而是寻求根本解决的路径,在以人为核心的现代化进程大局中图谋与规划,最终消除留守,提高农民及三留群体的幸福生活指数以及实现农民工市民化。四是已有研究大都基于之前的问题与原因分析,然后提出具体的对策建议,很少对农村妇女问题的理论和模式进行探讨。本研究将回答上述问题,是对已有研究的补漏、补充和发展。

三 研究目标与主要内容

(一) 研究目标

本研究通过对农村妇女"家庭与可持续生计"问题的研究,力图达成两大目标:

1. 实践目标

课题以实践为根本,紧紧围绕如何深入贯彻以人民为中心的发展思想,解决人民日益增长的美好生活需要和不平衡不充分的发展之间的矛盾,构建体现促进社会公平正义的、具有中国特色的家庭福利政策体系目标。为此,着力研究和回答面向美好生活背景下为什么要研究农村妇女生计脆弱性的理论与实践问题,对终结离散与解决生计脆弱性的重点、难点进行专门研究,进而反映相关政策所存在的缺陷,使本研究能为各级政府及有关部门调整、出台相关政策提供理论上、制度上、政策上的指导和支持。

2. 理论目标

由于农村妇女的生计行为不但受到正式规约的影响,还受到非正式制度的制约,因此对其分析是一个动态的、非线性的复杂过程。可持续生计理论本身拥有多学科交叉特征,也是多种方法集成运用的体现,这就为本研究提供丰富的方法选择。目前有关研究虽然在宏观与微观上都有涉及,但大多相对孤立,且未能在统一逻辑框架中进行系统分析。可持续生计理论不仅可以将有关研究加以整合,还可将风险冲击、脆弱性等以前较少涉及的研究对象纳入研究范畴。本研究将研究对象聚焦在农村妇女群体上,在可持续生计理论框架内逻辑地分析农村家庭离散与妇女生计脆弱性,拓展可持续生计理论的应用领域。

（二）主要内容

本研究的主要内容可以归纳为"一条主线""三大问题"和"五个领域"。"一条主线"，是指本研究将紧紧围绕"实现美好生活"这条主线展开。"三大问题"，是指为始终贯彻上述主线，本课题将系统而深入地回答三个具有内在逻辑关系的关键性问题：为什么要终结家庭离散和解决生计脆弱性？如何解读家庭离散与生计脆弱性？怎样弥合家庭离散与实现可持续生计？"五个领域"，是指本课题将要重点研究的五个领域，主要包括：本研究的时代背景和理论基础；农村妇女生计脆弱性的表征形式与问题结点；农村妇女生计脆弱性的探因；终结家庭离散与解决生计脆弱性的总体思路与整体规划；弥合家庭离散与实现可持续生计的现实着力点。

四 研究创新与研究特色

（一）理论工具的适恰性

可持续生计理论现已被许多国际组织和学者所采纳与应用，原因在于其建立在对贫困性质理解的理论基础上，并且把他们的工作机制规范化而成为一套单独的、可共享的发展规划方法。目前，国内运用可持续生计理论分析农村妇女生计脆弱性问题的成果还有待丰富。本研究以可持续生计理论为基础，以农村妇女为研究对象，且将该群体纳入可持续生计分析理论框架进行分析，力图系统分析农村妇女生计脆弱性的表象及其成因，并构建终结离散与帮助农村妇女走出生计脆弱性困境的政策支持体系。

（二）研究视角的解释性

农村留守妇女之不同于非留守妇女，其根本特征在于核心家庭成员的分离。① 农村留守妇女之留守，是一种非正常的生存状态，其以家庭成员的离散为代价，留守家庭改善了经济状况，但同时也因家庭成员离散产生了一系列的新问题，归根到底在于家庭离散的问题。② 留守妇女之留守，从直接层次来看，是农民不得已而作出的理性选择。为了改善生活，丈夫外出打工，妻子由于需要照顾孩子、老人以及城市生活成本过高难以承受等原因，而留守村庄。从更深层次来看，则是现代化发展过程中，一部分弱势群体被甩出发展主流的结果。因而，农村留守妇女问题的解决之道，必须跳出头痛医头、脚痛医脚的樊篱。

（三）学术见解的创新性

生计概念有着比"工作""收入"与"生存"更为丰富的内涵与更为广阔的外延，能更完整地描绘出特殊人群生存状况的复杂性。本研究以生计脆弱性概念来完整表述农村妇女问题，有利于将该群体的问题纳入一个系统而又条层清晰的可持续生计框架中进行分析，既有利于从整体上研判该群体生计状况，又有利于探寻该群体生计脆弱性的根本成因。但现有研究往往停留在就事论事的层面，缺乏抽丝剥茧的创新努力。本研究在可持续生计理论基础上，以生计资本为切入点刻画出可生计脆弱性的表象，抓住了问题的症结点；以对生计具有全方位、全过程影响的生计环境解析了生计脆弱性的成因。

---

① 汪超、刘涛：《生计脆弱性：何以为及何以能——来自中国农村进城务工女性的实践调查》，《苏州大学学报》（哲学社会科学版）2017年第5期，第47—54页。

② 汪超、姚德超：《新型城镇化下农村进城务工女性生计脆弱性治理》，《新疆社会科学》2015年第1期，第134—139页。

第二章

研究设计

研究设计的科学性直接关系到实际操作过程的规范性、研究方法的可靠性、最终结果的说服力。本研究设计在可持续生计理论的指导下,秉持理论与实际相结合的思想,在研究过程中坚持研究目标的理论价值与现实价值相结合,确保研究目标的合理性;坚持研究对象与研究性质结合,确保研究方法的适合性;坚持研究逻辑与研究内容相结合,确保谋篇布局的可行性;坚持整合专家意见与采用成熟量表相结合,确保调查问卷的科学性;坚持问卷概率抽样与数据科学处理相结合,确保统计数据的准确性。通过研究过程中所进行的这一系列行动、思考与选择,力求研究设计达到科学性要求。

一 理论工具与研究思路

(一)理论工具

1. 可持续生计理论的由来

可持续生计理论来源于对20世纪50—60年代世界主要发展模式的反思。这些发展模式的共同特点是忽视农村居民的利益,贬低贫困小农在自我生计改善中的潜在作用。20世纪70年代,美国学者舒尔茨提出,小农生产者在自我生计维持和发展中具有潜在作用，也乐于学习对生计能力有益的新技术成就，但不能完全依靠自发，需要政府的引导与促进。20世纪80年代，在联合国举行的"世界环境与发展大会"上明确界定了可持续生计概念的内涵，认为可持续生计是"具备维持基本生活所必需的充足的食品与现金储备量以及流动量"。1992年，联合国环境和发展大会（UNCED）将此概念引入行动议程，在第21项议程中指出，"稳定的生计可以使有关政策协调发展、消除贫困和可持续地使用资源"[1]。

1995年，《哥本哈根宣言》所提出的社会发展的八大目标较全面地体现了可持续生计概念的内涵。[2] 20世纪末21世纪初，可持续生计概念得以系统形成。进入21世纪以来，可持续生计理论进一步拓展。英国学者哈特利·迪安力图进一步阐述可持续生计概念并试图拓展可持续生计理论，提出兼顾当代人和下一代人生计的主张，[3] 并更加关注非物质福利在可持续生计中的作用。[4] 还有学者从全球合作的角度论述农民参与经济合作对可持续生计的意义。[5] 也有学者结合某一个国家的具体情况对可持续生计的内容进行了更加详细的论述。上述学者的观点集中反映了时代要求，虽未成为时代主流观点，但正逐渐引起广泛的重视。

2. 可持续生计理论的主要内容

综合来讲，可持续生计理论的内容体现在四个方面：一是注

---

[1] 纳列什·辛格、乔纳森·吉尔曼：《让生计可持续》，《国际社会科学杂志》（中文版）2000年第4期，第123—129页。

[2] 王三秀：《国外可持续生计观念的演进、理论逻辑及其启示》，《毛泽东邓小平理论研究》2010年第9期，第79—84页。

[3] ［英］哈特利·迪安著：《社会政策学十讲》，岳经纶等译，格致出版社、上海人民出版社2009年版，第44页。

[4] 王三秀：《国外可持续生计观念的演进、理论逻辑及其启示》，《毛泽东邓小平理论研究》2010年第9期，第79—84页。

[5] Johnson A., Bebbington A., Rural social movements in Latin America: organizing for sustainable livelihoods, *Journal of Peasant Studies*, 2011, 67 (3): 136–137.

重以人为本的思想。可持续生计理论特别注重个人在生计的提供与维护中的作用。只有肯定人与重视人在可持续生计中的角色地位，才能改善生计。二是强调可持续生计资源的多样性。改善长远生活状况必须拥有多样性的资源。实现可持续生计的资源多样性是指生计资源的种类很多，其中包括物质资源、人力资源或社会资源。三是关注可持续生计主体的多元化。可持续生计是与贫困紧密相关的概念，在反贫困活动中，个人、家庭、国家与社会等主体均可发挥作用。四是突出可持续生计目标的多样性。可持续生计不仅关注经济的增长能力，还关注社会的发展指标。

3. 可持续生计理论的模型图解

可持续生计框架因研究者的研究目的、研究视角和理念的不同，而出现诸多类型的框架并存局面，在众多分析框架中，英国

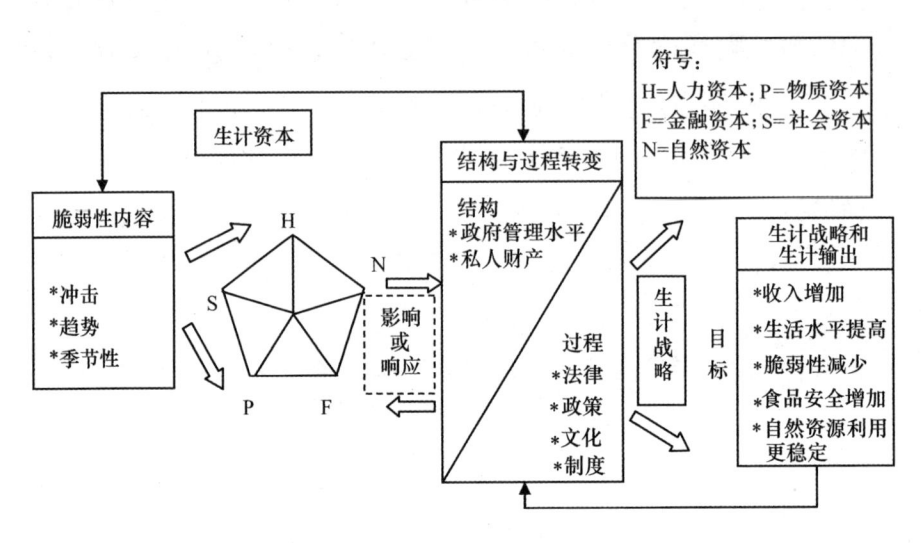

图 2-1 可持续生计框架示意图①

---

① 苏芳、徐中民、尚海洋：《可持续生计分析研究综述》，《地球科学进展》2009 年第 24 (01) 期，第 61—69 页。

国际发展机构构建的 DFID 框架最为突出,[①] 为许多组织与学者所采纳（见图 2-1）。DFID 框架不仅从逻辑上展现了可持续生计理念与生计要素之间的关系，还提供了一个理解贫困的框架，指出了根除贫困的潜在机会，指明了人们如何利用资产、政策和可能的策略去追求某种生计出路的途径。整个框架由脆弱性内容、生计资本、结构与制度的转变、生计战略和生计输出 5 个部分组成。

（1）脆弱性内容

脆弱性是一种承受灾害和损失的潜能，涉及承受、应付、抵抗灾难以及从这些影响中得以恢复的能力。[②] 脆弱环境一般包括：冲击，比如突发的自然灾害、经济萧条、健康危险以及其他重大的社会与技术变革；趋势，即人口、资源、政治、经济、市场所展现出的发展趋势；季节性，比如周期性的价格变动和生产、就业的波动。

（2）生计资本

在 DFID 框架中，生计资本包括 5 个部分：自然资本（Natural capital）、金融资本（Financial capital）、物质资本（Physical capital）、人力资本（Human capital）和社会资本（Social capital）（见图 2-2）。在不同的条件下，5 种生计资本可以相互转化。自然资本泛指生计的资源流及相关的服务；物质资本包括用以维持生计的基本生产资料和基础设施；金融资本是人们为了实现生计目标所需要的积累和流动；人力资本代表着知识、技能、能力和健康状况；社会资本意味着人们在追求生计目标的过程中所利用的社会资源。

（3）结构与制度的改变

在 DFID 框架中，结构和制度的转变是指形成生计的组织机构

[①] 王三秀：《国外可持续生计观念的演进、理论逻辑及其启示》，《毛泽东邓小平理论研究》2010 年第 9 期，第 79—84 页。

[②] 苏芳、徐中民、尚海洋：《可持续生计分析研究综述》，《地球科学进展》2009 年第 24 (01) 期，第 61—69 页。

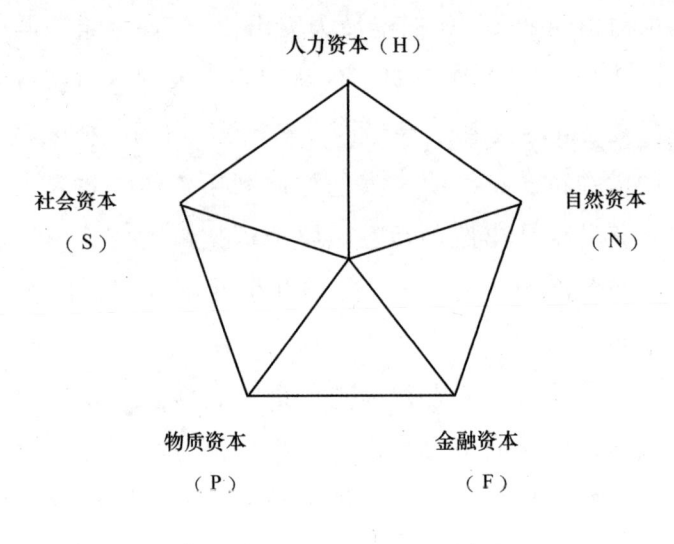

```
            人力资本（H）


社会资本                      自然资本
 （S）                       （N）



    物质资本      金融资本
     （P）        （F）
```

图 2-2　生计资本结构

及相应的政策制度的一种完善。结构是一种硬件，包括公共和私人机构。这些机构主要是政府，由政府组织设置并实施政策、制定法律、提供服务。制度是一种软件，决定结构和个人操作的方式，本身也是一种行为模式，受到社会准则和规则的制约，但具有持久和广泛的效用。

（4）生计策略

生计策略认为要取得积极的生计成果，人们就必须拥有不同类型的资产，靠一种类型的资产是不可能产生人们所追求的生计多样化的结果。

（5）生计结果

生计结果是生计策略要实现的目标。DFID 框架中列举了 5 种可能的生计成果：更多的收入、福利的提升、降低了脆弱性、提高了食物安全与更可持续地利用自然资源。[①] 生计结果可以是可持续

[①] 苏芳、徐中民、尚海洋：《可持续生计分析研究综述》，《地球科学进展》2009 年第 24（01）期，第 61—69 页。

生计框架的终点，也可以是起点。

4. 可持续生计理论的选取缘由

（1）研究理论上的适合性

学术界关于农村妇女的研究理论主要集中在社会学、政治学，可持续生计理论将社会学、经济学、人类学、政治学等众多学科加以综合，从而形成综合性的分析框架，为研究农村妇女提供了更加宽广的理论基础。

（2）研究方法上的适合性

由于农村妇女的行为不但受到正式规约的影响，还受到非正式制度的制约，因此对其分析是一个动态的、非线性的复杂过程，单一分析方法和策略难以满足需要。可持续生计理论本身拥有多学科交叉特征，也是多种方法集成运用的体现，这就为研究农村妇女提供丰富的方法选择。

（3）研究对象上的适合性

目前有关农村妇女的研究虽然在宏观上与微观上都有涉及，但现有研究大多相对孤立，未能在统一逻辑框架中进行系统分析。可持续生计理论不仅可以将有关农村妇女的研究加以整合，还可以将风险冲击、脆弱性等以前较少涉及的研究对象纳入研究范畴，为全面系统研究农村妇女问题提供基础。

（4）实际分析上的适合性

农村妇女研究作为一个公共管理问题，具有极强的现实应用需求。目前众多研究提出了相应的政策建议，但是因为研究范式未能将理论和实践结合，致使政策建议难以操作。可持续生计理论主张将宏观政策实践与个体需求相联系，能较好地指导政策的实施与实际问题的解决，可以较好地弥补当前研究中的缺憾。

（二）研究思路

本研究按照"研究一个主要问题，运用一个综合分析框架，提

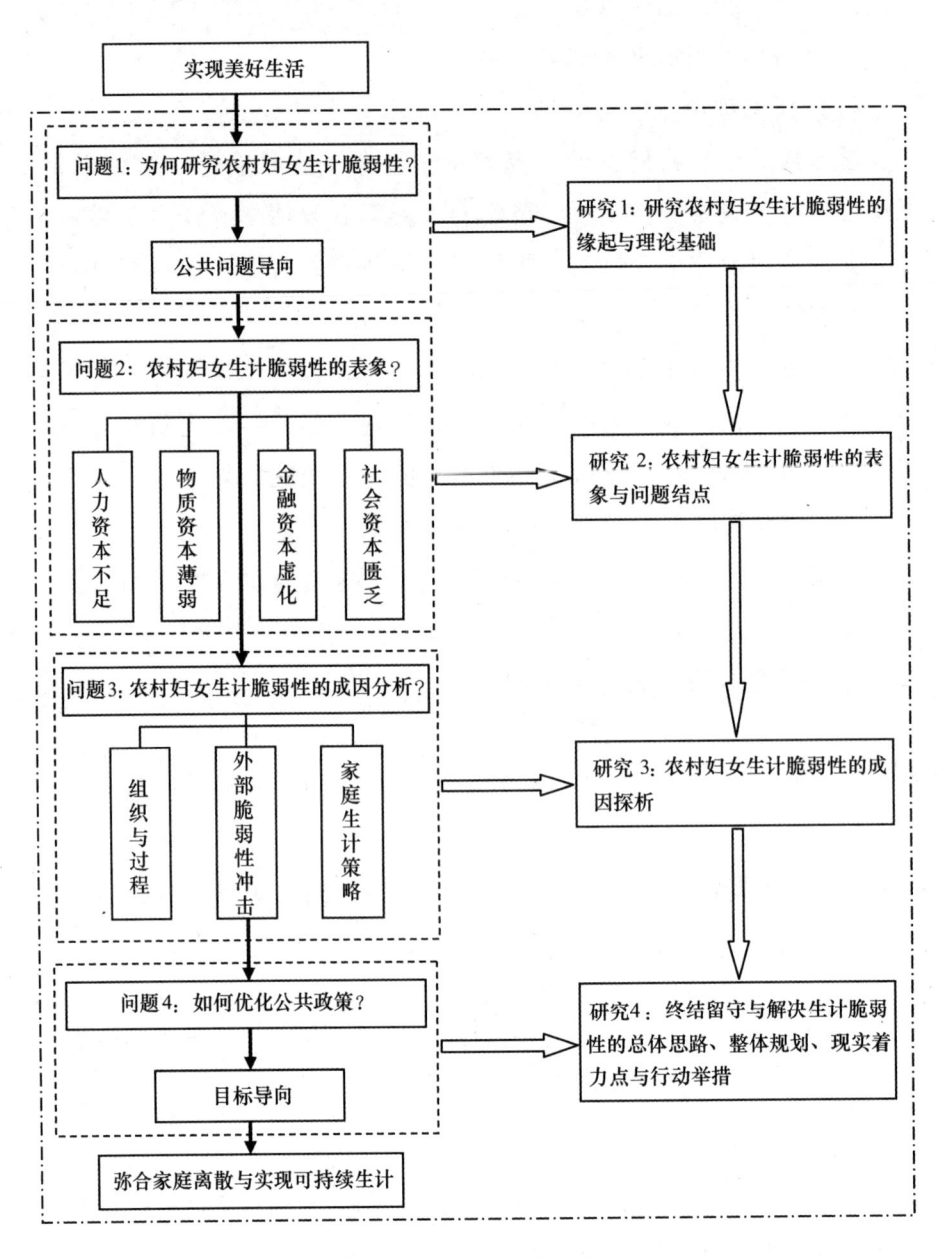

图 2-3 本课题的基本研究思路

```
                    实现美好生活
                         │
                         ▼
      ┌─────────────────────────────────┐
      │ 问题1：为何研究农村妇女生计脆弱性？ │ ──▶ 研究1：研究农村妇女生计脆弱性的
      │              │                   │      缘起与理论基础
      │              ▼                   │
      │         公共问题导向               │
      └─────────────────────────────────┘

      ┌─────────────────────────────────┐
      │ 问题2：农村妇女生计脆弱性的表象？   │ ──▶ 研究2：农村妇女生计脆弱性的表
      │   ┌─────┬─────┬─────┬─────┐      │      象与问题结点
      │   │人力 │物质 │金融 │社会 │      │
      │   │资本 │资本 │资本 │资本 │      │
      │   │不足 │薄弱 │虚化 │匮乏 │      │
      │   └─────┴─────┴─────┴─────┘      │
      └─────────────────────────────────┘

      ┌─────────────────────────────────┐
      │ 问题3：农村妇女生计脆弱性的成因分析？│──▶ 研究3：农村妇女生计脆弱性的成
      │     ┌──────┬──────┬──────┐       │      因探析
      │     │组织与│外部脆│家庭生│       │
      │     │过程  │弱性冲│计策略│       │
      │     │      │击    │      │       │
      │     └──────┴──────┴──────┘       │
      └─────────────────────────────────┘

      ┌─────────────────────────────────┐
      │ 问题4：如何优化公共政策？          │ ──▶ 研究4：终结留守与解决生计脆弱
      │              │                   │      性的总体思路、整体规划、现实着
      │              ▼                   │      力点与行动举措
      │          目标导向                 │
      └─────────────────────────────────┘
                    │
                    ▼
         弥合家庭离散与实现可持续生计
```

图 2-3　本课题的基本研究思路

出一个理论解释范式，创新一系列观点，依循一条路径，构建一个治理蓝图，实现一个主要目标"的基本思路展开研究（见图2-3）：

以"终结离散与解决生计脆弱性"为研究的主要问题，运用"社会性别与家庭政策"综合分析视角，在参考可持续生计理论基础上构建理论解释范式，提出系列创新观点，即性别歧视与家庭政策不积极是制约农村妇女生计的主要因素，是制度性与结构性失衡的产物。然后依循"将社会性别意识与家庭观念纳入决策主流"的路径，创造农民工返乡就业创业与全家团圆、农村进城务工女性城镇化与举家迁移进城的制度环境。构建一个"面向美好生活的涵盖发展体制改革、政策工具调整、制度环境建设、治理行动设计"的治理蓝图，最终在以人民为中心的发展思想中确保该群体平等共享尊严、体面劳动和幸福生活。

二 研究变量与研究方法

（一）研究变量

学者们对生计概念的界定并不一致，但对生计概念的核心构成要素的界定却相同——生计资本。因为，家庭或个人资产状况是家庭或个人所拥有的选择机会、采用的生计战略和所处风险环境的基础。[1] 国内学者在研究生计脆弱性时，也基本上采用生计资本来测量与评估生计脆弱性。[2] 基于此，本研究也从生计资本角度测量与评估生计脆弱性。钱伯斯和康威将生计资本划分为有形资本（储备物与资源）和无形资产（要求权与可获得权）两部分。莫泽将生

---

[1] 苏芳、徐中民、尚海洋：《可持续生计分析研究综述》，《地球科学进展》2009年第24（01）期，第61—69页。

[2] 任义科、张生太、杜巍：《农民工生计脆弱性的制度分析及其政策建议》，《中国行政管理》2011年第2期，第39—42页。

计资本划分为人力资本、社会资本、自然资本及金融资本四部分。[1] 2000 年英国的 DFID 框架又将金融资产细分为物质资本与金融资本。在综合考虑原有生计资本内容并结合农村妇女的现实基础上，国内学者基本上将生计资本划分为人力资本、社会资本、金融资本及物质资本。[2]

1. 人力资本

"人力资本"思想有较长的历史渊源，可追溯到亚当·斯密。斯密在他的《富国论》中谈及"论资财的划分"时，把"社会上一切人民学到的有用的才能"视为"固定资本"。他说："工人增进的熟练程度，可和便利劳动、节省劳动的机器和工具同样看作固定资本。学习的时候固然要花一笔费用，但这种费用可以得到偿还。"[3] 20 世纪初，美国经济学家欧文·费雪在《资本的性质和收入》一书中也认为："凡是可以带收入的物品或活动都是资本，其价值大小等于由物品或活动的未来预期收益的折现值。这就意味着人的活动能力只要能带来收入就可成为资本。"[4] 20 世纪 50 年代，美国经济学家舒尔茨和贝克尔将个人的教育水平、职业培训等视为一种投资，并认为这种投资将形成个人的"人力资本"。依照舒尔茨的解说，所谓"人力资本"是相对于物力资本而存在的一种资本形态，表现为人所拥有的知识、技能、经验和健康等。[5] 在 DFID 框架中，人力资本代表着知识、技能、能力和健康状况，它们是人们追求与实现不同生计目标的手段。因而其内在价值在于它能更好

---

[1] Moser C. O. N., The asset vulnerability framework: Reassessing urban poverty reduction strategies, [J], *World Development*, 1998 (1): pp. 1 – 19.

[2] 汪超、刘筱红:《进城务工女性生计脆弱性治理与政治参与》,《甘肃社会科学》2015 年第 2 期, 第 175—178 页。

[3] [英]亚当·斯密:《富国论》, 王亚南译, 商务印书馆 1979 年版, 第 257—258 页。

[4] 丁冰:《舒尔茨"人力资本"论的意义与马克思资本理论的比较》,《山东社会科学》2008 年第 7 期, 第 91—97 页。

[5] 罗淳:《舒尔茨的人力资本理论及其启示》,《南方人口》1999 年第 4 期, 第 43—48 页。

地利用其他4种生计资本去取得积极的生计结果，成为最为基础的生计资本。

2. 社会资本

社会资本的思想萌芽可以追溯到古典社会学家迪尔凯姆的"集体意识"（collective consciousness），齐美尔（Georg Simmel）的"互惠交换"（reciproci-ty transitions）理论，但真正作为社会资本理论，是从布迪厄、帕森等人的研究开始的。[1] 布迪厄认为社会资本是一种通过体制化关系网络的占有而获取的实际或潜在的资源的集中。[2] 科尔曼则是第一位从理论上对社会资本给予了系统而又明确界定与分析的社会学家，他认为"社会资本是指个人拥有的以社会结构资源为特征的资本财产。社会资本由构成社会结构的各个要素所组成，存在于人际关系的结构之中，它的形成依赖于人与人之间的关系按照有利于行动的方式而改变"[3]。在科尔曼以后，普特南、波特等人继续进一步发展社会资本理论。在 DFID 框架中，社会资本则代表着人们在追求生计目标的过程中可利用的社会资源，包括社会关系网和社会组织、垂直的和水平的社会联系。

3. 金融资本

在 DFID 框架中，金融资本是人们在生产与消费过程中为了实现生计目标所需要的积累和流动[4]，不仅指金钱，还指能起到钱的积累和交换作用的实物。靳小怡等学者将金融资本定义为可以利用的积蓄以及经常的资金流入。[5] 汝信、陆学艺、李培林将金融资产

---

[1] 田凯：《科尔曼的社会资本理论及其局限》，《社会科学研究》2001年第1期，第90—96页。

[2] 同上。

[3] 同上。

[4] 赵延东、王奋宇：《城乡流动人口的经济地位获得及决定因素》，《中国人口科学》2002年第4期，第8—15页。

[5] 靳小怡、李成华、杜海峰等：《可持续生计分析框架应用的新领域：农民工生计研究》，《当代经济科学》2011年第33（03）期，第103—109页。

划分为存款、土地经营权、生意或住房[①]。苏芳、徐中民、尚海洋则认为金融资本一般来源于现有的存量（如储蓄）与定期的资金流入（如抚恤金）。[②] 任义科、杜海峰、白萌在研究生计资本对农民工返乡创业的影响上，认为金融资本是用来实现生计目标的资金资源，主要通过"是否存款""是否从银行或农村信用社贷款"以及"是否向亲戚朋友借钱"来衡量。[③]

4. 物质资本

在与可持续生计相关的文献中，物质资本的定义比较一致，物质资本是包括用以维持基本生计的生产资料和基础设施。苏芳、徐中民、尚海洋认为，生产资料是指通过租赁被个人或集体所拥有的设施，基础设施一般指无偿使用的公共物品。[④] 在研究失地农民所拥有的物质资本上，冀县卿、钱忠好将物质资本划分为所获得的经济收入和社会保障。[⑤] 靳小怡、李成华、杜海峰、杜巍将农户所能负担得起的交通条件、安全的住所、足够的饮水与卫生设施、清洁的且负担得起的能源以及通信、信息服务等视为物质资本的基础设施，生产工具、设备、种子、肥料、农药等以及传统与先进技术等视为物质资本的生产手段。[⑥] 在研究农民工所拥有的物质资本结构上，任义科、杜海峰、白萌认为，物质资本主要包括房屋数量、房

[①] 汝信、陆学艺、李培林等：《2005：中国社会形势分析与预测》，社会科学文献出版社2004年版。

[②] 苏芳、徐中民、尚海洋：《可持续生计分析研究综述》，《地球科学进展》2009年第24（01）期，第61—69页。

[③] 任义科、杜海峰、白萌：《生计资本对农民工返乡自雇就业的影响》，《西安交通大学学报》（社会科学版）2011年第31（04）期，第51—57页。

[④] 苏芳、徐中民、尚海洋：《可持续生计分析研究综述》，《地球科学进展》2009年第24（01）期，第61—69页。

[⑤] 冀县卿、钱忠好：《人力资本、物质资本、社会资本与失地农民城市适应性——基于江苏省469户失地农民的调查数据》，《江海学刊》2011年第6期，第88—93页。

[⑥] 靳小怡、李成华、杜海峰等：《可持续生计分析框架应用的新领域：农民工生计研究》，《当代经济科学》2011年第33（03）期，第103—109页。

屋质量及家庭拥有的设施设备，并将房屋数量用房间数来度量，房屋质量用房屋结构来度量。[①] 苏飞等考虑到农民工的实际情况，主张采用在城市中住房情况来量化物质资本。[②]

（二）研究方法

依循研究对象与研究性质，本研究主要采用以下研究方法：

1. 文献分析和实地调查相结合

文献研究的目标主要是回答"做了什么"及"还需做什么"的问题。本文通过查梳国内外相关文献，大致了解国内外关于生计的研究动态和研究成果。在对国内相关研究进行历时检视与现实考量过程中，发现直接研究关于农村妇女生计的成果不是十分丰富。在对相关文献梳理的基础上，本研究筛选出生计脆弱性测量项目，设计出一套生计脆弱性测量与评估指标体系，并在预调研的基础上，净化指标。

2. 问卷调查和个案访谈相结合

问卷调查法也称问卷法，是调查者运用统一设计的问卷向被调查对象了解情况或征询意见的调查方法。通过问卷调查法，本研究既要对农村妇女生计现状进行总体研判，也要对不同性别农民的生计状况进行横向比较。本研究还将对若干个调研点进行深入调查和个案分析，以掌握农村妇女生计状况全貌。

3. 统计分析与定性分析相结合

统计分析是本研究进行定量分析的基本工具和基本方式。本研究将运用频数分析法对农村妇女生计脆弱性进行分析，从而刻画出生计脆弱性的主要表象，也将进行定性分析和价值判断，特别是为

[①] 任义科、杜海峰、白萌：《生计资本对农民工返乡自雇就业的影响》，《西安交通大学学报》（社会科学版）2011年第31（04）期，第51—57页。

[②] 苏飞、马莉莎、庞凌峰等：《杭州市农民工生计脆弱性特征与对策》，《地理科学进展》2013年第32（03）期，第389—399页。

了避免定量分析中对相关因素的排除所造成的偏差，力求对客观与主观、整体与个体及社会经济和政治文化多因素进行综合分析，以得出更合理、更全面和更准确的判断。

三 问卷设计、实地调查与数据统计

（一）问卷设计

1. 问卷的编制

目前关于农村妇女生计资本的测量尚缺乏比较成熟的测量量表。在没有可资借鉴的测量项目时，学术界通常的做法是根据各变量的定义、内容等自行开发设计问卷。由于在实际的分析过程中需要相关评价，因此调研问卷主要采用李克特等距量表。李克特等距量表是由美国社会心理学家李克特于1932年在原有的总加量表基础上改进而成的。李克特等距量表填答方式有3点至7点等多种量表法，国外学者认为五点量表最为可靠，选项超过五点，一般人难有足够的辨识力，三点量表限制了温和意见与强烈意见的表达。[1] 李克特五点量表由一组陈述句组成，每一陈述句有"非常同意""同意""不一定""不同意"以及"非常不同意"五种回答，分别赋值1、2、3、4、5，每个被调查者的态度总分就是他对各道题的回答所得分数的加总，这一总分可说明他的态度强弱。鉴于被调研对象的异质性较强，因此采用李克特五点量表。

2. 问卷的预测

本调查的正式问卷在形成之前主要经历了开发初稿、咨询、修订三个阶段：

第一阶段，在对问卷开发设计之前，对与农村妇女生计相关的

---

[1] 吴明隆：《SPSS统计应用实务：问卷分析与应用统计》，科学出版社2003年版，第23页。

研究成果进行了相对较为深入研究,对生计资产的内涵作进一步阐述,找出其中最本质的内容与分析其在现实社会生活中可以观察到的具体表现,据此设计出初稿预测问卷。

第二阶段,先是召开小型的座谈会,检验测试问题的合理性、测试题量的适量性及语句的简明性等并征求问卷的修改意见。修改后的问卷提交给资深教授及知名社会公益人士审阅,以获得进一步修改意见。

第三阶段,根据在上一阶段所获得的建议对问卷的测量条款与语义表达进行修正,形成正式问卷。问卷之所以止于本阶段,主要在于李克特量表的成熟性,遵循其规则设计问卷基本上能保证效度。

3. 发放样本

为取得较为丰富的基线资料,笔者深入武汉市、宜昌市、鄂州市和仙桃市等地深入调研,调研点既涵盖大、中、小三个层次的城镇,又兼顾到东、中、西三个区域的城镇,同时还考虑到了调研城镇经济发展水平的差异。一方面,针对农村留守妇女,笔者共发放调查问卷900份,实际收回问卷816份,回收率为90.7%,其中有效问卷812份,有效率达90.2%。另一方面,针对农村进城务工女性,共发放调查问卷900份,实际收回问卷816份,回收率为90.7%,其中有效问卷781份,有效率达781/900 = 86.8%。

(二) 实地调查

本研究选择湖北省作为调研点(具体解释,详见第三章内容),在具体调研点(城市)选择方面,主要考虑了不同城市之间级别、规模、城市化程度等差异,选取了武汉(省会)、大冶市(县级市)、宜昌市(地级市)、老河口市(县级市)、鄂州市(地级市)和仙桃市(省辖县级市)等作为具体调研点,在地理位置上涉及鄂东、鄂中、鄂北、鄂西。具体调研沿循"面—点—

线"调研路径展开(见图2-4):

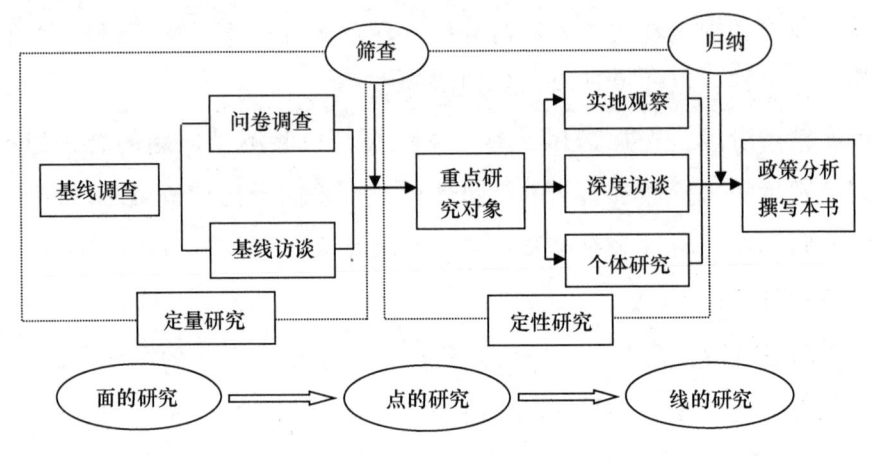

图2-4 本研究的技术路线

第一阶段采取大型的问卷调查方法,从横断"面"上采用多级分层抽样、随机抽样、正常对照以及基线访谈等方法,对农村留守妇女与农村进城务工女性的生计状况进行摸底调查,同时筛查出符合访谈的受访者。第二阶段在第一阶段研究的基础上,运用实地观察、深度访谈等方法,聚焦重点研究对象,进行定"点"的研究,深刻理解农村留守群体与农村进城务工女性的艰辛生活;然后,再运用历史比较等研究方法纵向进行"线"性研究,以进一步研判农村妇女生计脆弱性的问题症结点。

(三) 数据统计

1. 农村留守妇女的基本情况

(1) 年龄特征

问卷数据(见表2-1)显示,留守妇女的年龄主要集中在中年阶段,31—40岁的留守妇女是整个留守妇女群体的主力军,所占百分比为47.6%。这主要是由于这一年龄阶段的妇女正面临着子女教育与照顾老人的重任,同时随着年龄增长,中年妇女也逐渐减退了外出闯荡的激情。20—30 岁的留守妇女所占比例为 20.1%，这主要由于该部分群体均较为年轻，处于刚结婚与准备生小孩的阶段。从留守的时间长短来看，短期留守的妇女年龄较小，长期留守的妇女年龄较大。

表 2-1　　　　　　　　农村留守妇女的年龄情况　　　　　　（单位：个、%）

选项	人数	比例
20—30 岁	162	20.1
31—40 岁	384	47.6
41—50 岁	229	28.4
51—60 岁	31	3.9
60 岁以上	0	0

（2）教育特征

问卷数据分析表明，留守妇女的文化程度普遍不高，大多为初中程度，其比例为 58.7%，高中或中专的占 15.1%，大专及以上文化程度的仅占 1.7%，文盲的占 1.9%。由此可知，留守妇女的文化程度相对较低，学历越高，留守的越少。留守妇女文化程度整体不高的状况令人堪忧，因为丈夫外出打工，留守妇女需要独自承担着抚养和教育子女的重担，她们的文化程度直接影响着孩子们的家庭教育。

表 2-2　　　　　　　　农村留守妇女的教育情况　　　　　　（单位：个、%）

选项	人数	比例
文盲	15	1.9
小学	180	22.6
初中	468	58.7
高中或中专	120	15.1
大专及以上	14	1.7

(3) 生育特征

妇女留守的原因与子女的生育直接相关（见表2-3）。年龄较小的妇女留守在家主要是为了生小孩，她们大多是短期留守，等生完小孩，便会再次外出务工。鄂州市塘村一位23岁的妇女说：我刚结婚，紧接着就生小孩，所以只能待在家中。等到孩子满月后，我还得回到原来打工的地方，和丈夫一起挣钱。有子女正在学龄期的妇女留守在家，主要是为了照顾孩子上学。问卷数据表明，因子女而留守的被访妇女比例高达96.1%。其中留守家庭子女数为1个的比例最高，达到47.6%，其次是2个子女，比例也达到了44.4%，有3个及以上子女的留守妇女占4.1%，仅仅3.9%的留守妇女没有孩子。

表2-3　　　　　　　农村留守妇女的生育情况　　　　　（单位：个、%）

选项	人数	比例
没有	30	3.9
1个	371	47.6
2个	346	44.4
3个及以上	32	4.1

2. 进城务工女性的基本情况

（1）年龄分布

从调查的总体情况来看（见表2-4），被访进城务工女性主要以1980年前出生的为主，占43.0%，其中在县城务工的被访女性所占比例最大，为42.3。其次，1980—1990年出生的被访女性占39.8%，其中在省会城市务工的被访女性所占比例最大，为38.7%。最后，1990年以后出生的被访女性占17.2%，其中在省会城市务工的女性所占比例最大，为38.0%。

表 2-4　　农村进城务工女性群体务工地与年龄分布情况　　（单位:%）

	1980 年前出生	1980—1990 年出生	1990 年以后出生
省会城市	30.8	38.7	38.0
地级市	26.9	25.2	26.0
县级市	42.3	36.1	36.0
合计	100.0	100.0	100.0

（2）教育特征

当前务工的女性文化程度相对较高（见表 2-5）。调查样本显示，具有高中及以上学历的被访女性占 58.4%，仅 3.9% 的女性具有小学以下文化程度。然而，从进城务工女性的学历和务工地选择来看，学历的高低影响着进城务工女性务工地的选择，学历较高的往往选择到大城市务工，而学历相对较低的则选择在县城务工。在省会城市务工的被访女性具有高中及以上学历的占 59.3%，而在县城务工女性的学历主要集中在初中文化水平。从以上数据可以清晰地反映出农村女性向城镇转移的路线图，一般选择离开农村进城的往往大都具有一定的文化程度，而具有较高文化程度的都往大城市转移，文化程度相对较低的则往小城镇转移。

表 2-5　　农村进城务工女性受教育程度与务工地的交叉表　　（单位:%）

	省会城市	地级市	县级市
本科及以上	9.6	6.4	7.4
大专	19.8	24.2	13.9
高中或中专	29.9	35.0	29.7
初中	25.1	31.8	36.6
小学	11.4	0.6	6.9
小学以下	4.2	2	5.5
合计	100.0	100.0	100.0

(3) 婚姻特征

务工女性大部分已婚（见表2-6）。在接受访问的进城务工女性中，68.0%的女性已婚，30.2%的女性至今还未婚，有1.2%的进城务工女性离异，0.6%因丧偶而单身。目前绝大部分已婚的进城务工女性与配偶感情良好。84.3%的夫妻相见次数较多，只有10.7%表示相聚次数少。对于进城务工，70.9%的进城务工女性表示婚姻没有受到影响，甚至还有15.4%觉得自己与配偶的感情更加和谐，仅有9.9%夫妻感情日趋冷淡，1.4%夫妻感情出现了破裂。对于离异与丧偶的未婚女性而言，她们的再婚意向并不强烈，50.0%明确表示不想再婚，仅有37.5%表示有打算再婚。在未婚进城务工女性中，1990年前出生的占到49.4%，按照常理这一年龄段的农村女性大多已婚，表明进城务工女性开始出现晚婚化的趋势。

表2-6　　　　　　　　农村进城务工人员婚姻状况　　　　　　（单位:%）

	男	女
未婚	46.3	30.2
已婚	51.1	68.0
离异	1.7	1.2
丧偶	0.9	0.6
合计	100.0	100.0

(4) 生育特征

调查样本显示（见表2-7），仅有4.3%的进城务工女性没有孩子，63.9%的有1个孩子，25.7%的有2个孩子，6.1%的有3个及以上个孩子。其中，22.9%的进城务工女性的孩子不在身边，28.4%的有1个孩子在身边。一般而言，孩子在身边的进城务工女性更愿意成为城镇居民。调查显示，在愿意成为城镇居民的进城务工女性当中，有孩子在身边的女性占81.2%，没有孩子在身边的仅占18.8%。在有子女的务工女性群体中，一半以上所带的子女在务工地就学。49.8%的有1个小孩随迁上学，10.1%的带有2个以上的小孩随迁上学。

表2-7　　　　　　农村进城务工人员生育情况　　　　　（单位:%）

	生育构成		性别构成		
	男	女	男	女	合计
没有	3.8	4.3	22.2	77.8	100.0
1个	60.4	63.9	23.4	76.6	100.0
2个	30.2	25.7	27.6	72.4	100.0
3个及以上	5.6	6.1	23.1	76.9	100.0
合计	100.0	100.0	24.5	75.5	100.0

（5）地域分布

从来源地分布看（见表2-8），被访女性主要以湖北籍为主，占93.8%，只有6.2%的女性来自湖南、四川、河南、贵州、海南等外省地区。具体到来源地，又主要以来自农村的女性为主，有55.2%来自农村，来自小乡镇和城郊的分别为24.3%和20.5%。从务工地分布来看，进城务工女性主要集中在县城，在县城务工的女性占38.1%，而与男性相比，进城务工的男性却主要集中在省会城市，这充分说明进城务工人员在务工地的选择上具有明显的性别差异。这是因为县域经济的发展着力推动中小城镇的发展，为这些原本因为要照顾家庭而留守在农村的女性提供了就近就业的机会，因而，县城成为她们进城务工的首选地。

表 2-8　　　　　　　　农村进城务工人员地域分布情况表　　　　（单位:%）

	地点	男	女
来源地	城郊	19.8	20.5
	乡镇	17.8	24.3
	农村	62.4	55.2
分布地	省会城市	39.7	32.1
	地级市	25.9	29.8
	县级市	34.4	38.1

(6) 行业分布

从进城务工女性的行业分布来看（见表 2-9），主要集中在餐饮、酒店、美容美发等服务行业以及家政、物业及环卫等行业。如表 2-9 所示，转移到餐饮、酒店、美容美发等服务行业的人数最多，占 20.3%，其次是家政、物业以及环卫，占 19.3%；而与女性相比，男性进城务工人员主要分布在加工、制造业、电子行业以及公司的管理层，分别占 25.9% 和 16.8%。从以上数据可以看出，进城务工女性主要集中在第三产业，而男性大都集中在第二产业。

表 2-9　　　　　　　　农村进城务工人员职业分布状况　　　　（单位:%）

	男	女
公司管理人员、普通文职人员	16.8	8.6
加工、制造业、电子产业工人	25.9	16.1
批发、零售、运输行业	7.3	3.6
餐饮、酒店、美容美发等服务行业	16.4	20.3
纺织服装行业	2.3	17.3
建筑行业	3.2	0.4
家政、物业、环卫工人	7.7	19.3
个体户	11.4	9.4
小摊贩、打零工	3.2	2.8
其他	5.8	2.2
合计	100.0	100.0

第三章

家庭离散：农村妇女生计脆弱性的症结点

农村家庭的离散化现象造成家庭结构功能的部分缺损，使农村留守与流动女性面临生计脆弱性困境，具体表现为金融资本、人力资本、社会资本以及物质资本方面的脆弱性。诚然，上述问题是农村妇女所要面对的问题，但这只是问题的表象而非问题的根源，如果进一步追问，是什么原因导致了这些问题呢？一个肯定的答案浮出水面：夫妻两地分居，即家庭离散。家庭离散是农村妇女生计脆弱性问题的根源，即问题的归结之点。

一 农村家庭迁移与留守的基本情况

（一）农村劳动力迁移男性化现象

20世纪80年代以来，随着农村大量劳动力不断向城市转移，这种城乡转移呈现出男性化趋势（见表3-1）。依据国家统计局发布的2008—2017年农民工数据，每年外出务工的男性数量占农民工总体的65%以上，这就意味大量的农村妇女留守在农村，"男工女耕"的家庭分工模式逐渐取代了"男耕女织"家庭分工，农业女性化的现象日渐普遍。依据中国第二次全国普查数据，农业生产中女性从业人员占53.2%。在全国31个省中,女性农业从业人员数量超过男性的省份有24个,占总数的77.4%。[1] 农业女性化现象虽然反映农村劳动力配置在性别比例上发生男性劳动力占比不断降低、女性劳动力持续增长的变化,但这种变化趋势并不意味女性在农业生产中占据主导地位。

表 3-1　　　　2008—2017 年全国农民工性别分布结构　　（单位:万、%）

年份	全部农民工			外出农民工			本地农民工		
	总量	男	女	总量	男	女	总量	男	女
2017	28652	65.6	34.4	17185	68.7	31.3	11467	37.4	62.6
2016	28171	65.5	34.5	16934	68.3	31.7	112237	62.8	37.2
2015	27747	66.4	33.6	16884	68.8	31.2	10863	64.1	35.9
2014	27395	67.0	33.0	16821	69.0	31.0	10574	65.1	34.9
2013	26894	—	—	16610	—	—	10284	—	—
2012	26261	66.4	33.6	16336	—	—	12961	—	—
2011	25278	65.9	34.1	15863	—	—	9415	—	—
2010	24223	65.1	34.9	15335	65.9	34.1	888	64.2	35.8
2009	22978	65.1	34.9	14533	—	—	8445	—	—
2008	22542	—	—	14041	—	—	8501	—	—

(二) 农村留守家庭的离散化现象

依据国家统计局发布的 2008—2014 年农民工数据 (见表 3-2),全国举家外出的农民工规模占总体的 20% 以上,换言之,有将近 80% 的农村外出劳动力家庭处于分散状态[2]。这种家庭离散是

---

[1] 国务院第二次全国农业普查领导小组办公室:《中国第二次全国农业普查资料汇编(综合卷)》,中国统计出版社 2010 年版,第 47 页。

[2] 学者蔡昉依据 2010—2014 年以来的全国农民工监测调查报告测算"举家外出农民工"的比例及其年平均提高速度,计算出只有 13.3% 的农民工举家外迁。资料来源于蔡昉:《农业劳动力转移潜力耗尽了吗?》,《中国农村经济》2018 年第 405 卷 (09) 期,第 4—15 页。

工业化、城镇化与农业现代化发展失衡的产物，实质上是试图通过有效使用有限的公共资源来快速建成工业现代化。城市廉价购买了农村劳动者的劳动，但没有为农村劳动者的劳动力再生产埋单，没有为农民工举家进城提供必要的福利保障。尽管工业化得到快速发展，但城镇化发展进程滞后。工业化发展的布局优先考虑紧傍大城市，"城"发展很快，"镇"的发展却没跟上去，农民不具备就地就业和就地城镇化的条件，只能背井离乡、离家别子。因而，可以说农村留守的不仅是家庭，实际上也是现代化发展的"留"和"守"的遗留区域。

表3-2　　　　2008—2014年全国举家外出农民工情况　　（单位：万、%）

年份	全国外出农民工 总量	全国外出农民工 增减	全国举家外出农民工 总量	全国举家外出农民工 增减	占外出农民工比重
2008	14041	—	2859	—	20.36
2009	14533	492	2966	107	20.41
2010	15335	802	3071	105	20.03
2011	15863	528	3279	208	20.67
2012	16336	473	3375	96	20.66
2013	16610	274	3525	150	21.22
2014	16821	211	3578	53	21.27

（三）农村家庭迁移与离散的印证

本研究选择湖北省作为调研点，基于以下考虑：作为中部地区的湖北省是连接南北、贯通东西的大省，该地区农民工流动模式兼备跨省流动与省内跨市（县）流动模式，农民工流动总量较大，该地区留守群体的总量也较大，可以为本研究提供充足的调研对象资源。依据可查询到的数据（见表3—3），2011年湖北省外出务工的男性成员约629.38万人，其中已婚男性约352.45万人，236.8万留守在家的妻子，占已婚打工者家庭的67.2%，说明有236.8万个家庭是"分离的共同家庭生活体"。为与宏观数据相印证，本调研在湖北省随机抽查了三个村庄，发现外出务工的家庭占到村庄户数的65%以上，其中夫妻同时外出务工的家庭占25%左右，丈夫外出妻子留守的家庭占外出务工家庭的60%以上。比较以上宏观与微观数据，二者基本吻合，证实了60%以上的务工家庭处于夫妻分离的状态。

表3-3　　　　　　　　抽样村留守家庭分布表　　　　　（单位：个、%）

市	村	总户数	外出务工户数	外出务工户数占总户数比例	夫妻均外出务工 户数	夫妻均外出务工 占外出务工户数比例	丈夫外出妻子留守 户数	丈夫外出妻子留守 占外出务工户数比例
仙桃	朱村	67	56	83.6	21	37.5	35	62.5
天门	谢村	63	49	77.8	22	44.9	27	55.1
随州	黄村	364	245	67.3	53	21.6	192	78.4
鄂州	塘村	427	276	64.6	63	22.8	213	77.2
利川	木村	586	420	71.7	120	28.6	300	71.4

二　农村留守妇女生计脆弱性的表征

（一）金融资本问题

与非留守家庭相比，留守家庭由于丈夫外出务工，家庭的经济状况得到改善，留守妇女的经济压力得以缓解。在被调查对象中，46.8%的留守妇女表示现在的生活水平较丈夫外出前有所提高。家庭经济状况是判断农村留守妇女生计状况的重要指标，它对其婚姻、幸福感、子女教育、精神生活等方面都有着重要影响。由于留守妇女家庭经济状况较为宽裕，相比非留守妇女来说，她们在物质上有着较高的满足感。随州黄村一位32岁留守妇女说：我老公在北京做建筑业，每个月有四五千元的收入，每个月都会给家里寄3000元，能满足家庭开支和子女的教育费用，经济状况还比较宽裕。虽然也会思念丈夫，但是还是感到很满足。

然而，在丈夫缺席家庭生产生活时，农村留守妻子的角色不得不从"锅边婆"转变为"顶梁柱"，独自担负起原本由夫妻双方分担的诸多家庭责任以及由此构成的沉重生理与心理上的压力。"双肩挑"的角色扮演使留守妇女很难有动机、有精力、有时间继续学习、发展自我。调查显示（见表3-4），留守妇女不参加农业技术培训的主要原因是精力有限（20.1%）、时间有限（43.0%）、不好意思参加（8.5%）、觉得不重要（28.4%）。留守妇女由于农业科技知识的匮乏与新技术新方法掌握不足，因而往往被排斥在新型农业发展之外，只能从事一些简单粗放的、附加值较低的传统体力劳动，这一类劳动市场应对能力较低、收益不高。在此需要强调的是，农业女性化以及家务劳动的隐性酬劳特征埋没了其对留守家庭所做的贡献。

表3-4　　　　　　不参加农业技能培训的主要原因　　　　　（单位:%）

	频率	有效百分比	累积百分比
体力劳动强度大，精力有限	87	20.1	20.1
家务劳动繁忙，时间有限	186	43.0	63.1
少有女性参加，不好意思参加	37	8.5	71.6
觉得不重要，没必要参加	123	28.4	100.0

问卷数据显示，91.1%的被访农村留守家庭拥有耕地，其中71.4%的被访留守妇女在丈夫外出务工期间保持家庭耕地面积不变，有5%的女性还增加耕地面积。然而，留守妇女常感到力不从心。一位受访者认为留守妇女不是不种地，而是种不了地。现在想要种地，但是没有耕牛可用，以前一个村子只有几家有耕牛，并且

共同养。但是国家征地后，一部分没有种田地的农民如果还要养牛，就很不划算。再者，男性外出务工，农忙季节又不在家，体力重活缺乏劳动力。即便是劳动生产力不从心，留守妇女一般也不会找男性村民帮忙，怕引起村民的桃色流言蜚语。为了避嫌，尤其是在乡村公共精神没落的情景下，身在熟人社会关系中的男性村民也不愿意帮助留守群体脱困。一位接受访谈的男性村民说："现在的农村也没有合作互助组，村民宁可去打牌也不想去插手别人家的农活，现在人的素质不如以前了！"

（二）人力资本问题

项目组在湖北农村调研发现，随着农业机械化和现代化的逐步推进以及农业劳动市场的日趋成熟，农村留守妇女的劳动强度有所减轻。在春种秋收的季节，机械化较为发达的东中部地区，大都采用机械化操作，大大减轻了留守妇女的劳动强度。而在机械化不高的西部地区，由于农业劳动的市场化倾向，留守妇女大都采用雇用劳动力的形式来减轻自身的劳动强度。恩施利川的一位杨女士告诉我们：丈夫在外务工，她自己在家种了十亩烟叶，遇到农忙的季节，她就花钱请人帮她干活，如果本村人数不够，她就到其他村去雇人。她负责给请来为她干活的人做饭，然后支付干活人工钱。通过这样的方式，她自己的劳动压力就小多了。但也需要注意到，92.5%的被访留守妇女要从事农业生产劳动，并且平均每天要花5.71小时在家庭照料与家庭赡养上。家庭照料与家庭生产多重角色的扮演无疑会制约留守妇女参与公共生活。

社会资本的生产过程是一个在人与人之间、人与组织之间、组织与组织之间进行交往与联系的过程。作为社会资本外显形式的社会网络是要在互动中加以稳定与扩大，进而提高资本的存量。农村是个熟人社会，留守妇女因为害怕流言蜚语而自动减少社会互动，社会网络逐渐减小,从而降低了自己的社会资本存量,使自己的发展资源减少。调查表明,有26.4%的被访留守妇女在丈夫外出期间就遭遇过闲言闲语的困扰,为避是非,留守妇女经常拘囿于家庭之中,其社会交往的范围限于基于血缘、地缘关系上的亲戚与邻里之间,"从夫居"的婚姻制度则进一步使她们的社交范围呈现出"内圈化"状态。会弱化甚至断裂她们已有的社会网络。

在现代化社会中,政治参与扩大的一个主要转折点是农村民众开始介入国家政治。[①] 对农村留守妇女而言,参与乡村公共生活不仅是政治参与扩大的醒目标志,还是积累社会资本的重要途径与手段,但过重的家庭角色扮演与贫乏的社会资本使留守妇女无暇过问政治,也会弱化她们的社会资本再生产能力。美国学者亨廷顿在研究变革社会的政治变迁进程时曾提出在现代化社会中,政治参与扩大的一个主要转折点是农村民众开始介入国家政治。这种农村的动员或"绿色的崛起"对较晚进行现代化的国家比对大多数早期现代化国家具有更重要的政治意义。农村留守妇女参与乡村公共生活是这种"绿色崛起"的醒目标志。但是过重的家庭角色扮演,往往牵制了留守妇女参与公共生活的脚步。

(三)社会资本问题

健康决定着个人能够花费在所有市场活动和非市场活动上的全部时间,然而,多重社会角色的扮演使得留守妇女生理、心理问题突出,其身心健康令人堪忧。性生活是婚姻的生理基础,夫妻之间基于生理基础的性行为和性关系,是促使婚姻稳定与质量提高的有效因素。而且,作为人的正常生理需求,性是人的基本权力。但对于外出打工的群体而言,这种最基本的权力并不能得到保障。作为

---

① [美] 塞缪尔·P. 亨廷顿:《变革社会中的政治秩序》,李盛平、杨玉生等译,华夏出版社1988年版,第24页。

社会弱势群体的打工群体，他（她）们的夫妻"性权力"得不到正常满足的问题，长期被主流社会所漠视，这是社会不公平的一种体现。并且，这种漠视给社会也给打工群体带来了直接的损害。

夫妻双方分居两地，"性权力"长时间缺失，对留守妇女与打工丈夫的身体损害是非常明显的。医学研究表明，长期的性压抑容易使人产生抑郁、焦虑、恐惧、怀疑等心理病变，使人对生活失去信心，对事情不负责任，容易冲动。从女性生理方面来看，正常的、有规律的生理需求可以调和女性体内的各种生理机能，促进激素的正常分泌。性压抑使女性的身体机能失调，抗病能力下降，影响生理健康。由于性需求长期得不到满足，作为代替，情感上的不忠与身体上的出轨就存在可能性。值得关注的是，由于进城务工的男性普遍存在性压抑、流动的频繁性、所处的弱势地位，决定了其在性疾病传播方面属于脆弱易感人群，一旦感染上性病，就有可能将疾病传染给另一方，从而给正常健康的家庭抹上阴影。

课题组通过多方工作寻访到一位当事人：蓉，1965年出生，中等高挑身材，扎着马尾辫，聪明伶俐，人品又好，深得村里人的好评。几岁时因父母去世，跟着哥嫂过。哥嫂对她一直不好，只盼望早点把她嫁出去，在村里随便找了个男人就把她嫁出去了。这个男人脑袋瓜差劲，不会说话但又爱瞎说。蓉当时对这个男人并不满意，但因是哥嫂做媒还是嫁给了她。结婚头两年家里的条件不好，她丈夫就买了一台打井机在外面帮人打井，第一年就赚了两万块钱左右，并且全部交给了蓉管理。但是随着在外面的日子越来越长，赚的钱越来越多，她丈夫就开始在外面嫖妓，结果染上了性病，后来又传染给了蓉，但她一直闷在心里，也不敢告诉任何人，自己跑到离家很远的外地县城，默默地治疗，因为她觉得丢人。

(四) 物质资本问题

随着政府与社会对留守妇女的关注程度越来越高，在现实生活中切切实实地解决了她们的很多困难，使得她们面临的困难有所缓解。留守妇女们普遍反映，这几年村里的路好走了，水塘的水变清了，厕所好用了，为她们的留守生活提供了很多方便，特别是有的地方成立了留守儿童和留守妇女服务站，分担了一部分孩子教育和照顾的责任。在随州黄村、桥村，北京农家女文化发展中心给黄村赠送了一套音响，给桥村送了一些跳舞用的扇子等道具。黄村的养老院就是村里的公共活动场所，一到下午，音响一放，留守的妇女们都集拢来跳舞，不跳舞的也来聊聊天、打打牌。大家聚在一起，玩得非常开心、非常尽兴。留守妇女有人关心，也有了归属感。

在推进城乡一体化发展的进程中，农村的文化娱乐设施得到较大的改善，基本公共服务日趋健全，从而使得农村妇女的文化生活也逐渐丰富起来。在项目组走访的所有村庄，几乎都有村图书室和活动室，有的村还有自发的或村委会组织的跳舞、健身活动。留守妇女们在这些公共活动空间找到了聚集、表现、展示以及愉悦身心的场所，也寻求到了友情和帮助。在江夏李村，妇女们自发成立了腰鼓队，每天晚上练习，大家在一起活动，都有感情，相互有个依靠。谁家有个红白喜事，腰鼓队就去帮忙热闹一下，腰鼓队的姐妹们谁家有事，在队里一说，大家都去帮忙，腰鼓队的妇女们都感到找到组织了。

然而，农村住宅大多相对独立与相隔较远，且由于经济原因，许多农宅的院墙低矮、门栏简易，犯罪分子很容易越墙进院、破门而入，使犯罪分子作案有可乘之机。农村青壮年男性劳动力的外流更使农村成为治安防范力量薄弱地带，留守妇女人身与财产更容易受到侵犯，更加重她们的心理负担。少数留守妇女受到欺负也不敢吱声，怕丢人。留守在家的吴女士的遭遇就说明了这个问题：同村陈某将吴女士玷污，但她不敢声张。此后，陈某越发大胆，多次欺负吴女士，她一直被迫忍受。"家丑不可外扬"的道德桎梏让留守妇女选择了沉默，沉默更加重了痛苦和恐惧。农村居住环境的不安全性，还使得留守妇女群体中普遍存在着害怕村庄暗夜的现象，有的留守妇女需要开着电视机睡觉，电视机开着能安心睡着，电视机一关就醒了，没有光和声音就害怕，睡不着。我们访谈的一些村庄人少，一到天黑外面完全看不到人，村庄静悄悄的，遇到骚扰也找不到人壮胆。

三 进城务工女性生计脆弱性的表征

（一）金融资本问题

在《中华人民共和国妇女权益保障法》（1992）、《中华人民共和国劳动法》（1995）已明确规定妇女享有与男子平等的就业权益，在录用职工时，除国家规定的不适合妇女的工种或者岗位外，不得以性别为由拒绝录用妇女或者提高对妇女的录用标准。然而，在现实就业中女性受到性别歧视和偏见的现象却屡见不鲜，突出表现在行业隔离与职业限制，致使进城务工女性大多处于职业结构的底层，即大多在低技能、低职业发展的就业领域工作，从事城镇居民所不愿干的重、累、脏、苦等体力活。2017 年全国农民工监测数据显示，51.5% 的农民工从事第二产业，48% 的农民工从事第三产业，其中，在金融业，教育，文化、体育和娱乐业等服务业的从业比重较低。[1] 即便如此，她们的报酬与付出不成比例，而且同工不同酬，收入普遍低于男性。

---

[1] 国家统计局. 2017 年农民工监测调查报告［DB/OL］. http://www.stats.gov.cn/tjsj/zxfb/201804/t20180427_ 1596389.html.

《中华人民共和国宪法》第 48 条规定：国家保护妇女的权利和权益，实行男女同工同酬。《中华人民共和国妇女权益保障法》(2005) 同样予以明确阐述。即使有相关政策的保护，男女同工不同酬的现象仍然广泛存在，突出表现在进城务工女性中低收入者较多、高收入者较少。2017 年，全国农民工月均收入 3275 元，然而调查显示（见表 3—5），27.1% 的进城务工女性每月 1300 元以下，仅有 1.5% 的进城务工女性的月收入达到了 4300 元以上，除日常消费外，进城务工女性收入没有结余的比例达到 12.5%。过低的收入难以保证进城务工女性在城镇舒适的生活，不利于其真正融入城镇生活。

表 3-5　　　　　农村进城务工人员收入支出结构　　　（单位:%）

主要用于日常消费	男	女	除日常消费外，收入最主要用途	男	女
吃饭	77.2	71.8	储蓄	39.2	41.2
买衣服	3.3	8.6	子女教育	28.8	30.2
住房	15.4	15.7	休闲娱乐	13.8	7.4
通讯	2.1	1.3	人情交往	6.7	4.2
交通	0.0	0.9	投资理财	0.0	0.9
医疗	0.4	0.6	自我投资	0.8	3.0
其他	1.6	1.1	没有结余	10.4	12.5
—	—	—	其他	0.4	0.6
合计	100.0	100.0	合计	100.0	100.0

从收支状况来看，被访进城务工女性 71.8% 的收入最主要用于日常吃饭上，15.7% 的收入用于住房方面。除去日常消费外，41.2% 的被访务工妇女将收入用于储蓄，30.2% 的被访妇女用于子女教育方面，还有 12.5% 的妇女因为在城里日常消费，已没有结

余。通过收入支出结构可以推知子女教育支出加重了进城务工女性的经济压力。随母进城子女的每学期学费为1482.99元,借读费每学期为558.97元,每月生活与住宿费用为501.65元,一年教育费用至少就需8598.77元,占了收入的36.3%。相对较低的收入,相对较高的子女教育费用,加上工作保护政策缺位导致进城务工女性的就业权益特别是在孕期、产期、哺乳期内的合法权益难以得到保障,将进城务工家庭经济置于崩溃的边缘,迫使女性面临回流的可能。

受访的王女士就表达了挣钱养家的迫切性:"自怀孕之后,再无法安心工作,就辞职了,本想孩子生下过后不久再去找份工作。可是女儿出生后,请保姆的钱比我的工资还要高,我又不放心让外人带,就想着孩子大一些再工作,就这样一拖再拖,女儿今年都三岁了,我还没有开始找工作。老公工作也不是特别好,挣的钱勉强够顾上这个家,我们之前的积蓄也快花完了,孩子再大些就该送到幼儿园,公办幼儿园肯定进不了,去民办幼儿园需要花费很多,再不挣钱估计连学费都难以付得起,就得让女儿回老家上学了。无论如何我得赶快去上班挣钱养家,最近我打算先把孩子留在老家由我妈妈来带一年。我和老公得努力挣钱,省吃俭用,争取给女儿一个快乐成长的环境。"

(二) 人力资本问题

先天教育不足可通过后天的继续学习来弥补,由此提高进城务工人员可持续生计能力。然而,2017年时接受过农业和非农职业技能培训的农民工占32.9%。[①] 调查数据也验证这一结果(见表3-6),33.6%的被访务工女性拥有职业资格或技术等级证书,其中17.6%的有初级资格证,8.9%的有中级资格证书,2.6%的有高级

---

① 国家统计局.2017年农民工监测调查报告[DB/OL]. http://www.stats.gov.cn/tjsj/zxfb/201804/t20180427_1596389.html.

资格证书。38.3%的被访女性直言制约她们在城镇发展的最主要外部因素是缺乏学习与培训的机会。教育培训的缺失致使她们的职业技能普遍滞后，在城镇职业晋升发展路径受阻，被迫从事低技能、低报酬的工作，由此导致她们难以承担城镇生计成本。

表3-6　农村进城务工人员拥有职业资格或技术等级证书的情况

（单位：%）

	没有	初级资格证	中级资格证	高级资格证	其他	合计
男	67.2	13.3	12.0	5.0	2.5	100.0
女	66.4	17.6	8.9	2.6	4.5	100.0
合计	66.6	16.2	9.9	3.4	3.9	100.0

这里需要注意，随迁子女能否享受到优质的学前与义务教育对进城务工女性携家庭融入城镇有着重要的影响。受访的爱英讲述的故事，就生动说明了子女留守在老家读书，成为务工女子难以割舍的牵挂，也阻碍其融入步伐：

"外出打工我最放心不下的是小伢们，伢们在家读书要有大人照管。那时候我儿子的数学、化学、语文老师都给我写信，说大人只管寄钱回来，孩子在家里成天上网，父母再不管，孩子就无法挽救了。老师说：'学生只要多考1分，就省大人打工多少钱？'看到老师的信，我的眼泪直掉，如果儿子学业荒废了，父母在外赚钱再多有什么用？如果早三年舍得不打工，我儿子不会到如今这个样子，儿子还可救药。爱英说到这里，她递过儿子的成绩单给我看，只见老师评语栏中写道：'该生在学校表现一般，特爱上网，望寒假期间，家长给予教育，望下学期能改正上网恶习。'凡是父母在外打工的孩子，10个中就有9个学生都是这样的。不光是男伢上网，女伢也上网，在性格上野、固执、犟、不听话，父母在外管不上，只是一味给钱。小伢一爱穿，二爱玩，家长回来，就已经玩野了，管不住了。我们打工在外的人，只要在一起，谈论的都是伢的教育，你的伢考试打了多少分？我的伢打了多少分？我的女伢给我写来一封信：'妈妈，你只晓得在外面赚钱，我天天在家上学，你知不知道没父母管的滋味？你把我们都牺牲了，弟弟在学校里天天迷着上网，你再不回来，弟弟就无药可救了！'"

由于进城务工女性匮乏人力资本，在职业上处于明显的弱势地位，主要从事劳动密集型行业，不仅经济收入低，而且劳动强度大。调查显示，20.3%的被访进城务工女性分布在餐饮、酒店、美容美发等服务行业做服务员，19.3%为家政、物业、环卫工人，17.3%在纺织服装行业工作，16.1%在加工、制造业、电子产业当技术工人，9.4%选择进行个体经营，8.6%为公司管理人员、普通文职员，3.6%分布在批发、零售、运输行业，2.8%是小摊贩、打零工。进一步分析发现，进城务工女性多集中在以体力劳动为主的职业，其比例高达62.3%。仅有35.4%的进城务工女性从事以脑力为主的管理与专业技术类的职业。总体上说明，进城务工女性大多处于职业结构的底层，从事城镇人所不愿干的重、累、脏、苦等体力活。

《女职工劳动保护特别规定》等要求保护妇女在工作和劳动时的安全和健康，但现实中部分用工单位无视法律条款，导致对女性的劳动保护不到位，严重影响了进城务工女性的身心健康。在访谈中，易女士谈起她的痛苦经历："前年我结婚后就跟随丈夫来到这里一家酒店从事清洁工作，清洁工作是很累的，在窄小的空间内弥散着浓厚的盐酸味。长期处在这种环境下工作，易患很多病症。当我得知自己怀孕时，我都快崩溃了，我知道有害化学物质肯定会对胎儿不好，去看医生时医生就告诉我胎儿发育不是特别好，我想想就哭，可怜的一个小生命啊，却因为我遭受这种折磨。"享有基本公共卫生服务能保护务工女性的身体健康,但调查也显示(见表3-7),仅有39.8%的被访务工女性享受过计生和健康服务,且只有23.2%的被访女性签订了劳动合同,换言之,一旦出现劳资纠纷、工伤损害、职业病等问题,其基本合法权益难以得到保障。

表3-7　　农村进城务工人员所在单位安全保护措施提供情况　　(单位:%)

	目前没有工作单位	开展过安全培训	提供了必要的安全防护用品	没有	其他	合计
男	10.8	37.5	32.1	14.2	5.4	100.0
女	11.7	43.5	28.8	12.6	3.4	100.0
合计	11.4	41.6	29.8	13.1	4.1	100.0

除此之外,性骚扰时有发生,使城镇生活充满危机感。在调查中,有19.4%的进城务工女性坦言自己与身边的同伴遭遇过性骚扰,考虑到有些女性不愿承认的情况,实际比例应该还会高些。小欣就述说了其被性骚扰而又不得不忍受的经历:"我一直记得自己第一次遇到骚扰后告诉老板时,老板回答说,顾客就是上帝,上帝哪会搞什么性骚扰?我朋友婷婷是和我一起来这打工的,也是在一家娱乐城上班。一晚客户色迷迷地盯着她,拉她,她挣脱后跑下楼去。客人朝老板大发脾气,老板就把她狠狠训了一顿,还威胁说,不干可以,要500元钱才能给退身份证。为了生活,我们能怎么办?再后来都习惯了,我们得靠业绩拿工资,需要客源,就不能得罪客人,面对骚扰,我们必须习惯的,除非不想挣很多钱了。"性骚扰不仅使女性"无法正常工作",也可能会将其家庭、事业以及生活摧毁,对性骚扰的恐惧会增加进城务工女性在城镇生活的危机感,使其无法真正融入城镇。

(三) 社会资本问题

私人关系资本、组织社会资本、制度社会资本是影响进城务工女性生存与发展的主要因素,[①] 实地调查也证实了这一结论。进城务工女性适应城镇社会的过程是一个与人交往,不断参与社会活动的过程。然而,调查显示(见表3—8),进城务工女性交往对象大多为自己的同学、同事和同乡,三者的比例占到了90.5%。进城务工女性在与城镇居民的交往一般只涉及业缘关系,几乎没有情感上的交流。例如在心情不好时,选择与本地人谈心的被访女性仅占2.8%。高达96.5%的被访女性还较少参加社区娱乐活动,这无疑又进一步加剧了她们社会交往的"内卷化"。相互隔离的社会交往状况会固化进城务工女性的社会地位,使该群体的社会地位难以跃进和提高,难以真正融入城镇生活。

表3-8　　　　农村进城务工女性社会交往情况　　　　(单位:%)

		亲戚家人	同乡	朋友	本地人	其他	合计
经常谈心的对象	男	29.3	7.9	56.1	0.8	5.9	100.0
	女	33.5	8.3	51.3	2.8	4.1	100.0
	合计	32.2	8.2	52.8	2.2	4.6	100.0
		从来没有	很少	偶尔	比较多	非常多	合计
社区娱乐参与情况	男	42.6	26.9	25.6	4.9	0.0	100.0
	女	40.9	27.7	27.9	2.8	0.7	100.0
	合计	41.4	27.4	27.2	3.5	0.5	100.0

---

① 赵银侠、班理、梁淑萍:《城市女农民工生存状况的社会资本理论分析——陕西省城市女农民工生存状况的调查》,《宝鸡文理学院学报》(社会科学版)2007年第6期,第71—75页。

然而,"一个城镇两种居民"的"隔离"状态并不意味务工群体愿意返回农村。农村走出来的女性,尤其是青年女性在耳濡目染城镇的生活后,已不愿回到农村,农村生活已成为渐行渐远的记忆。在婚姻上,她们受到城镇现代文明的熏陶,并已习惯了城镇生活方式,择偶时希望有朝一日嫁个城里的"如意郎君",希望结婚对象要有稳定工作、有发展前途、社会地位比较高,但70.6%的被访务工未婚女性因为没有住房而难以在城里成家,不好找对象。受访者王女士就表达了结婚的苦恼:"在城市里也谈了几个男朋友,但最终都失败了。他们家人嫌弃我不是市民,没有正式工作。我本身对婚姻也很挑剔,后来就剩下来了,标准的剩女,我一度认为单身一辈子也没什么大不了。"由于她们的社会地位以及自身的条件,难以接触到高层次人群,难以获得城里未婚男性的青睐,她们又不愿嫁给农村人,于是她们的婚姻出现了两头难的情形(见表3-9)。

表3-9　　　农村进城务工未婚女性城里成家最大的困难　　　(单位:%)

	男	女	合计
房价太高	63.9	70.6	68.9
工作不稳定	9.8	8.3	8.7
没有城镇户口	3.3	3.3	3.3
子女上学困难	3.3	4.4	4.1
缺乏社会保障	5.7	3.9	4.4
生活不习惯	—	0.6	0.4
生活成本高	13.1	8.1	9.3
不便照料老人	0.9	0.6	0.6
承包地的处置	—	0.2	0.3
合计	100	100	100

健全的社会保障体系是社会稳定的"安全网",能有效降低公民生活成本,增强务工群体落脚城市的潜在能力。然而,进城务工女性的"五险一金"参与率并不高。其中,医疗保险参保率最高,达到了66.7%,而镇职工、城镇居民基本医疗保险参保率已达到95%以上。受访的陈女士表达了她的忧虑:"我做家政工作,在这也待了4年,既没有医疗保险,也没有养老保险。在不下七八个公司打过工,也没有一家公司为我上过保险。没有医疗保险,所以最怕生病去医院。挂个号要花钱,输液或者买药更贵。万一得了场大病,我都看不起。我在城市没有自己的房子,没有养老保险,以后老了如何生活都是个问题。虽然可以参加新型农村合作医疗,可以回老家看病报销大部分药费,但是外出打工不可能一生病就回去看病。"社会保险享有率低,成为安全网之外的群体,这就意味着大批进城务工女性在年老、失业、患病、工伤、生育时面临着较大的风险。

享有基本公共服务能缩减进城务工人员与城镇居民的差距,增强他们的融入意愿(见表3-10)。社区作为城市直接面向居民的窗口,在管理与服务居民中具有重要作用,然而对进城务工人员往往采取消极应付的态度,使其被排斥在城镇社区服务体系之外。贾女士的经历就反映了这种制度排斥:"我怀孕三个月时,准备在武汉办准生证。在武汉办准生证,需由居委会出具夫妻双方在武汉居住一年或以上的证明。我就带着公司的证明,到该社区居委会申请准生证,但工作人员要求我回大冶老家的居委会开证明过来。证明开了后,该社区工作人员又以'房子在哪,就在哪办证'为由,拒绝了申请。回到所在社区办理时,居委会工作人员说我的户口不在武汉,建议我回大冶办理。不得已我回到原来居住的的社区开了常住证明。我容易吗?挺个大肚子,往返于武汉和黄石跑了三个月,初婚未育证明、居住证等开了10多张证明,跑了4个居委会和一个街道办，准生证还没办下来。"基本公共服务的缺位致使进城务工家庭成为被城市遗忘的群体，使其在城镇生活中缺乏安全感和归属感，严重阻碍了其融入城镇的步伐。

表3-10 农村进城务工人员参加社区民主管理与社区选举情况 （单位:%）

	参与社区民主管理情况		参加社区选举情况	
	男	女	男	女
从来没有	64.0	63.5	62.2	60.1
很少	21.5	19.6	20.3	22.5
偶尔	12.8	15.4	14.1	14.2
比较多	1.7	0.9	2.5	2.6
非常多	0.0	0.6	0.9	0.6
合计	100.0	100.0	100.0	100.0

充分发展政治参与的机会能使社会不公平向公平、不和谐向和谐迈进，能使政策的制定与执行体现出公平正义性，促进政治、经济等方面利益资源公平公正分配。然而，尽管进城务工女性作为一个较为庞大的群体，但在城镇社会中还处于弱势地位，在政策制定与执行中也常处于失声失语的境地，抑制了其促进政策过程公平正义性功能的正常发挥。公共管理者在与公民相隔绝的状态下，是根本无法知晓并理解公民的偏好的。① 但在受访进城务工女性中，63.5%的被访者表示从来没有参加过社区民主管理，60.1%的完全没有参加过社区选举。进城务工女性参与社区选举与管理程度偏低，会导致其在基层公共事务治理中处于边缘地位，既不利于其自身利益的表达，也不利于对其进行管理。而且还有66.7%的被访进

---

① ［美］约翰·K.托马斯：《公共决策中的公民参与》，孙柏瑛等译，中国人民大学出版社2005年版，第5页。

城务工女性表示进城以后就不再回家参加村委会选举。在城镇缺乏选举的权利，又放弃了农村选举的权利，使得进城务工女性丧失了在基层管理中的大部分话语权。

（四）物质资本问题

物质资本主要指涉用以维持基本生计的生产资料与基础设施。结合农民工的实际情况，已有研究主张运用农民工在城市中的住房情况来评估其物质资本。从政策供给来看，目前保障性住房供给政策大多以"指导意见""通知"等形式出现，没有基本法律保障，且已有住房保障政策缺乏家庭意识。《国务院关于解决城市低收入家庭住房困难的若干意见》（2007）、《关于改善农民工居住条件的指导意见》（2007）中指出要改善农民工居住条件，满足基本居住需要，规定集中建设向农民工出租的集体宿舍，这显然没有考虑进城务工人员的家庭住房需求。直到2010年出台的《关于加快发展公共租赁住房的指导意见》中指出，面向城镇家庭的公共租赁住房在有条件的地区，可以面向"新就业职工和有稳定职业并在城市居住一定年限的"外来务工人员（见表3-11）。

表3-11　　　农村进城务工人员享受住房政策的情况　　　（单位:%）

	男	女
可购买本地经济适用房或限价房	7.8	7.3
可购买经济适用房或限价房	5.7	7.1
可申请本地的廉租房	7.5	8.5
可申请家乡所在地的廉租房	3.9	6.7
单位缴纳了住房公积金	14.2	12.7
单位提供了住房补贴	7.2	8.4
没有享受过	48.2	41.4
其他	5.5	7.9
合计	100.0	100.0

从实际住房来看，当前居住状况不利于农民工及其家庭落户城镇。2017年，全国农民工人均住房面积为19.8m^2，其中，还有4.6%的农民工户人均住房面积在5m^{2}及以下。从居住条件看，60.1%和58.4%的农民工户住房还未配备电冰箱与洗衣机，13%的农民工户住房没有自来水，19.8%的农民工户住房没有洗澡设施，28.6%的农民工户住房没有独用厕所。[①]从家庭生活角度审视，当前农民工户的住房情况不能满足农民工家庭举家进城的条件。调查数据就显示，70.6%的务工女性认为全家移居进城的最大困难是城镇房价太高。住房需求无法得以满足导致32.9%的被访已婚女性不能全家人住一起。夫妻子女分居型的家庭模式使进城务工女性在城镇不能享受家庭生活，不断地在城乡之间频繁流动成为她们生计策略的无奈选择，使她们很难真正在城镇定居并长期留下来融入城镇生活。

调研数据显示（见表3-12），38.9%的进城务工女性认为居住状况一般，29.7%的表示不满意。较高的不满意感会降低她们的城镇生活幸福感。进城务工女性的生计策略目标是追求比农村更好、更幸福的生活，一旦这种目标追求实现无望或是困难重重时，回流务工输出地则是最后的选择。还需要继续分析的是，居住条件差会严重影响进城务工女性的身体健康，如风湿、呼吸道疾病、妇科病等都是因居住环境不良而容易引发的疾病，这不仅加重她们的负担，而且影响她们的工作效率，最终又影响收入，使其难以维持生计。另外，由于进城务工女性的特殊身份导致了当地社区管理组织的消极介入，使得一些社会不良分子容易钻空子，突出表现在盗窃、斗殴、赌博、无证经营、无证行医等，严重危害她们的身心健康。

---

① 国家统计局.2017年农民工监测调查报告［DB/OL］．http：//www.stats.gov.cn/tjsj/zxfb/201804/t20180427_ 1596389.html.

表 3-12　　　　　　农村进城务工人员居住满意度　　　　　（单位:%）

	非常满意	比较满意	一般	不满意	非常不满意	合计
男	1.7	23.0	43.1	25.5	6.7	100.0
女	5.6	25.8	38.9	25.6	4.1	100.0
合计	4.4	24.9	40.2	25.6	4.9	100.0

第四章

缘何两难：生计环境塑造的家庭生计抉择

农村妇女生计脆弱性问题的解决之道，必须跳出头痛医头、脚痛医脚的樊篱，其启示要义在于需要一个整合宏观与微观、理论联系实践的分析框架。DFID框架为我们深入分析与揭示农村留守妇女生计脆弱性与家庭离散的生成逻辑提供了适恰的阐释工具，其既强调主体生计资本拥有情况与生计策略选择的能动性，又注重外部环境的宏观政策因素，还将社会冲击等以前较少涉及的关注对象纳入研究范畴，从而为全面分析问题提供基础。

一 宏观结构框架：国家"四化"发展不同步的现代化建设

生计制度作为外部政策环境，贯穿于生计资本生产、生计策略选择以及生计结果产出的全过程。依据国家统计局发布的2008—2014年农民工数据（见表3—2），有将近80%的农村外出劳动力家庭处于分散状态。从直接层次来看，是农民对国家"四化"发展不同步的宏观政策的应景反应，不得已做出的丈夫外出而妻子留守的理性家庭生计策略选择。从深层次来看，农村家庭离散是工业化、城镇化与农业现代化发展失衡的产物,部分弱势群体也由此被甩出发展主流,实质上是国家试图通过有效使用有限的公共资源来快速建成工业现代化的负外溢效应。

(一) 城镇化与工业化的非对称互惠共生

1949年之后,中国开始了以工业化为核心的现代化建设。为确保以工业化为核心的现代化建设顺利推进,国家建构起一整套以户籍制度为核心的城市偏向政策,塑造了中国"无流动"封闭模式。国家依据不同时期的政治需要不断演变这套户籍制度的内部构成及功能,起初是以建构社会良序为现实目标,而后逐渐演变成了社会控制、资源配置与利益再分配的重要手段,以防止农村劳动力的大规模流动为基本出发点,使农村劳动力转移与城镇化几乎处于停滞状态,城镇化率从1949年的10.64%缓慢上升到1978年的17.92%。1979年以后,国家不断推进户籍制度改革、放宽户口迁移政策,农村劳动力开始向城镇大规模转移,城镇化率的增长速度加快,但与一直在45%左右浮动的工业化率相比存在差距。城镇化长期滞后于工业化,导致城市不具备为农民工举家进城提供所需基础设施与基本公共服务的资源承载能力,使农民工不得不以家庭离散化的形式在城乡间流动,如表4-1所示。

表4-1　　　　　1979—2017年全国工业化率和城镇化率　　　　(单位:%)

年份	工业化率	城镇化率	年份	工业化率	城镇化率
1979	47.10	18.96	1999	45.30	34.78
1980	47.90	19.39	2000	45.40	36.22
1981	45.80	20.16	2001	44.70	37.66
1982	44.50	21.13	2002	44.30	39.09
1983	44.10	21.62	2003	45.50	40.53

续表

年份	工业化率	城镇化率	年份	工业化率	城镇化率
1984	42.80	23.01	2004	45.80	41.76
1985	42.60	23.71	2005	46.90	42.99
1986	43.40	24.52	2006	47.40	44.34
1987	43.20	25.32	2007	46.70	45.89
1988	43.40	25.81	2008	46.80	46.99
1989	42.40	26.21	2009	45.70	48.34
1990	40.90	26.41	2010	46.20	49.95
1991	41.40	26.94	2011	46.10	51.27
1992	43.00	27.46	2012	45.00	52.57
1993	46.10	27.99	2013	43.70	53.73
1994	46.10	28.51	2014	42.70	54.77
1995	46.70	29.04	2015	40.90	56.10
1996	47.00	30.48	2016	39.90	57.30
1997	47.00	31.91	2017	40.50	58.00
1998	45.70	33.35			

（二）城镇化与农业现代化的偏利共生格局

尽管"工业反哺农业，城市反哺农村"现在已成为共识，但这并没有从根本上改变我国工农业发展失衡、城乡市场关系扭曲的利益格局。这种偏利共生状态导致两个结果：一是农业经济收入相对低下。由于农业的经济附加值远不及工业与服务业，农民难以单凭传统农业生产取得较高经济收入。自1978年以来，中国城乡收入差距逐渐扩大。截至2017年，城乡居民可支配收入倍差达到2.71。在比较经济利益的刺激与诱导下，农村劳动力向城市转移成为必然；二是农村基本公共服务不健全。长期实行的"农业支援工业，乡村支持城市"发展道路导致农村基本设施与基本公共服务建设滞后。由于农村家庭生产生活照料服务供给体系不完善，农民工只能依赖自身人力资本来弥补公共服务的不足。因而，基于"进能外出打工，退能回家种地"的生计策略以及家庭照料的必要性，妻子留在农村照顾家庭、料理生产，丈夫则不得不背井离乡、抛妻别子进入城镇务工，如表4-2所示。

表4-2　　　　1979—2017年全国城乡居民年可支配收入　　　（单位：元）

年份	城镇居民	农村居民	倍差	年份	城镇居民	农村居民	倍差
1979	387	83	4.66	1999	5854	2210	2.65
1980	478	86	5.56	2000	6280	2253	2.79
1981	492	223	2.21	2001	6860	2366	2.90
1982	527	270	1.95	2002	7703	2476	3.11
1983	564	310	1.82	2003	8472	2622	3.23
1984	651	355	1.834	2004	9422	2936	3.21
1985	739	397	1.86	2005	10493	3255	3.22
1986	900	424	2.12	2006	11759	3587	3.28
1987	1002	463	2.16	2007	13786	4140	3.33
1988	1181	545	2.17	2008	15781	4761	3.31
1989	1374	602	2.28	2009	17175	5153	3.33
1990	1510	630	2.40	2010	19109	5919	3.23
1991	1701	710	2.40	2011	21810	6977	3.13
1992	2027	784	2.59	2012	24565	7917	3.10
1993	2577	921	2.78	2013	26955	8896	3.03
1994	3496	1220	2.87	2014	28844	9497	3.04
1995	4283	1578	2.71	2015	31195	11422	2.73
1996	4839	1926	2.51	2016	33616	12363	2.72
1997	5160	2090	2.47	2017	36369	13432	2.71
1998	5245	2162	2.43				

(三) 工业化与农业现代化长期寄生状况

新中国成立以后，国家实施重工业优先发展战略，通过工农产品的"剪刀差"价格为工业发展积累资金。1979 年后，长期被束缚在土地上的农村剩余劳动力可以向城市流动，工业又从农业中抽取廉价的劳动力资源，使工业化得到了长足的发展，工业和农业在国民经济中的地位发生了颠覆性的变化。如表 4-3 所示，1952 年第一产业在国内生产总值中的比重为 50.5%，在国民经济中占有绝对主体地位，到 2013 年则降到 10%。与此对应，1952 年第二产业在国内生产总值中的比重为 20.9%，到 2013 年则上升到 43.9%。工业化和农业现代化长期的这种寄生状态，使得工业化对农业的现代化与农村工业化的带动不足，农村剩余劳动力就地就近向二、三产业转移的能力有限。受比较利益的驱动与城乡就业的理性选择，大量农村劳动力流入城市，造成农村家庭"离散化"的异态结构。

表 4-3　1978—2016 年第一与第二产业占国内生产总值的比重　（单位:%）

年份	第一产业	第二产业	年份	第一产业	第二产业
1978	28.2	47.9	1989	25.1	42.8
1979	31.3	47.1	1990	27.1	41.3
1980	30.2	48.2	1991	24.5	41.8
1981	31.9	46.1	1992	21.8	43.5
1982	33.4	44.8	1993	19.7	46.6
1983	33.2	44.4	1994	19.9	46.6
1984	32.1	43.1	1995	20.0	47.2
1985	28.4	42.9	1995	20.0	47.2
1986	27.1	43.7	1996	19.7	47.5
1987	26.8	43.6	1997	18.3	47.5
1988	25.7	43.8	1998	17.6	46.2

续表

年份	第一产业	第二产业	年份	第一产业	第二产业
1999	16.5	45.8	2008	10.7	47.4
2000	15.1	45.9	2009	10.3	46.2
2001	14.4	45.2	2010	10.1	46.7
2002	13.7	44.8	2011	10.0	46.6
2003	12.8	46.0	2012	10.1	45.3
2004	13.4	46.2	2013	10.0	43.9
2005	12.1	47.4	2014	9.1	43.1
2006	11.1	47.9	2015	8.8	40.9
2007	10.8	47.3	2016	8.6	39.8

（四）信息化与工业化、农业现代化、城镇化融合不足

信息技术的泛在性和寄生特性使得信息化能与工业化、农业现代化、城镇化相互融合，充当其他"三化"间以及"三化"与外部环境间进行物质、信息和能量交换的共生界面。（施远涛：《农村留守家庭离散问题的形成与治理——基于"四化"同步的视角》，《江西社会科学》2014年第3期，第201—206页。）然而，由于我国信息化发展并不充分，信息化与其他"三化"融合不足，难以促使"三化"向以信息资源为基础、知识创新为驱动、互联网为载体的高级发展阶段迈进，从而使城镇化、工业化对农业现代化的带动作用不足。尽管农业信息化可通过采用精准节水灌溉技术减少30%—70%的农业用水量、10%以上的土地利用效率提高，[1] 通过采用激光平地技术可减少畦埂占地面积，提高20%—30%的产量，

---

[1] 李向阳：《信息化对农业经济增长影响的回归分析》，《统计与决策》2014年第4期，第147—150页。

节约 30%—50% 的用水,[①] 但我国信息化与农业现代化融合不足,农业信息化水平相对较低,目前还处于成长期的初期阶段。[②] 前面已经论述到,工业化、城镇化以及农业现代化的发展不同步导致了农村留守家庭离散化,而信息化与其他"三化"的融合不够又加剧了"四化"发展不同步,进而间接地影响了农村留守家庭离散化。

二 中观脆弱背景：不断弱化家庭的社会现代化进程

中国终古不变的宪法精神是家庭精神,社会现代性的发端必然伴随着对封建传统的批判,作为专制主义基础的家族制度成为抨击的对象,家庭价值的退让似乎是不可避免的。在从辛亥革命、新文化运动到"五四"运动的社会革命大潮中,封建家庭制度成为启蒙思想家决绝式的批判对象。新旧民主革命中的战争和革命理想主义情怀更是将家与国对立起来,保家卫国意味着舍小家顾大家,意味着家庭的分离与破散。从新中国到改革开放的 30 年间,构成整个农村社会的基础不是家庭,而是农村社会的人民公社,传统的农村家庭关系受到冲击,家庭这个生产组织不断被弱化。

（一）社会现代化进程不断冲击家庭意识

从 1949 年到 1978 年的 30 年,构成整个农村社会的基础单元不是家庭,而是农村社会的人民公社,传统的农村家庭关系受到冲击。始于 20 世纪 50 年代初期的农业合作化运动在经济基础和意识形态上不断摧毁传统家庭模式,1950 年加入互助组织行列的农户占全国总农户的比重为 10.7%,1956 年增长到 96.3%（见图 4-1）。

[①] 朱家健：《激光技术在农业中的应用及其展望》,《农机化研究》2009 年 31 (4) 期,第 222—225 页。

[②] 李瑾、冯献、郭美荣：《我国农业信息化发展的形势与对策》,《华南农业大学学报》（社会科学版）2015 年第 4 期,第 9—19 页。

"文化大革命"十年浩劫的极度政治化更是把对家庭价值的践踏推向极致,"左"的政治标准,具有至高性,一旦有亲人被认为是"异类",与之相近的一切亲情就得被铲除。正当人们祛除"文化大革命"对人性与家庭价值践踏的污迹时,改革开放的浪潮席卷而来。改革开放以来,现代社会的基本单元已经最大限度地落实到了独立的人身上,最典型的表现是利用城乡二元户籍制度筛选个体化的、无拖家带口的农村男性劳动力,并拒绝赋予其共享城市福利资源的市民资格,使得农民工家庭难以在城市扎根、安居乐业。

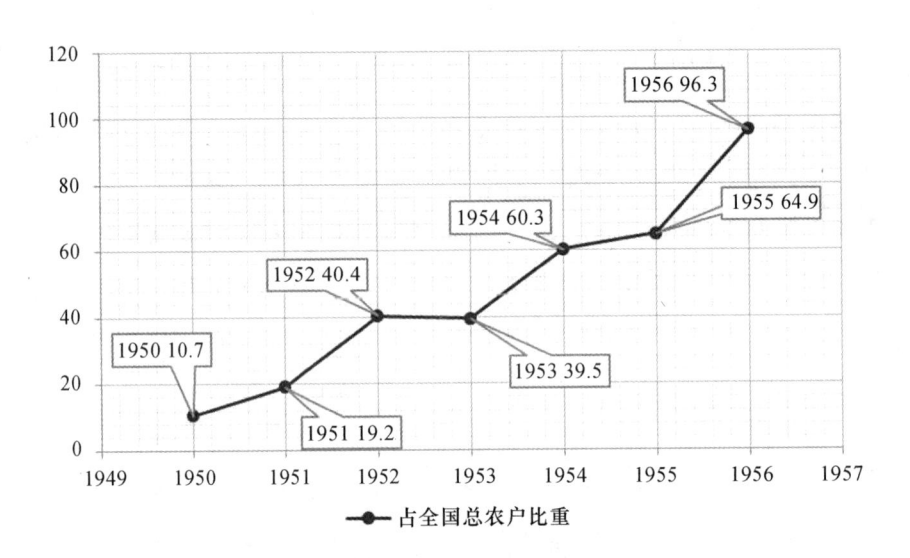

图 4-1　1950—1956 年加入互助组行列农户占全国农户的比重(单位:%)

(二) 弥散的个人本位社会思潮缺损家庭功能

改革开放之后,个人本位价值观在社会中蔓延开来,处在国家视野边缘的家庭难以成为制度设计与安排的受益对象。长此以往,家庭的功能和重要性日益被社会所忽略,导致国家的制度设计和安排进一步否定家庭价值,使得进城务工家庭的基本权益得不到保障,诉求得不到满足,迫使农民工在"实现家庭利益的最大化,同时尽可能地规避风险"的生计策略下，无奈做出性别差异化和家庭分散化迁移的理性选择，女性则被迫留守农村与独自承受家庭离散所带来的生计脆弱性问题，越来越多的农村留守家庭和农村留守女性成为城市建设的牺牲品，她们不能享受一家团圆的欢乐时光。

（三）非均衡现代化建设实践缺乏家庭关怀观

当前城镇化、工业化与农业现代化的非均衡现代化建设实践反映出政府对经济与效率的热情，实质是一种"经济增长压倒一切"的发展思维，[①] 将现代化等同于经济的发展、技术的进步以及财富的增加。作为这种发展实践的稳定形式表现的公共政策也顺之接受效率优先规则，采用管理而不是服务的政策工具来回应农民的公共利益诉求，过于强调物质经济的发展而忽视对人性需要的价值关怀，忽视了发展应是让人更好生存与发展的根本宗旨。偏执于为了现代性发展的病态逻辑势必会倒置现代化发展的目的与手段，使得发展僭越了发展合理性的限度，出现发展过程忽视人、忽视男女差异、忽视家庭，使农村女性劳动力在城市的生计难以为继而不得不留守在农村。

三 微观行为选择：社会性别文化下家庭生计策略选择

生计策略包含生产活动、投资策略与再生产选择，农民日常生活实践中的生计策略也都开始于其用于理解情境的心智结构。意识不能脱离它的内容来被考虑，且每一个情境都会给积淀的意义贡献

[①] 张雅勤：《论国家治理体系现代化的公共性价值诉求》，《南京师范大学学报》（社会科学版）2014 年第 4 期，第 27—34 页。

一些东西以结构下一个时刻。① 在很大程度上，人类生活就发生在一个人类建构的世界中，其生命具有历史积淀性，这种沉积是一种对待世界的态度。② 中国传统的性别分工将妇女定型为以家庭为主的形象，赋予男性资源配置的优先权利，选择男性进入获利更多的城市产业而将女性留守在无酬家庭农业中。

（一）传统社会性别文化形塑了家庭的性别分工模式

中国传统社会性别文化源自历史上盛行的以男尊女卑为核心的父权制的儒家文化，尽管社会进步在不断冲击这种不平等性别文化，但"男主外，女主内"的性别利益格局已固化，并向社会各领域蔓延。传统的社会性别文化要求女性将"传宗接代""相夫教子"等"传统美德"作为人生价值的重要标尺，③ 要求将自身活动范围局限在家庭琐碎事务之中。传统的社会性别观念也形成了农村女性的柔弱胆小、自卑依赖、代替性成就动机等心理，在向非农产业转移的机会与选择上缺乏挑战传统家庭角色的勇气，甘心"主内"，而将男性的成就视为自身价值实现。于是，在农村劳动力城乡迁移过程中，传统的社会性别文化形塑着农村妇女的性别角色与家庭期望，往往丈夫外出务工而妻子留守家庭。

（二）劳动生产过程社会化推动了家庭分工模式转向

在传统的中国农业社会，以铁犁牛耕为主要方式的精耕细作是一个基本特征。于是，通过生理基础上的家庭内部分工，由男性承

---

① ［美］查尔斯·J. 福克斯、休·T. 米勒:《后现代公共行政：话语指向》，楚艳红、曹沁颖、吴巧林译，人民出版社2013年版，第81—82页。
② Berton, G., The phenomenology of perception, *Transatlantic Review*, 1964 (15), pp. 111 – 113.
③ 郝亚光:《从男耕女织到男工女耕："农业女性化"产生的缘由——以生产社会化为分析视角》，《社会主义研究》2012年第2期，第82—86页。

担起劳动力需求较多、劳动强度较大的田间劳作，女性则担负起劳动强度相对较小的家务劳动，形成男女生理优势得以发挥的"男耕女织"的分工模式。[①] 新中国成立后，农村妇女开始从"生在锅前、死在锅台"的命运中挣脱出来，积极投身于"社会主义革命与建设"，在整个农村生产生活中扮演着"半边天"的角色。尤其是生产社会化条件下的社会分工减少了农业生产所需的劳动时间和劳动力，使得留守妇女亦能从事繁重的农业生产，促使农村剩余劳动力不断向非农产业转移，也使得家庭再分工抉择自然倾向选择"男性外出务工、女性留守农村"的生计策略。

（三）家庭生计策略隐含了城市政策的性别分工刻痕

随着劳动力与农资价格不断上涨，农民收入增长几乎被涨价因素冲抵了，既在很大程度上影响了农民种田的积极性，又使农村居民收入处于滞胀状态，导致城乡居民收入差距不仅没有缩小反而在扩大。为了实现家庭利益最大化的目标，农民更愿意做出外出务工的理性选择。然而，城乡二元户籍制度筛选着适合进入城市的农村人口，自然要求流入的劳动力是个体化的、无拖家带口的、能带来利益最大化的男性农村精英分子。然而，大量农民即使离开土地、乡村，于城市从事非农职业，城市社会体制依旧绵延其"农民"身份，由此合法地将该群体排斥在城市福利体系之外。于是，在"实现家庭利益的最大化，同时尽可能地规避风险"的生计策略中，农民倾向于做出"性别差异化"和"家庭分散化"迁移的生计选择。

现代女性平等意识的觉醒、农业较低的收入和较高的生活成本使得大量农村女性走出家门进城务工，"主内也主外"的趋势明显，

[①] 李伯重：《多视角看江南经济史（1250—1850）》，生活·读书·新知三联书店2003年版，第308—310页。

增加了农村家庭的收入,但客观上也形成了与男性竞争的局面,在城镇就业资源有限的情况下,农村女性到城镇务工必定会挤占进城务工男性的就业空间,激烈的竞争甚至会降低该群体的工资水平,造成进城务工群体内部的冲突与不和谐。城乡统筹发展归根到底是一个人与人之间的社会关系问题,是"农民"与"市民"之间的关系问题。长期的城镇偏向型发展政策,固化了利益分配的格局,使得城镇居民对进城务工女性及其家庭排斥感强烈,导致她们主观上遭受歧视、客观上难以享受基本公共服务,如图4-2所示。

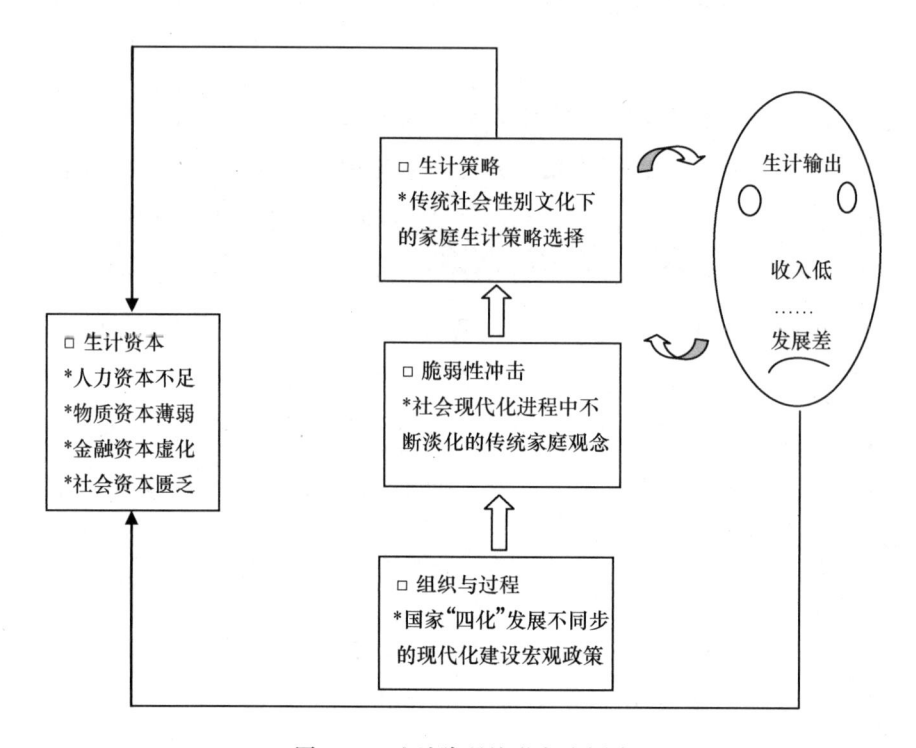

图4-2 生计脆弱性形成示意图

第五章

研究结论与政策建议

一 研究结论

传统的社会性别分工选择男性进入获利更多的城市产业之中而将女性留守在无酬家庭农业中，这也因为在中国工业化快速发展中，"经济增长压倒一切"构成了国家优先考虑的目标，家庭价值不断让位于工具性价值，典型的表现是户籍制度筛选着适合进入城市的个体化的、无拖家带口的农村男性劳动力，并拒绝赋予他们共享城市福利资源的市民资格，被弱势化的农村妇女群体无疑会被甩出发展主流。于是，在家庭理性生计策略体系中，农民无奈做出家庭分散化迁移的理性选择，留守妻子不得不一肩挑起表意性角色与工具性角色，独自担负起由此构成的生计脆弱性压力。

现代性发展的一个重要体现是政府在筛选政策议题与政策制定过程中，政策制定者考虑的要旨往往偏重于国家与社会的发展需要，处于国家视野边缘的家庭难以进入政策议程。缺乏对"家庭友好"的考量，在公共政策丛林中势必缺乏专门以家庭为基本单位的家庭政策，与社会主义市场经济相适应并能够促进整个社会协调发展的新型家庭政策体系尚未建立起来。公共政策缺乏对家庭的通盘考虑，家庭微观利益与国家宏观利益难以统筹兼顾，势必会对离散型家庭造成损害，不利于其家庭及个人在城乡长期、稳定的发展。

改革开放以来的社会福利制度基本上属于补缺型,重点放在了问题家庭与失去家庭依托的边缘弱势群体,拥有老人与儿童的家庭则依靠家庭来保障其生存与发展需求。这就在一定程度上忽略了离散家庭的脆弱性事实,忽视了离散家庭在养老、抚幼等方面的成本,其实是对离散家庭承担社会责任的变相要求。随着国家社会的发展,补缺型社会福利难以满足全体社会成员的需要,社会福利政策的受惠范围要逐渐由特殊群体向全社会拓展,补缺型社会福利向适度普惠型社会福利迈进。适度普惠型的社会福利既要满足社会成员的福利需要,同时也要考虑到我国社会经济发展水平,避免重蹈福利国家覆辙。

农村家庭离散现象是在中国现代化建设过程中产生的,既可透过"家庭离散"来阐释农村妇女生计脆弱性的问题症结点,又可通过这"问题窗口"深度探究问题的形成逻辑,还可借此透视中国现代化建设状况。关注家户的 DFID 理论框架则是将对上述问题的研究整合在一个统一的逻辑框架中,以"家庭离散"为分析的切入点,全面而又深入地揭示了特殊群体的生计脆弱性问题及其发生逻辑,这可以让读者领略 DFID 理论框架的内在逻辑性及其在现实问题中的解释性。对此,可依循 DFID 理论框架脉络及其启迪,在弥合离散型家庭的整体性发展框架中,以终止离散的手段来建构该群体生计脆弱性问题治理之道。

二 政策建议

解决农村妇女生计脆弱性问题,从根本上说,是减少与终结"离散现象",让农民工转化成市民或让农民工返乡就业创业。从未来发展趋向来看,随着"四化"建设的不断推进,家庭离散将只是我国经济社会发展中的一个暂时现象,它们将在城乡一体化发展的进程中得以终结。农村妇女生计脆弱性问题的根本解决途径是终止家庭离散，一是举家迁移进城，成为城市家庭人口；二是举家回乡创业，发展现代农业；三是就地城镇化，离土不离乡，实现农业人家的就地转移。

（一）明确弥合家庭离散的价值导向

中国梦是民族的梦，也是每个中国人的梦，关注与帮助农村妇女也是为她们播种下了实现中华民族伟大复兴的"中国梦"。中国梦的出发点与落脚点就是以人为本、执政为民，就是要将以人为本作为发展的最高价值取向与根本出发点。中国现代化发展必须强化以人为本的科学发展观，必须更加自觉地把以人为本作为深入贯彻落实科学发展观的核心立场，要以实现人的全面发展为目标，从人民群众的根本利益出发谋发展、促发展，不断满足人民群众日益增长的物质文化需要，让发展的成果惠及全体人民。在现代化发展进程中唯有坚持把最广大人民的根本利益作为制定政策、开展工作的出发点和落脚点，正确反映和兼顾不同方面群众的利益，高度重视和维护人民群众最现实、最关心、最直接的利益，才能终止家庭离散、解决农村妇女问题。

尤其是当前快速城市化推进过程中，应明确新型城镇化的核心是"人的城镇化"，"人的城镇化"的关键是进城务工女性的城镇化。传统的城镇化，很大程度上走的是"建设主导"的路子，注重的是"为大楼大广场服务、为开发商赚钱服务、为城中村和城郊农民补偿服务、为囤了土地和多套房的城镇精英服务"。[①] 人作为发展的主体和归宿，无论何种城镇发展模式，归根到底都要依靠人来实现。因此城镇化的理念要转向"低成本地为城镇化的主体即农民工

---

① 转引自晓宇：《城镇化，"化人"最重要》，《经济研究参考》2013年第18期，第30—31页。

及其家属和其他外来移居的人口服务"[①]。新型城镇化"新"的要义在于"人的城镇",而要真正做到"人的城镇化"首先必须做到进城务工女性的城镇化,只有进城务工女性真正地融入城镇变为市民,才可能将整个家庭带入城镇并逐渐融入城镇,因此,在实现"人的城镇化"的过程中,要把进城务工女性的城镇化放在首要位置。

为此,将家庭观念纳入决策主流,弥补现有公共政策中家庭意识的空缺,需要政府全过程、全方位地体现对家庭价值的重视,为留守妇女与进城务工女性城镇融入提供制度支持。坚持立法先行,树立以家庭为单位的政策导向,明确家庭成员各主体的权利和义务,以给予家庭积极的支持或投资为核心来构建发展型家庭政策,为家庭特别是进城务工女性家庭,提供一个能够抵御风险、适应变迁的安全保障网。同时需要对以前的法律政策、决策方式进行反思与修订,引入家庭主流价值观念。政策执行过程中注重选用多样化、人本化的手段,将家庭意识落实到每一个环节,最大限度地提升家庭融入能力建设。政府还要改善社会生态环境,形成一个"家庭本位"的社会制度体系,为农村妇女及其家庭提供支持性的良好社会环境。

(二) 构建弥合家庭离散的发展战略

1. 推进包容性的幸福城市建设,实现农村务工家庭的城市化

推进包容性的幸福城市建设,必须提升城市居民的幸福指数,要将保障和改善民生作为城市社会建设的重点。提升城市居民幸福指数是个复杂的系统工程,其中工业化、信息化、城镇化和农业现代化是互为支撑,互为促进的系统工程,系统中任何一方的偏废或

[①] 转引自晓宇:《城镇化,"化人"最要紧》,《经济研究参考》2013年第18期,第30—31页。

滞后都会影响整个系统的结构失衡、发展失衡，导致非健康运行，进而影响幸福城市的建设。其一，推进信息化和工业化深度融合，创造更多的就业创业需求，拓宽农村劳动力城市就业面，进而夯实落脚城市的经济基础。其二，促进工业化和城镇化良性互动，完善城市基础设施和普及基本公共服务，增强农村劳动力城市生活的满意度，进而增强举家移居城市的生活信心。其三，统筹城镇化和农业现代化相互协调，促进城市资源与服务的增量扩容，提升城市的人口承载能力，进而吸纳农村进城务工人员子女随迁进城。

2. 探索现代化的复兴乡村之路，促进农村家庭的就地城镇化

2013年中央一号文件第一次提出的要建设"美丽乡村"的奋斗目标，更加明确了农村留守家庭离散与留守妇女生计脆弱性问题的治理路径。现代城市化建设是无根的，它是以疏离和排斥乡村为前提，是以掏空农村、凋敝乡村为代价。因而，复兴农村不能延续形式或本质上的现代城市化表现，抛弃和违背乡村传统生命力的做法，需要汲取祖先智慧与发现乡村"传统基因"的生命力。探索现代化的复兴农村之路，应该走城市与乡村二元文明共生的道路，这就要求在城市化和工业化成为一种社会主流存在的状况下，形成"从城市到乡村"的资源回流态势，吸收城市资源保障留守人群的生活，最终吸引离土人群的回流。与此同时，乡村也应顺势而为，践行敬畏生命的生态伦理观念，在尊重自然、顺应自然、保护自然的生态文明理念下推进农业现代化发展，因地制宜地走特色乡村发展道路，以生态文明发展的道路吸引外出务工人员回乡就业创业，从而复兴农村弥合家庭离散。

（三）搭建弥合家庭离散的制度框架

1. 制定推进四化协调的同步发展政策

（1）协调工业化和城镇化的发展，实现农民工家门口就近就业

工业化与城镇化的实现必须由政府统筹、城市和农村共同努力。一是多渠道筹措城镇建设资金，建立政府、企业和个人共同投资的多元化投资制度。要深化农村信用社改革，积极培育面向小型微型企业和"三农"的金融机构。二是政府根据乡镇发展需要创办乡镇企业，解决农村就业发展问题，促进农村剩余劳动力就近转移。同时，政府制定优惠政策，吸引和支持各类工商企业、个人投资建厂、投工投料建厂。三是鼓励农民"带资返乡""带企业返乡"，积极为乡镇企业的发展和加快城镇化的推进添砖加瓦。乡镇企业是实现劳动力就地转移、农业转移人口回流、终结家庭离散现象的重要支柱。与此同时，乡镇企业也要为农村妇女提供更为广阔的就业机会和空间，让留守妇女更多参与到"新四化"的建设中来。

（2）推进乡村地区的就地城镇化，提供农村家庭就近就业机会

农村地区就地城镇化，对留守妇女而言能发挥双重效益。一方面，农村地区在城镇化的过程中势必会促进当地服务业的发展，促进农业劳动力转向第三产业，这为留守妇女成为非留守的城镇居民提供机会。另一方面，城镇化可为当地企业发展提供充分的生产要素支持，这就为留守妇女提供更多就近就业和创业机会。地方政府应当把握这个契机，一是支持和鼓励农业转移人口返乡创业，帮助他们实现创业、家庭团聚的愿望。二是为返乡农业转移人口开辟创业"绿色通道"，优先为返乡农业转移人口安排技能培训、优先推荐上岗、优先办理小额贷款、优先纳入失业保险等。三是为有资金困难的创业家庭提供帮助，并组织成功创业家庭分享创业经验，吸引更多的农业转移人口返乡创业，使更多的家庭实现团聚。

（3）以信息化促进农业的现代化，创造农民工返乡的就业条件

农业现代化要告别传统的农业耕作方式，取代分散小规模劳作，实现农业的规模化运作和经营。这种规模化经营方式能促使农

业转移人口回流,以家庭为单位进行创业。而信息化则能促进与加快农业现代化进程,需要发挥信息化对农业的高度渗透作用,以信息化作为重要技术手段,研制与推广新的农业技术,加快传统农业走向现代化的速度,充分发挥出叠加效应。此外,还需为农业现代化的实现创造客观条件,一是要提高农业的综合生产能力,加强农业科技服务,不断提升农业物质技术装备水平。二是要坚持科教兴农战略,增强农业科技攻关和自主创新能力,加快农业技术推广。三是要大兴农田水利,抓好水利基础设施建设,扩大小型农田水利建设重点县范围,新建一批高标准农田。四是在坚持和完善农村基本经营制度基础上,创新农业经营体制,充分保护和调动农民生产经营的积极性。

2. 建构关爱流动人口的家庭政策体系

(1) 改革家庭迁移政策,让进城务工女性"进得来"

"家庭式迁移"是进城务工女性融入城镇的前提条件,这就需要进一步深化改革现有的农村土地制度与城乡二元户籍制度。一方面,加快新型城镇化的关键是让进城务工家庭在城镇定居,核心是农村土地制度改革。一是明确农村集体土地产权,尽可能以法律的形式确认并赋予农民对土地的使用、收益和处分的完整权利,并细化设置土地权利。二是积极探索宅基地退出机制,通过转让或出售宅基地来置换城镇房屋,解决进城家庭住房问题的同时隔断其与农村土地的"脐带"依存关系。三是加快土地流转服务平台的建设,健全土地流转机制,实现农村土地资产要素资本化,逐步完善法律法规来规范和促进土地流转,保证农村土地产权流转的健康有序进行。土地流转的费用可以用来支付女性农民工在城镇安家落户的成本,保障其与家庭能够"出得去"。

另一方面,推进户籍制度改革,降低进城务工女性在城镇居住的成本,使其享有城镇基本公共服务,消除农村女性劳动力及其家庭融入城镇的障碍。一是建立梯度化的户口迁移体系，放宽进城务工女性进入城镇的户籍控制，使其在条件满足的情况下逐步成为暂住人口或常住人口，实现人口的合理有序转移。二是深化户籍制度改革，以合法固定住所和相对稳定职业或合法生活来源为基本落户条件，建立城乡统一的户口登记制度。三是建立城乡一体化的带有社会公共服务功能的新型户籍制度，逐渐剥离户口制度背后城镇偏向性的就业、医疗、社会保障、教育、住房等利益，消除户口对进城务工女性融入城镇的限制，使进城务工女性及其家庭"进得来"。

（2）改革家庭住房政策，让进城务工女性"留得住"

解决当前进城务工女性住房问题，有赖于出台与完善相应的住房政策，建立多层次住房供应体系。一是综合考虑进城务工女性个人及其家庭住房需求，细化住房措施，通过多种渠道来改善其居住条件，督促地方政府和用人单位采取切实举措来维护进城务工女性住房权益。二是积极探索进城务工女性住房保障措施，建立一个由"廉租房—经济适用房—限价房—公共租赁住房"为内容的梯级住房对策。三是鼓励用人单位为进城务工女性提供满足基本居住需求、符合安全卫生标准的工作宿舍，解决进城务工时间不长、经济能力有限的单身女性的住房困境。四是完善进城务工女性住房支持政策，实现住房公积金全覆盖，建立进城务工家庭特有的住房补贴制度和公共住房专项资金，实行灵活的缴存政策，并对购买城镇经济适用房、限价房的进城务工女性给予契税优惠，保证进城务工女性家庭能够租得起房、买得起房。由此实现针对进城务工女性分层次、多渠道、全覆盖的公共住房供给，让进城务工女性"留得住"。

（3）改革家庭就业政策，让进城务工女性"工作好"

就业乃民生之本，进城务工女性及其家庭立足城镇需要足够的经济收入来支付在城镇的生计成本。现行不平等的就业制度对进城务工女性的就业权益造成了严重的侵害，对此，一是消除性别歧视，促进"同工同酬"，构建实质上平等的就业政策。严格贯彻《中华人民共和国就业促进法》的相关规定，切实强化对进城务工女性就业权益保障，特别保护女性在生育期和特殊生理期的基本权益。制定惩戒性的法律法规来规范用人单位的行为，对于违反女性特殊保护的用人单位实施法律制裁。二是调整进城务工女性劳动权益保护政策，引导企业建立互利共赢、和谐稳定的新型劳资关系，完善劳动关系法、工会法、合同法，促进劳资集体协商，完善进城务工女性维权组织建设，畅通投诉渠道。三是加大对进城务工女性就业培训的财政支持力度，有针对性地加强职业技能培训，使进城务工女性成为具有丰富的职业知识和熟练的职业技能的劳动者，以提高进城务工女性参与统一劳动力市场的竞争能力，从而适应城镇的发展需要。

(4) 改革就业支持政策，让进城务工女性"做得到"

平衡进城务工女性家庭与工作之间的冲突，一是发展托幼事业，解决进城务工女性的育子之忧。强化政府对托幼的责任和义务，从服务家庭、支持女性、促进儿童发展的角度出发制定托幼政策，保证托幼机构服务在数量、收费、质量和时间上满足有幼儿的进城务工家庭的基本需求，减轻进城务工女性的家庭负担。二是建立起具有性别平等意识的、支持老年人家庭照料者的公共政策体系，制订出针对照料者的法律政策和服务计划，改变传统家庭文化中以女性照料者为核心的家庭分工，鼓励和引导男女两性平等地承担家庭责任。三是制定相应的政策，敦促企业和社区履行照料幼儿和老年人的社会责任，设计支持进城务工女性"工作—家庭"平衡制度。企业在制定工作规章时充分考虑职工尤其是女职工的家庭责任，灵活安排工作任务，制定灵活的请、休假制度。社区在完善服务体系的过程中，发展多种形式托儿照顾和老年照料支持策略，完善公共服务体系，建立以社区为依托的幼儿日托中心、家庭访问护理服务、照料者照料技能培训等。

(5) 改革家庭优惠政策，让进城务工女性"活得好"

对进城务工女性家庭进行经济援助是促使其更好地在城镇生活发展的助力，也是家庭政策的重要内容。一方面，改变当前按照个人收入纳税的税收制度和以个人所在单位支付福利津贴的政策安排，实施面向家庭的税收政策，对贫困家庭和低收入家庭及其成员提供现金支持以改善其家庭经济状况，有针对性地发放必要生活物资以提高其家庭生活质量，发挥家庭政策对社会利益再分配的功能。另一方面，保障进城务工女性及其家庭以较低费用参加社会保险，对聘用进城务工女性的公司制定社会保险以及税收优惠政策。向有随迁子女的进城务工女性提供家庭现金支持，保障其子女全面接受义务教育，对委托承办随迁子女教育的民办学校给予办学经费、师资培训方面的财政支持。对于有特殊儿童的进城务工女性家庭提供特别的经济支援。还要有条件性、有计划性地发放"食品券"，实现最普及的救助计划，最大限度地减少进城务工女性家庭贫困，使其在城镇过上安稳幸福生活。

(6) 改革社会保障政策，让进城务工女性"过得安"

建立和完善进城务工女性的社会保障体系是解决其"市民待遇"问题的核心。根据进城务工女性的工作性质与生活状态，坚持分类分层分阶段逐步推进的策略和基本原则，走一条有限发展、重点突出的社会保障道路。一是综合考虑进城务工女性对各保障项目的需求强度、经济发展水平、各方的承受能力，重点建立社会保险项目，并为进城务工女性建立临时性、应急性的社会救济。二是加强进城务工女性社会保障制度建设，搭建五险统一管理的大社保平台，确立个人缴费、单位匹配、国家补贴的社会保障缴费最优模式，使缴费方式尽可能简单、便捷，转移社会保障关系途径顺畅。三是政府应当更加重视以人为本，有效改善各项社会保障政策执行力度，保证进城务工女性参保比例和保障水平，搭建进城务工女性的"安全网"，使其在城镇生活得安心。

（7）改革政治参与政策，让进城务工女性"说得出"

完善进城务工女性政治参与制度，拓宽制度化政治参与渠道，是进城务工女性在城镇能够表达自身利益诉求、实现自身政治权利以及改善自身社会地位的关键所在。当前扩大进城务工女性有序政治参与必须符合我国现实国情，走循序渐进的发展道路。一是让进城务工女性能够有条件地依法参与城镇社区选举、人大代表选举，扩大进城务工女性政治参与范围，保障她们的政治权利和自由；二是全面做好用人单位的党、团、工会组织建设工作，使之成为进城务工女性的利益代表和组织代言人，成为进城务工女性真正的组织依托；三是支持创建进城务工女性协会、法律咨询中心等作为维权组织，为进城务工女性进行法律培训、提供法律援助、提高其维权意识和维权能力，将进城务工女性的利益呼声有序传达到政策中枢，促进相应的政策法规朝向有利于实现进城务工女性城镇融入的方向发展。

3. 搭建关爱流动女性的协同治理网络

（1）创建专司家庭政策机构，让进城务工女性"有人管"

在政府管理体制改革的背景下，创建一个专司家庭事务的常态统筹机构，从体制上强势整合人口计生、民政、税收、人保、卫生等部门的相关职能和资源，从而有效推进中国家庭政策体系的构建。一是赋权予家庭政策机构，使其能参与到与进城务工女性权益相关的决策决议中，促使决策者关注进城务工女性在城镇化进程中的重要地位，了解该群体及其家庭在城镇融入过程中所存在的住房困难、工资水平低、工作环境差等问题。二是赋权予家庭政策机构，使其能制定、出台向进城务工女性及其家庭倾斜的系列政策。不仅要凸显性别意识，保障进城务工女性平等就业的权利，还要突出家庭意识,解决进城务工女性家庭住房问题,进而突出压力平衡,减轻进城务工女性工作和照顾家庭的双重负担。需要特别注意的是,应着重考虑那些没有工作单位、各种福利缺失的、处于最底层的进城务工女性的权益。三是赋权予家庭政策机构,使其能审视政策落实情况,有组织地开展《女职工劳动保护条例》《妇女权益保护法》等法律法规执行情况的检查,对于违反女性四期保护相关政策,侵害进城务工女性合法权益的行为予以严惩。

(2)扩大妇女组织影响,让进城务工女性"有依托"

一是建立健全各类妇女组织,决策时充分考虑各类妇女组织提出的建议,积极发挥各妇女组织在帮助、促进进城务工女性城镇融入上的依托作用。建立起妇女组织联席会议制,相互沟通信息与资源互补,形成良性友好的合作机制,更加有效地利用现有资源为进城务工女性服务。二是加强妇联组织的影响,进城务工女性只有对妇女组织产生认同与信任,才会在遇到困难时积极寻求妇女组织的帮助,因此有必要通过各种深入广泛的宣传,扩大妇女组织在社会公众尤其是进城务工女性中的认同感、影响力和辐射力,从而提高进城务工女性支持、参与妇女组织的积极性、自发性和自觉性。三是妇联应利用自身庞大的组织网络与强大的资源动员能力,主动与其他妇女组织结成网络协调好妇联与其他妇女组织之间的关系,共同为进城务工女性服务。民间妇女组织可以利用自身更加独立、灵活等优势,填补妇联组织在支持进城务工女性城镇融入上的工作空白点,成为妇联组织有益且必要的补充,从而使得整个妇女组织网络为进城务工女性提供覆盖面更广的、更接近其真实需求的服务,使进城务工女性"有依托"。

(3)改善新闻媒介报道,让进城务工女性"有形象"

一是建立健全新闻媒介组织,展现进城务工女性为工作与家庭付出的艰辛,消解城镇居民对进城务工女性的偏见与歧视,形成全社会尊重与帮助进城务工女性的氛围，减少其融入城镇的阻力。二是提高媒体工作者的素养，担当起信息传播的"过滤器"和"处理器"，正确引导公众，让社会公众对进城务工女性及其家庭有一个重新、正确的认识，提升这一群体在社会上的地位，让她们得到应有的尊重。三是全面报道进城务工女性，既要报道进城务工女性，也要报道其家庭。既要增加数量，又要扩宽范围。既要增加正面报道，又要减少负面报道。既要提高报道质量，又要增加深度。在报道中，给进城务工女性一个开口说话的机会和表达想法的平台，做好这一群体与城镇居民之间的"桥梁"，使其尽快适应城镇生活。媒体不能为了吸引眼球而过多地追求报道的刺激性和轰动性，应该多关注造成进城务工女性融入问题产生的土壤和背景，解剖其产生的深层根源，提供公正、客观、全面的信息，展现更多真实的、进步的进城务工女性形象，使城镇居民对进城务工女性有全方位的了解，防止进城务工女性形象发生扭曲，让进城务工女性"有形象"。

（4）强化用人单位职责，让进城务工女性"有奔头"

企业作为社会的重要组成部分，有责任帮助进城务工女性平衡工作与家庭，促进其融入城镇。建立健全用人单位用工制度不仅是企业生存与发展的需要，也是用人单位承担社会责任的要求。一是转变观念，用人单位要从追求管理效率、利益最大化转向更具人性化和弹性的现代管理方式，关注进城务工女性的职业发展，积极开展各种适合进城务工女性特点的职业培训，帮助其提高技能水平与发展潜力。二是加强企业文化建设，组织开展多种文体活动，体现人文关怀和价值认同，使进城务工女性能快乐地工作。三是积极为进城务工女性缴纳"五险一金"，确保该群体基本生活水平，以消除种种后顾之忧，有效地应对社会风险。四是鼓励进城务工女性参与工会、职工代表大会，以充分反映其利益诉求，在条件允许的情况下，吸纳进城务工女性进入管理阶层，管理与决策能体现出性别意识与平等意识。五是按照国家规定落实女性四期保护，建立女职工卫生室、孕妇休息室、哺乳室、托儿所、幼儿园等设施，解决女职工在生理卫生、哺乳、照料婴儿方面的困难，平衡进城务工女性工作和家庭的负担。

（5）凸显城市社区使命，让进城务工女性"有归属"

社区是城乡居民生活与居住的共同体，建立健全社区管理组织，保障进城务工女性对社区活动、决策与管理的平等参与，有利于提高进城务工女性作为社区成员的主体意识，增强其社区归属感与责任感，促进进城务工女性融入城镇生活。一是积极搭建就业信息平台，努力使进城务工女性能及时了解、掌握就业信息。其中，可以在社区主要进出口专门设立就业信息栏，把各种用工信息及时告之进城务工女性，并配合电话、上门等方式予以补充。二是针对进城务工女性的特点，免费开展就业技能培训，提升进城务工女性的就业能力，培训要根据进城务工女性的需要，及时调整授课时间和课程内容，兼顾该群体的工作需要与培训效果。三是充分整合社区资源，完善社区公共服务与文化等基础设施，组建社区业余文体队伍，利用节假日和民间节日开展自娱自乐活动，活跃社区文化生活，增强进城务工女性参与社区建设的积极性和主动性，增强她们的社区认同感、归属感和满足感。同时开辟社区居民娱乐活动专区，配置相应的文化娱乐活动设施。

（6）拓展社会关系网络，让进城务工女性"易融入"

发展社会关系网络，就是要巩固已有的同质性初级关系，发展新型的异质性次级关系，扩大与城镇居民的社会交往。一是充分利用社会关系网络的平台，动用各种社会关系网络帮助进城务工女性逐步建立以业缘关系为基础的新型社会关系网络，扩大其社会关系存量，提高其社会关系质量，在丰富的社会关系网络资源中获得更大的资本回报。二是创造条件，方便进城务工女性参与流入地社区的各类社会活动,如文化娱乐活动、体育健身活动、学习进修活动、睦邻交流活动、社会公益活动等,增加进城务工女性与当地居民接触交流、相互了解的机会,从而沟通感情,促进融合,让进城务工女性对城镇社会、对工作单位、对生活的社区产生归属感。通过有效利用这样的社会支持网络,降低进城务工女性及其家庭在城镇的生活成本,增强抵御市场经济风险的能力,实现进城务工女性和城镇居民的良性互动,减少隔离现象,帮助进城务工女性建立信心,扩大社会交往,走出生活和心理上的聚居地,让她们感觉到真正地"生活"在城镇,而不仅仅是在城镇中打工赚钱、养家糊口的"过客",而是真正融入城镇生活。

(7) 增进家庭成员感情,让进城务工女性"好适应"

和谐的家庭环境有益于每一位家庭成员。对进城务工女性家庭而言,她们处在一种完全陌生的环境之下,更需要家庭成员之间彼此的支持,更需要和谐稳定的家庭环境。强化家庭成员之间的支持网络,需积极倡导家人之间的互助,充分发挥家庭成员间的互补作用,帮助家庭成员养成积极向上的生活态度和健康乐观的精神状态,提高家庭整体的融入能力。家庭是人们获得社会支持的最基本单位,人们可以从家庭中获得必需的物质帮助和必要的精神支持,特别是对进城务工女性家庭而言,家庭成员间的关爱与支持,可以支撑起她们对生活的信心。即使生活处于贫困状态,她们也会感到生活幸福。夫妻之间、父母与子女之间应该多进行交流,了解彼此的想法和目前遇到的困难,并齐心协力把问题处理好,使家庭成员彼此间减少对立而增加理解、宽容和取长补短的融合,使彼此相互信任、相互支持,建立起温馨、和睦的家庭环境,让进城务工女性及其家庭在城镇生活幸福。

(8) 提高市民的接纳度,让进城务工女性"有信心"

进城务工女性较低的社会、政治、经济地位导致她们在城镇生活中受到各种各样的偏见、排斥，给她们的心理、权利等各方面造成了严重的影响。要让进城务工女性有信心在城镇生活并真正融入城镇，需要城镇居民广泛的支持和接纳。由于进城务工女性的务工动机已经改变为"扎根"城镇，这就需要城镇居民积极调整心态，摒弃以前对进城务工女性的排斥与偏见，做好接纳进城务工女性及其家庭的心理准备，与她们多交流、多接触，看到她们身上的闪光点。进城务工女性的到来并没有挤占当地居民的就业机会，而是填补了城镇就业的空白，从事着大多数城镇居民不愿意从事的工作，是居民生活所需要的、所离不开的。城镇居民应平等地对待进城务工女性，将她们视为拥有同等社会权利的成员，提高对进城务工女性及其家庭的接纳度，让她们确实感到城镇的包容和温暖，增加她们积极融入城镇的信心和勇气。

4. 编制关爱留守妇女的多元帮扶体系

（1）建立防治相结合的治安模式，搭建留守妇女人身安全栅栏

安全需要是人类需要层次中的基础。一是各地政府应多方式、多渠道地向留守妇女宣传治安防范知识、传播保护人身安全的有效办法、教授遇到危及人身安全事件的应急处理措施、增强留守妇女的防范意识和防范能力。二是建立留守妇女治安互助小组，建立以男性村民为主的临时治安小组，进行定期巡逻和检查。三是建立群防群治的治安工作模式，依据地理位置，以五户或者十户为单位建立互帮互助小组，通过群体的力量减少危及安全事件的发生。四是设立"求助热线电话"，方便受害妇女及时求助或者投诉。五是公安机关要依法惩处侵害农村留守妇女的犯罪行为，加大严厉打击的力度，为留守妇女营造一个安全舒心的生活环境，缓解留守妇女焦躁恐惧的情绪。

（2）探索农业转移人口探亲形式，建立双向温暖的探亲假制度

在政府的引导下，积极探索农业转移人口探亲制度，同时鼓

励其他社会力量帮助留守妇女，为留守妇女进城探亲提供多种形式的支持。一方面，农业转移人口返乡探亲能帮助妻子进行生产劳动、减轻留守妇女负担、增进夫妻感情。农业转移人员也可把新理念、新知识、新技术带回家，对提升乡风文明、促进农村经济建设有很大帮助。另一方面，留守妇女进城探亲能增加对丈夫工作环境和工作内容的了解，减少留守妇女的担心和焦虑，同时也能开阔留守妇女的视野，促进留守妇女的自我发展。实现农业转移人口探亲假制度化需要政府的关注和努力，也要呼吁那些经济效益好、社会责任感强的大型企业尝试推行农业转移人口探亲假制度。通过政府和企业的示范作用积极宣传并带动其他非营利性组织和民间志愿者关注留守妇女问题，支持探亲活动，为留守妇女家庭的团聚贡献出力量。

(3) 构建留守群体帮扶互助机制，帮助留守妇女缓解生计压力

构建帮扶互助机制，需要确立以"主动关注、经常走访、积极维护、高效便捷"为主旨思想的全面帮扶互助原则，搭建以各级政府为主导，以公安部门、民政部门、司法部门为保障，以基层自治组织、社会公益机构为依托的全面帮扶互助主体。依靠以上帮扶机制，首先，在劳动生产过程中相互扶持，减轻留守妇女农业生产负担。其次，在农闲时期开展各项文体活动，举办座谈会，让留守妇女畅所欲言、表达她们内心的想法、说出现实的困难，在沟通中减轻心理压力，消除抑郁、焦躁的情绪。最后，帮助留守妇女及时解决生活中临时性的重事、难事，缓解突发性事件给留守妇女带来的压力。

(4) 提高职业技能培训实效，增强改善生计脆弱性的能力

农村留守妇女主要通过接受各种技能培训获得生产技术。一是在培训的过程中要从留守妇女自身的特点和需求出发，注意培训场所以及时间安排，注重培训的实际效果，不能仅仅把培训的

供给量当作评价培训效果的唯一指标。二是要提供高质量的培训课程，确保留守妇女易听懂、易理解、易掌握。三是在强调提供生产技术培训的同时，不能忽略留守妇女在心理健康、生理健康、子女教育等方面的需求，也要在这些方面安排一些具有针对性和实用性的培训。四是探索高效率、高质量、长效用的培训模式，通过培训提升留守妇女的全面素质，为改善留守妇女生计脆弱性提供契机。

（5）帮助留守妇女减轻劳动负担，增强对未来生活的美好预期

农业人口大量向非农转移，留守妇女的角色由原来的"男耕女织"转变为"男工女耕"，因此，缓解留守妇女生计的压力除了要解决她们的情感需要外，也要帮助留守妇女减轻劳动负担。第一，要坚持科教兴农战略，加快农业技术推广，推进农业机械化生产的普及，强化农业科技服务与田间管理，减少留守妇女从事农业劳作的时间，大幅度降低农忙时节的劳动强度。第二，继续扩大与推进以农村产权制度改革为主题的新一轮农村试点区，推进将农村耕地、养殖水面、"四荒"资源等产权化或金融资本化的过程。通过农业资源资本化，留守妇女不仅可以增加自我的发展空间，而且可以拓宽就业渠道，增强自身的经济地位，实现经济赋权。第三，留守妇女也可以根据自己的实际需要就近从事一些零碎的打工活动，有利于留守妇女自主发展经济，在创收的过程中不断改善生活质量、增强生活信心和对未来的美好预期。

第 六 章

延伸与总结

新时代的"美好生活"蕴含了农村妇女享受有理由珍视的那种生活的实质自由之意，然其绵延的家庭离散式日常生活实践，让农村妇女面临着脆弱性贫困问题。那么问题是，"家庭离散"是否也适用于阐述与农村妇女相关的问题？本研究将继续以农村妇女问题研究为切入点，扩展至农村问题的研究，试图找到其本源型制度传统，探讨中国社会的根基与底色是什么？置身于现代化进程中的家户制传统是否依旧具有其生命力与现实问题的解释力？因此，本章节将以三个专题，从家庭与家户制传统分野中回应上述问题以及阐释、拓展对农村重大现实问题的研究。

专题一：家庭、儿童与老人

一 家庭与留守儿童

中国农村劳动力家庭离散化的流动使得数量庞大的儿童留守农村，也使该群体面临着家庭结构功能缺损所带来的身体侵犯[①]问题。

[①] 本研究话语中的"身体侵犯"主要指代"性侵犯"，在全文中将会使用"身体侵犯"代指"性侵犯"。

农村留守儿童是一个需要帮扶的边缘性、脆弱性群体，作为人民部分权力让渡的治权产物的国家更需以"深度在场"意识有效保障该群体的身体权利。2006年出台的《国务院关于解决农民工问题的若干意见》首次将留守儿童问题纳入政府重要议程之中，2007年发布的《关于贯彻落实中央指示精神积极开展关爱农村留守流动儿童工作的通知》明确要求保障并拓展留守儿童权益，2012年实施的《国务院关于深入推进义务教育均衡发展的意见》要求建构留守儿童的全面关爱网络体系，2013年再次出台的《关于加强义务教育阶段农村留守儿童关爱和教育工作的意见》要求关爱留守儿童的宏观政策能贯彻执行，2016年印发的《关于加强农村留守儿童关爱保护工作的意见》提出建立联席会议制度保障留守儿童权益，随后的国家"十三五"规划提出在城镇化进程之中终结儿童留守现象。

系列制度规则展示了国家为农村留守儿童建构安全屏障的意图，然而，农村留守儿童身体侵犯案件频见报端。中国少年儿童文化艺术基金会女童保护基金发布的2016年儿童防性侵教育调查报告显示，农村儿童遭受性侵的案件占比超出城市地区占比52.89%，是公开报道案件中农村地区首次高于城市地区。由于身体侵犯案件关涉到受害儿童的隐私，在实际调查与报道中存在刻意隐瞒情况，实际身体侵犯案件数据可能会更高。身体侵犯所带来的伤害多以心理伤害为主，其既严重破坏了受害者的自我意识，使其对自我保护、独立生活失去信心，其中遭受身体侵犯的女童更是成为典型的"被歧视"群体，也破坏了受害者未来的生活预期，使其变得具有攻击性甚至堕落。身体侵犯问题已成为危害农村留守儿童健康成长的重要影响因素，试问他们将来怎能挑起我们民族的脊梁？如果处理失当，该群体甚至可能成为国家的一大社会隐患。因而，当务之急是厘清该群体身体侵犯问题的症结点何在。

关爱农村留守儿童的系列制度规则是现实与诉求冲突的创造物，体现出国家保护留守儿童身体权利的法定责任，但留守儿童身体侵犯的事实说明目前的制度规则尚不是化解冲突的良方，在于其法定内容停留于制度设计层面，也即关爱留守儿童的系列制度是一个"仪式制度"。"仪式制度"是一个国家法治建设的象征姿态，其如同窗帘般掩盖了一个混乱的世界，其中包括受正式制度规约的行动者的各种非正式行为。本专题通过为数众多的留守儿童身体侵犯个案发现，形形色色的非正式行为模式替代着正式的组织化和制度化的沟通方式，导致了留守儿童身体侵犯事件在特定时空和社会环境中处于"幕后隐蔽"状态，这使得留守儿童身体侵犯案件往往不能通过正式的法律规范和制度渠道加以解决，这种正式制度的"仪式化"和"虚拟化"进一步弱化了留守儿童保护自身身体的正当权利。为深入揭示当前农村留守儿童身体保护制度具有仪式性，进而探寻留守儿童身体侵犯的发生逻辑，本专题结合东中西部6省1925名农村留守儿童的实践调查数据，详细勾勒留守儿童身体侵犯的诱发因素以及司法案件演绎为非司法解决途径的逻辑图景。

（一）概念框架

诺斯认为"制度是社会的游戏规则"，其中就包括了依循一定目的与程序所设计出的一系列规则及契约等正式规则与人们在实际中无意识形成的并具有代际传递性的价值信念、伦理规范、风俗习惯等非正式规则。制度的二分法被世界各地不同学科的学者广泛应用与研究，其中包括人类学家、经济学家、社会学家及政治学家[1]，特

---

[1] Knight, J., *Institutions and Social Conflict*, Cambridge University Press, 1992. Ostrom, E., *Understanding Institutional Diversity*, Princeton, NJ: Princeton University Press, 2009.

别是在拉丁美洲等发展中地区[1]、东欧地区[2]、非洲[3]和亚洲[4]。正式规则与非正式规则之间是一种互动关系，正式规则影响着非正式规则的运作轨迹，非正式规则强烈影响正式规则的功能发挥；两者也是一种补充与代替关系，两者紧密相结合时是一种补充关系，两者相分离时则是一种代替关系。赫姆基和列维茨基将正式规则与非正式规则之间的关系划分为四种类型：互补型、调适型、竞争型和替代型[5]。

其实诺斯将制度界分为正式规则、非正式规则和这些规则的执行机制三种类型，执行机制是正式规则与非正式规则得以执行的关键环节。这三部分构成制度的完整内涵，是一个不可分割的逻辑整体。已有诸多文献从不同角度研究正式规则与非正式规则及其相互间关系，但缺乏对执行机制及其与正式规则和非正式规则之间关系的研究，也少有文献对规则如何塑造行动者的行为进行深入实证研究，具体来说，缺乏深入了解正式规则运行对社会行动者的非正式

---

[1] Levitsky S. , "An 'Organised Disorganisation': Informal Organisation and the Persistence of Local Party Structures in Argentine Peronism", [J]. *Journal of Latin American Studies*, 2001, 33 (1): pp. 29 – 66. Brinks D. M., "Informal Institutions and the Rule of Law: The Judicial Response to State Killings in Buenos Aires and São Paulo in the 1990s", [J]. *Comparative Politics*, 2003, 36 (1): pp. 1 – 19.

[2] Easter, G. M., "Reconstructing the State: Personal Networks and Elite Identity in Soviet Russia", *New York, NY: Cambridge University Press*, 2000. Collins K. "The Political Role of Clans in Central Asia", [J]. *Comparative Politics*, 2003, 35 (2): pp. 171 – 190.

[3] Cousins B., "How Do Rights Become Real?: Formal and Informal Institutions in South Africa's Land Reform", [J]. *Ids Bulletin*, 2010, 28 (4): 59 – 68. Galvan D C., "The State Must Be Our Master of Fire: How Peasants Craft Culturally Sustainable Development in Senegal", [M]. *University of California Press*, 2004.

[4] Yang, Mayfair Mei-hui., "Gifts, favors, and banquets: the art of social relationships in China", [M]. *Cornell University Press*, 1994. Tsai L. L., "Cadres, Temple and Lineage Institutions, and Governance in Rural China", [J]. *China Journal*, 2002, 48 (48): pp. 1 – 27.

[5] Helmke G, Levitsky S., "Informal Institutions and Comparative Politics: A Research Agenda", [J]. *Perspectives on Politics*, 2004, 2 (4): pp. 725 – 740.

解决策略的影响,① 其结果是研究发现偏离了制度在实践中的问题症结点。制度是理性个人在相互理解偏好和选择行为的基础上的一种结果,如果不遵守这些制度便会受到惩处,于是呈现出稳定状态的行为方式便是制度。② 换言之,当非正式规则优于正式规则,侵蚀甚至挤压后者实质功能发挥时,尤其是执行机制缺位情况,便会出现正式规则形式化问题,从而使制度成为一种仪式制度,仅具有一种虚拟的象征意义,无法在政策实践中发挥作用。

本专题旨在超越对制度的传统研究,无意着力探索制度的构成要素及其相互关系,而是着眼"仪式制度"。"仪式制度"隐藏了无政府与无正式规则约束世界的一种社会失序和失范的状态,正式制度之存在只是扮演了观赏性角色,而缺乏实质性社会功能。如此般的制度显示出制度具有"仪式性"和"装饰性"的一面,特别是对制度情景中行动者的实际行为进行研究时就会发现,正式规则对实际行为缺乏回应性,进而呈现出"实体制度虚拟化"的状态。事实上,要把握一个国家或地区的制度规则,就不能简单凭巡视其表面得出深刻结论。很多制度规则虽建立起来,其体系看似是一个现代化结构,但这种外观却具有欺骗性,只是向公众展示的一种制度"橱窗"。只有当行动者在幕后运用社会人际资源和社会资本进行有效社会沟通时,社会行动者的现实生活世界才能被真实展示出来,非正式的人际关系网络替代着国家正式制度在社会生活中发生着广泛的作用。③ 本专题详细勾勒出农村留守儿童身体侵犯的诱发

---

① North, D. C. , "Institutions, Institutional Change, and Economic Performance, New York", NY: Cambridge University Press, 1990. Dobler, Constanze. , "The Impact of Formal and Informal Institutions on Economic Growth", [J]. *Journal of Cell Science*, 2010, 118: (10) 2085 - 2092.

② Ostrom E. , "A Grammar of Institutions", [J]. *American Political Science Review*, 1995, 89 (3): 582 - 600.

③ Sun L, Liu T. , "Injured but not Entitled to Legal Insurance Compensation - Ornamental Institutions and Migrant Workers' Informal Channels in China", [J]. *Social Policy & Administration*, 2015, 48 (7): 905 - 922.

因素以及司法案件演绎为非司法途径解决的行为逻辑，揭示当前留守儿童身体保护制度具有仪式性，进而深入探寻留守儿童身体侵犯的发生逻辑。

（二）研究方法

本专题采用抽样问卷调查、实地走访以及政策分析等相结合的方法，综合分析农村留守儿童身体侵犯问题及其发生逻辑，进而探究出留守儿童身体侵犯问题的症结之所在，从而为政府决策提供参考依据与实践工作提供科学依据。具体而言，运用问卷调查与半结构化访谈来收集2014—2015年的农村留守儿童数据，运用问卷调查法力图全面勾勒出农村留守儿童身体侵犯现象、诱发因素及研判出问题的症结点，采用半结构访谈方法则是试图运用基线资料来形象勾勒出农村留守儿童身体侵犯行为及为非司法处理途径做经验知识准备。在上述实践调查的基础上，通过对农村留守儿童关爱政策文本内容的考察，分析"应然"规定与"实然"执行之间的差距。

本专题的调查拟循着"面—点—线"的技术路线来收集基线材料，第一阶段从横断"面"上收集国家年鉴数据、问卷数据以及基线访谈资料，对目标调查点的农村留守儿童身体保护情况及其关爱政策的实践效果进行基础性的摸底调查，筛查出符合访谈的受访者，为后续的研究打下基础；第二阶段在第一阶段研究的基础上，聚焦重点研究对象，运用实地观察、深度访谈等定性研究方法，进行定"点"的研究，然后再运用历史比较等研究方法纵向进行"线"性研究，从而厘清留守儿童身体侵犯发生的直接牵引点；第三阶段在前两阶段的基础上，运用政策分析法对比政策的应然规定与留守儿童身体侵犯案件，从而发现问题、揭示原因。

在具体调研实施上，本专题选取了甘肃、河南、河北、湖北、广东等地作为调研点，兼顾到东、中、西三个区域的乡村。至于最低的样本容量采用 N/P 大于某一数目（P 为指标数目，N 为样本容量）建议，采用参照标准为 10，因而样本容量至少要大于 410。本次调研共发放调查问卷 2300 份，实际收回问卷 1972 份，回收率为 85.7%，其中有效问卷 1925 份，有效率达 83.7%。在问卷调查的基础上，笔者实地入户专访了 54 位村民，访谈了 167 位留守儿童，采访了 23 位基层干部，请教了 13 位中小学教师，收集了大量走访材料，为全面分析与研究农村留守儿童的基本情况、身体侵犯问题以及发生原因与对策提供了较为准确、丰富的基线信息。

（三）研究发现

1. 农村留守儿童的基本特征情况

（1）农村留守儿童的总体规模与分布

根据 2005 年全国 1% 人口抽样调查数据和 2000 年全国第五次人口普查数据计算，2000 年全国农村留守儿童规模为 1981 万，2005 年上升到 5861 万。与此同时，农村留守儿童占所有儿童的百分比从 2000 年的 8.05% 上升到 2005 年的 21.72%，成为一个规模庞大的群体。依据 2010 年第六次人口普查数据与全国妇联 2013 年 5 月发布的《我国农村留守儿童、城乡流动儿童状况研究报告》，当前全国农村留守儿童规模为 6102.55 万[①]，比 2005 年增加了 242 万，同时占全国儿童的百分比从 2005 年的 21.72% 微幅上升到 21.88%。从总体分布来看，农村留守儿童高度集中在中西部劳务输出大省，其中四川的农村留守儿童占全国农村留守儿童比例最高，达到 11.34%，河南、安徽、广东、湖南的农村留守儿童

---

① 国内学者根据 2015 年全国 1% 人口抽样调查样本数据测算 2015 年全国农村留守儿童规模为 5492.5 万（段成荣、赖妙华、秦敏：《21 世纪以来我国农村留守儿童变动趋势研究》，《中国青年研究》2017 年第 6 期，第 52—60 页）。

规模占全国百分比也很高，分别为 10.73%、7.26%、7.18% 和 7.13%。

(2) 农村留守儿童的人口社会学特征

在整个样本中，6—11 岁组与 12—14 岁组的农村留守儿童所占比例分别为 44.3% 和 51.6%，0—5 岁组与 15—17 岁组的留守儿童比例分别为 0.6% 和 3.5%，使得各年龄组的被访儿童占比分布呈现出橄榄形结构。比较分析留守儿童的年龄与性别结构，发现父母携带子女外出存在一定偏好。农村儿童在 0—5 岁、12—14 岁、15—17 岁阶段时，父母携子女外出存在较强的"女孩偏好"，在 6—11 岁阶段时则呈现出"男孩偏好"。迁移中的性别选择会直接影响留守儿童日常照料与受教育情况。与父母在家时的学习状况相比，66.4% 的被访留守儿童学习情况不理想，92.1% 的被访儿童平时穿衣不合身，23.8% 的被访儿童有过挨饿受冻的情况。下述案例反映了留守儿童的照料问题：大柱夫妇外出打工后，孩子交给奶奶抚养，然而他们挣的钱只够在外花销，基本无余钱寄往家中。老家的房子在多场大雨之后轰然倒塌，只剩下一个小角落，奶奶带着孙子就在那儿艰难过活。奶奶年纪大，只能种简单的红薯和玉米。平时祖孙用砖头架起一口锅煮粗玉米面和红薯吃，然后给猪吃。

(3) 农村留守儿童的身体安全情况

尽管 88.3% 的被访农村留守儿童认为健康知识对自己有帮助，但 57% 的被访留守儿童没有上过健康课，60% 的被访监护人也没有教过留守儿童健康知识，导致留守在家儿童难以应对健康问题。更为严重的是农村留守儿童生病时，11.8% 的被访留守儿童没有人来照顾，45.6% 的被访儿童虽有人来照顾但照料不佳。小艳的死亡正好说明留守儿童所面临的健康问题：父母外出务工后，小艳与爷爷奶奶一起生活。3 月 16 日，小艳有发热症状，爷爷奶奶未引起重视，而这正错过诊治的最佳时机。17 日，在幼儿园老师要求下，祖父母带小艳到当地村卫生室就诊，村医生建议转至上级医院治疗，但到 18 日，小艳才被送到县人民医院就诊，19 日 22 时 40 分小艳转院至省级儿童医院治疗，于 3 月 22 日死亡。相对非留守家庭，农村留守儿童还要面临弥漫在他们四周的身体恐惧。

2. 农村中较为普遍的留守儿童身体侵犯现象

农村留守儿童异于非留守儿童的根本特征在于"家庭离散"，"家庭离散"并非指家庭解体，而是指核心家庭成员同一空间里的共同生活转变为在不同空间中的一种分离的共同生活，使他们不能享受正常的家庭生活。[①] 中国农村劳动力的家庭离散化流动状态使留守儿童的"家庭保护伞"缺位，导致针对该群体的身体侵犯的案件层出不穷，使他们成为家庭之痛、社会之殇。根据广东妇联发布的《女童遭受性侵害情况调研报告》，遭受身体侵犯的留守女童比例高达 94%。

（1）身体安全教育缺位，性防范知识先天不足

在传统的家庭之中，父母一般有着不同的分工，女童生理上较为隐秘的问题一般是由母亲向其答疑解惑并传授经验，当女童受到别人欺负时往往会向父亲寻求帮助。然而，农村留守家庭的离散化使家庭教育环境遭到破坏，迫使女童无法直接从父母那里获得咨询和帮助，使其转向求助于处境类似的同伴。然而，农村性教育的碎片化与稀疏化，留守儿童所获取的性知识是蒙昧原始的、支离破碎的，甚至是错误的。调查数据显示，23.4% 的被访留守儿童不知道男女身体上的主要差别，25% 的被访留守儿童将手、脚、脑袋视作男女生理差别。村民吴女士所讲述的这个案例则很形象说明留守儿童一旦遭遇到性侵犯时，因缺乏相应的知识储量与处理能力就不知所措，甚至将性侵害当作游戏，意识不到这是侵犯。吴说，村主任

[①] 汪超、刘筱红：《主流化的政策导向与进城务工女性市民化研究》，《内蒙古社会科学》（汉文版）2015 年第 36（01）期，第 139—144 页。

的侄女被性侵了,但女孩并不知道被性侵了,只到后来发现女孩肚子变大,方才知道。还有个村里的一个女学生怀孕了,她不知道孩子是谁的。去医院流产过程中,女学生下体出血,她自己却不知道为什么,用血手惊慌失措地拍门,大喊"我流血了"。

(2) 身体安全监管缺位,安全防护网络被撕裂

调查数据显示,32%的被访留守儿童是由单亲照管,48.2%的被访儿童是由祖辈监管。一方面,在单亲监护人中以留守妇女居多,然而,在丈夫这个顶梁柱角色缺席时,留守妇女角色由"锅边婆"转变为"顶梁柱",独自肩负起生产劳动、家庭抚养、家庭教育等诸多使命,[①] 使其难以精细履行监护责任。另一方面,隔代监护人因受传统的生存理性的影响,更多关心孙辈的衣食等基本生理需求,忽视了留守儿童的心理状况、生理变化,加之隔代监护人因生理衰老而难以有效行使监护职责。由于留守儿童的身体监护缺位,给犯罪分子以可乘之机。当犯罪分子将魔爪伸向留守儿童时,他们既无力量反抗,也没有完善的安全网络护卫,导致他们难以逃脱犯罪分子的魔掌。小鱼的遭遇正说明农村留守儿童身体安全监管的漏洞:小鱼那天在家里看电视,爷爷在大门口晒太阳。同村的小混混趁小鱼爷爷不注意就溜进房间猥亵小鱼。尽管小鱼很大声地呼喊爷爷救命,但房间里正放着电视,声音有点大,小鱼的爷爷又耳鸣耳背,小混混就这样性侵了小鱼。

(3) 亲子情感沟通缺位,群体效应诱导性侵犯

早期依恋的发展是不可逆的,一旦错过了关键期,儿童依恋难以重新建立[②]。调查数据显示,51.2%的被访留守儿童一年到头没见过父母,35.9%的被访儿童与在外务工的父母联系少。留守儿童

[①] 汪超:《家庭离散:农村留守妇女非正常生存问题归因的实证研究——基于湖北省17县市34村庄的调查发现》,《三峡大学学报》(人文社会科学版)2014年第36 (01)期,第55—58页。

[②] 李丹:《儿童亲社会行为的发展》,上海科学普及出版社2002年版,第92—93页。

与父母长期无法进行情感沟通，逐渐长大的他们与父母之间的隔阂越来越深，情感裂痕越来越大，曾有的依恋、亲情与体谅也就越来越淡漠①，也更容易出现心理问题和心理障碍②。父母外出打工后，小明就由年迈的奶奶在家照管。他父母很少回家，也很少打电话回家，每次打电话也是只问学习情况。因为奶奶没什么文化，除了照顾他的生活外，就是催促他学习，忽略了对他内心世界的正确引导，养成了他孤僻、不合群、感情脆弱、冲动易怒等不良心理。在长期缺少亲情关怀的环境中，留守儿童容易将注意力转移到交朋结友等方面。雷德尔使用"同龄群体"（peer group）概念来研究生命历程，提出同辈群体对于个体的生命历程具有特殊的意义。留守儿童从父母那里得不到的教育，可能会从那些承载相悖于社会主流文化的同辈群体中获取，而这些渠道极为容易诱惑留守儿童行为失范，从而让社会不良青年有了可乘之机，对这些留守儿童采用哄骗方法甚至威逼手段进行性侵犯。

（4）乡村治安生态脆弱，地理环境缺乏安全性

农村留守儿童的居住环境为犯罪分子作案提供可乘之机。一是大量农村劳动力流入城市造成了较为普遍的村庄"空壳化"和家庭"空巢化"现象，锐减了农村治安治理的可控优质资源，不可避免地削弱了农村地区的安全防护能力，造成乡村治安生态脆弱，导致69.5%的被访农村留守儿童很担忧村庄治安状况。二是农村住宅大多相对独立而又相隔较远，许多农宅的院墙低矮、门栏简易，犯罪分子很容易越墙进院、破门而入。23.6%的被访留守家庭房屋存在安全问题，21.5%的被访留守家庭就被小偷光顾过。三是农村地区人口密度小、地域辽阔，地处偏远山区的农村更是人烟稀少、地势

---

① 刘超祥：《贵州省民族地区农村留守女童问题研究——以黔东南苗族侗族自治州为个案》，《贵州民族研究》2008年第28（05）期，第41—49页。

② 孟继苏：《论我国农村留守女童性安全保护问题及防范对策》，《山东女子学院学报》2014年第4期，第51—54页。

阴暗，这给犯罪分子提供了很好的隐蔽场所。这意味着，农村特有的人口分布结构和居住空间结构也使得农村儿童身体侵害事件相较于城市空间处于更易发和更隐秘的状态。由于隔代监护人身体健康一般不佳，农村留守儿童往往得肩负起照料祖辈的责任，出现"逆向监护"现象。这意味着留守儿童要肩负起部分野外的家庭劳动，使其容易成为犯罪分子侵害的对象。

此外，相对于城镇而言，农村的地广人稀、地处偏远等地理环境制约着乡村基础设施的建设与安全公共服务的均等化，导致缺乏父母照管的农村留守儿童易遭受溺水、交通意外等安全事故。其中由于道路交通安全设施的建设和管理跟不上道路建设的步伐，大量农村道路成了没有信号灯、标志标线和防护设施的"裸路"，导致农村留守儿童成为"交通事故高发群体"。同时为了优化教育资源配置，从2001年开始，农村地区启动新一轮中小学布局调整，大量的农村中小学撤并延长了农村学生上学的平均距离。问卷数据显示，64.7%的被访留守家庭距离学校较远，不少山区儿童更需跋山涉水，而且47.6%的被访农村留守儿童平时是一个人去上学，他们面临的身体安全风险更大。

3. 农村留守儿童身体侵犯的非司法处理途径

《中华人民共和国未成年人保护法》第60条规定："造成人身财产损失或者其他损害的，依法承担民事责任；构成犯罪的，依法追究刑事责任。"然而，倡导性法理依据难以应用在具体案件的执法实践之中，乡村传统的实质伦理法更是使司法审判难以实践。因为乡土社会的人情关系网束缚了案件的检举揭发，国家治安资源又远离乡村的非均衡配置，以至于案例发现难、取证难而不了了之。即便案件能进入司法审判程序，审判中存在着诉讼效益与诉讼费用倒挂的可能。这些因素使得对身体侵犯案件只能在法律层面予以规制，非司法的赔钱解决途径在"无讼"的农村存在广袤的市场与践行空间。

(1) 倡导性的法律规则集

性权利被统摄于性人权之下，必然受到法律保护。[①] 在国外关于儿童身体权利有具体的法律规定，例如美国《梅根法案》规定只要与幼女发生性关系者都会被判以强奸罪；德国法律规定与幼女发生性关系者一般被判处10年以上刑期或被化学阉割；波兰在2010年6月成为第一个在国家层面立法，规定性侵15岁以下儿童的犯案者在刑满出狱前必须接受化学阉割；韩国在2011年7月出台首部针对严重性犯罪者进行化学阉割的法案，性侵犯儿童罪最高可判50年，同时公开性犯罪分子的个人信息。我国尽管也出台了系列保护儿童身体权利的法律法规，但大多是笼统性与倡导性的规定而难以沉降到具体执法实践之中。《宪法》规定了公民享受广泛的权利，但缺乏性权利规定内容。《刑法》关于儿童身体侵犯罪的规定较为细密，如第360条第2款规定了宿娼幼女罪[②]，但宿娼幼女罪的设置既是有悖国家保护儿童的政治承诺，还与《宪法》关于强奸罪的规定相矛盾，易造成执法混乱而成为犯罪分子的免罪牌。《未成年保护法》第41条第1款规定禁止对未成年人实施性侵害，但对"性侵害"具体内涵辨识不清，以至于只能在刑法层面对司法实践中的性侵害予以法律规制。

(2) 乡村传统的伦理规范

乡土社会之中的传统文化观念有着巨大的惯性力量与广袤的实践空间，能潜移默化地影响着村民的观念与行为。媒体报道的留守儿童小雨的案件诠释了乡村社会中纠纷解决方式的情—理—法秩序逻辑：小雨在长达两年时间里遭受同村多名中老年的性侵，

---

① 付玉明：《论我国留守儿童性权利的法律保护——基于十起典型案例的实证分析》，《法学论坛》2016年第3期，第104—111页。

② 第十二届全国人大常委会第十六次会议表决通过刑法修正案将嫖宿幼女罪删除，修改后的刑法修正案将在2015年11月1日起施行，届时嫖宿幼女将视同奸淫幼女从重处罚。

后经司法的介入与审判,涉案老人分别获刑。然而,小雨的案件并不是一个罪恶得以惩治、正义得以伸张的故事,反而是小雨及其家人遭受到同村的"敌视"①。在乡土的礼治秩序中做人,如果不知道"礼",就成了撒野,没有规矩,简直是个道德问题,不是个好人。……如果非打官司不可,那必然是因为有人破坏了传统的规矩②。这实质是混淆了传统道德与法律规范的界限,形成一种传统"实质的伦理法"。乡土社会又是一个典型的人情社会,注重"泾渭分明"的现代司法难以解决纠纷的同时又能维持原有的社会关系。在长期的共同生活中,村民因生活之需要联结在一起,基于个体化的法律制度和法律伦理不可能在这样的社会中有效运作③。于是,乡村社会往往将儿童性侵案件定性为道德败坏而非法律惩戒问题,选择诉讼反而使受害者面临乡村舆论的道德谴责,迫使受害者容忍与不去揭发这种犯罪行为。这种"无讼"的乡土社会削弱了法律的威慑作用,使得村民疏远于司法诉讼,更是强化了犯案者的侥幸与放纵心理。"人情化"的乡土社会使得法律法规在乡村这一特定的社会空间范围内出现效力锐减的情状,遂使正式制度演化成为了"仪式制度"。

(3) 缺位的规制实施机制

中国人解决争端首先必须考虑"情"④,尤其是在人情关系交织的乡村社会,当农村留守儿童身体侵犯案件发生时,受害者及家人往往受传统观念束缚而不去揭发,导致案例呈现出"发现难、取证难"的特点。而且因受害者年龄小、保护意识淡薄,案件发生较长一段时间才被发现,此时的相关证据已经灭失,无疑给案件侦破

---

① 案例来源于人民网 http://politics.people.com.cn/n/2014/0110/c70731-24080692.html
② 费孝通:《乡土中国·生育制度》,北京大学出版社 2005 年版,第 35 页。
③ 朱苏力:《法治及其本土资源》,中国政法大学出版社 2004 年版,第 24 页。
④ [法] 勒内·达维德:《当代主要法律体系》,漆竹生译,上海译文出版社 1984 年版,第 486 页。

带来困难。这也与公力救济资源分配不均衡有关，国家治安管理资源一般只沉降到乡镇，于是即便有案件被检举，但因办案成本高、发生时间久以至于取证难度很大而导致有些性侵案件也就不了了之。即便是进入案件追责程序，审判中也存在着儿童权利被忽视甚至侵害的可能，小玲被性侵的审理过程便出现了这种可能：在案件的审查起诉过程中，她父母提出了刑事附带民事赔偿，但检察院让其在案件移送到法院后再提，然后便一直没有案件消息。焦虑的小玲父母去法院询问才得知，案件已经判决了，被告人因强奸罪被判处5年有期徒刑，而且"由于被害人受伤不严重，没有什么需要赔偿的"。[①]《最高人民检察院办理未成年人刑事案件的规定》明确规定："人民检察院办理未成年人刑事案件，可以应犯罪嫌疑人家属、被害人及其家属的要求，告知其审查逮捕、审查起诉的进展情况，并对有关情况予以说明和解释。"显然在小玲的案件审理过程中存在对未成年人诉讼权利的漠视情况，以至于难以完整保障其权利。诉讼在一定意义上也可以被视为受制于投入产出规律的经济行为[②]，外出追求家庭更好经济效益的务工父母在理性权衡诉讼耗费与诉讼效益后，通常会选择低成本的非司法解决途径。

（四）结论与讨论

中国农村劳动力家庭离散化的流动在使数量庞大的儿童群体留守农村的同时，也使得留守家庭结构功能的部分缺损与乡村治安的羸弱，带来留守儿童身体侵犯这样难以弥合的显著社会问题。2014年全国外出农民工16821万人，举家外出的农民工仅3578万人，占总体的

[①] 案例源于北京青少年法律援助与研究中心。
[②] ［美］罗伯特·考特、托马斯·尤伦：《法和经济学》，史晋川、董雪兵等译，格致出版社2012年版，第34页。

21%，换言之，有将近80%的农村外出劳动力家庭处于分散状态[1]。这种家庭离散是工业化、城镇化与农业现代化发展失衡的产物，实质上是试图通过有效使用有限的公共资源来快速建成工业现代化，实质是一种经济增长压倒一切的发展主义思维。作为这种发展实践的稳定形式的公共政策也顺之接受效率优先规则，采用管理而不是服务的政策工具来回应农民工家庭式迁移的利益诉求，典型的表现是采用城乡二元户籍制度来为现代化建设筛选着适合进入城市的农村劳动力，要求流入的劳动力是个体化的、无拖家带口的农村精英分子，并拒绝赋予农民工共享城市福利资源的市民资格。于是，将儿童留守农村成为外出务工父母的一种无奈的理性选择，进而也将留守儿童群体置于可能遭受身体侵犯的境地。

农村留守家庭离散状态既诠释了系列法律规则集对法定监管责任缺失的外出务工父母缺乏惩戒实施机制，也难以回应好留守家庭实现团圆的现实条件。为弥补对留守儿童制度性的"照拂不周"，《未成年保护法》第16条规定："父母因外出务工或者其他原因不能履行对未成年人监护责任的，应当委托有监护能力的其他成年人代为监护。"但委托代理的监护制度还尚未涉及具体实施问题，其综合结果是制度性地落空了作为留守儿童身体安全钟罩的监护权，增加了该群体身体侵犯的可能性风险。法律的生命力在于解决实际问题而不是仅仅确立其制度性的象征性仪式作用。一旦发生留守儿童身体侵犯案件，在具体案件的当事人家庭大多诉诸法律之外的传统习惯法和礼俗，于是非司法的赔钱解决途径在"无讼"农村存在广袤的市场与践行空间。这是因为倡导性法理依据难以应用在具体案件的执法实践之中，乡村社会的传统实质伦理法更是使司法审判难以实践。乡土社会的人情关系网束缚了案件的检举揭发，国家治

---

[1] 汪超、姚德超：《流动社会中的农村养老的真问题与政策变革——兼论现代化进程中的离散化家庭》，《求实》2016年第9期，第88—96页。

安资源又处于远离乡村的非均衡配置状态，以至于案例发现难、取证难而不了了之。即便能进入司法审判程序，案件审判中存在着诉讼效益与诉讼费用倒挂的可能，迫使秉持生存与发展理性而外出务工的父母采用低成本的赔钱解决途径。

以发展主义为导向的经济现代化使我们处于工具理性倡行、价值理性退让的时代，家庭价值的退让是不可避免的，但作为家庭价值理性制度化照拂的系列法律规则却又未能发挥其解决实际问题的权威作用。显然，"仪式制度"提供了深刻理解乡村法治乃至法治建设的良好视角与观察窗口，揭示了正式法律法规搭建的"制度化舞台"之后隐匿的乡村社会中现代治理之盲点与形形色色的非制度化及非组织化的私了行为模式。社会行动者不依赖于韦伯（1922）意义上的正式制度规则，而是采用非正式制度渠道解决社会问题，迫使社会网络资源匮乏者处于弱势群体的境地。因此，"仪式制度"的存在牵制了中国向真正意义上的法治国家发展的步伐，社会弱势群体依旧可能处于非体面、无尊严的异态场景之中。

从人类文明发展与中国历史演绎的轨迹来看，实现社会公平、共享美好生活依靠的是良法之治。这种"良法之治"便是"法治"，"仪式制度"的直接成因在于系列规则的法定效力并未依法转化，从而未能解决原本存在的现实问题。党的十八届四中全会吹响了全面推进依法治国的战略号角，党的十九大报告更是明确提出"全面依法治国是中国特色社会主义的本质要求和重要保障"，这既是党和国家进一步深化了对"法治"的认识，也有助于科学立法、严格执法、公正司法、全民守法的深入推进，从而为"仪式制度"问题的解决提供了历史机遇与政治支持。为此，我们需积极投身于法治中国建设，让法治信仰植根于灵魂深处，令法治音符盈溢在社会各角落，使法治阳光更加温暖弱势群体，促使社会弱势群体共享有尊严而又体面的幸福生活。

二 家庭与留守老人

2012年年底,我国老龄人口数量达到1.94亿,占总人口数的14.3%,意味着我国在2012年就进入了"深度老龄社会"[①]。到2050年,我国60岁及以上人口将为4.5亿人,占总人口的34%,进入重度老龄化阶段[②]。值得一提的是,2014年我国老年人口比例超过总人口数的15%,远超10%的老龄化标准,这其中超过60%居住于农村。体现马克思主义人本观的"中国梦"是全体人民幸福的梦,对于过半数生活在农村的老人而言就是实现"老有所依、老有所养"的梦想。农村养老问题触痛了敏感的社会神经,成为社会各界共同关注的焦点议题。农村养老问题究竟为何在流动社会中变得如此困难重重?本章节试图在社会流动大背景下从家庭结构及其变迁的角度,尝试对这一问题进行探讨。

(一)诊断真诉求:合理选择下的农村家庭养老模式

回顾新中国成立以来的我国农村养老保障模式,农村养老保障模式实践大致可以划分为50年代初期的家庭养老保障模式、人民公社时期的农村集体保障模式、80年代至今的以家庭保障为主的多元化模式[③]。农村养老保障模式以家庭养老为主,也是当前农村老人养老保障模式的合理选择,西方国家在养老保障改革与选择上

---

① 杨燕绥、张弛:《老龄产业发展依赖三个创新》,《中国国情国力》2014年第1期,第17—19页。
② 王浦劬等:《超越多重博弈的医养结合机制建构论析》,《国家行政学院学报》2018年第2期,第40—51页。
③ 张仕平等:《建国以来农村老年保障的历史沿革、特点及成因》,《人口学刊》2000年第5期,第35—39页。

也"垂青"东方式的家庭养老[①]。

1. 安土重迁的传统文化根深蒂固

国内学者费孝通在其《乡土中国》一书中运用"差序格局"概念较好叙述了中国社会的乡土性，阐释了蕴含中华传统文化和自然法则的"乡土"是每一个中国人骨子里具有的天性，也形成了较西方的个人社会所不同的"熟人社会"[②]。现阶段的农村老人正是从这样一个传统的乡村文化下生活过来，对家庭的情感依赖性很强。在"差序格局"的农村社会范围内，村民遵循共同的习俗、观念和礼仪，处在以一定血缘相互联系的人际关系网中[③]。在熟悉的社会环境与相互联系的人际关系网中，农村老人能找到自己的精神慰藉，符合老年人"落叶归根"的传统养老观念。尤为重要的是，赡养父母在中国传统文化中被视为天经地义之事，去敬老院、养老院则容易给外人留下子女不孝顺的印象。

中国传统社会尤为重视"孝""仁""德"，以礼治维系传统家庭养老模式，并在制度层面给予了保证。北魏孝文帝《本纪》中有言"民八十以上者，一子不从役"。唐律规定，子孙应孝养父母、祖父母。"供养有阙"为"不孝"之一种，而"不孝"则被列为十恶之罪。为使子女能够更好地赡养父母，唐律规定："诸祖父母、父母在，而子孙别籍异财者，徒三年。若祖父母、父母令别籍及以子孙妄继人后者，徒二年，子孙不坐。祖父母、父母老疾无侍，委亲之官者要被'徒一年'。新中国成立后，《中华人民共和国老年人权益保障法》对养老保障模式与具体落实做了相应规定，如"老年人养老主要依靠家庭，家庭成员应当关心和照料老年人"与"赡养人应当履行对老年人经济上供养、生活上照料和精神上慰藉的义

[①] 余碧岩：《我国农村家庭养老的基本现状及主要发展思路》，《宁夏大学学报》2004年第6期，第51—53页。

[②] 费孝通：《乡土中国生育制度》，北京大学出版社1998年版，第9—10页。

[③] 同上书，第30页。

务"。中国传统社会在制度保障与舆论约束中共同塑造了老年人权威至上的地位,依靠儒家文化所构建的礼治体系又使得家庭养老有可能变为现实。

2. 国家与市场在养老上"双失灵"

为向广大农村老龄人口提供基本生活保障,实现城乡一体化的社会养老保险制度,我国在2009—2012年实施了新型农村社会养老保险的渐进性政策。然而,随着生活成本的上升,面向农民的新农保因养老金过低而难以满足农村老人的养老需要。此外,2009—2014年中国农村养老服务机构数量从31286个缓慢增长到32995个,远远低于数量庞大的农村老人的需求。在供需不平衡的背景下,进入农村社会养老机构的门槛也不断抬高,在一定程度上抑制了农村老人选择社会养老的倾向。私人设立的养老机构因按市场价格提供养老服务,已经进入老年状态的农村老人一般很难享受市场价格的养老服务。农村家庭养老则既能享受国家政策的关怀,又能获得情感上的慰藉。

家庭养老背后还蕴含了理性选择的文化认同。农村家庭养老文化在中国历史发展的长河中广为人们接受,日渐内化为人们的敬老意识和养老行为[1]。按照马林诺夫斯基以及怀特等人的观点,文化具有承传性,可以从一个有机体传送给另一个有机体[2]。所以,子女自觉内化农村家庭养老文化观念,并转化为敬老养老的实际行动,引导今后的子女遵顺家庭养老模式。正因为家庭养老文化的传承,改革开放以后,即便在各种文化价值观的冲洗下,人们的个性主义与崇尚自我价值在不断泛化,对农村家庭养老文化出现了批判性态度,但却难以剔除脑体中积淀深厚的家庭养老文化。迪尔凯姆

---

[1] 高和荣:《文化转型下中国农村家庭养老探析》,《思想战线》2003年第4期,第100—103页。

[2] [美] L. A. 怀特:《文化的科学》,沈原译,山东人民出版社1988年版,第136页。

认为,"当我履行我的合同时我实施的是从外部规定着我本人行动的法律、习俗也就是文化,而不是其他什么"①。

(二)寻找真问题:农村家庭养老问题应是家庭离散与老人留守问题

尽管家庭养老是最令农村老人满意的选择,但转型时期农村劳动家庭离散式流动所带来的离散型家庭结构,造成家庭结构功能的部分缺损与难以弥合的灾难性裂解问题②。由此可推知,当前对农村养老问题应该是老人留守农村的问题,必须通过适应性、维系性和修复性举措予以弥合离散家庭。

1. 农村家庭离散、老人留守与老人精神空虚无以慰藉

在传统的农村社会中,因为世代耕种,身份一定程度上与土地绑定,人口流动性不强。但是随着农村人口流动性增强,家庭的结构功能分化,留下老人独守"空巢"。全国老龄办 2012 年发布的数据显示,随着农村进城务工人员规模的不断扩大,农村老人"空巢家庭"比例达到了 38.3%,且上升速度比城市更快。截至 2013 年 9 月,我国农村老龄化水平平均高于城镇 1.24%,据测算已有接近 5000 万的农村空巢老人③。《2014 中国农村养老现状国情报告》显示,"与子女居住"是 42.3% 的农村老人最喜欢的养老方式,但 50% 以上老人处于空巢状态,使得原本完整的家庭呈现出离散化状态。在农村规模庞大的空巢老人群体当中,失独老人开始增多。他们除去经济压力,缺乏亲情关怀的悲伤现实使他们对未来工作和生活失去信心和希望,回归社会的积极性和主动性不高。

---

① [法] E. 迪尔凯姆:《社会学方法的规则》,胡伟译,华夏出版社 1999 年版,第 37 页。
② 金一虹:《离散中的弥合——农村流动家庭研究》,《江苏社会科学》2009 年第 2 期,第 98—102 页。
③ 梁建强:《农村留守老人也应"老有所依"》,《新华每日电讯》2013 年 9 月 24 日,第 3 版。

人性尊严是社会关系的最高价值尺度，而精神养老是一种准公共产品，是一个有关人性尊严的价值问题[①]。根据人生发展阶段论，60岁以上的老人正处于人生发展的最后一个阶段，即自我整合的绝望感，心理健康状况不断滑坡，对精神抚慰的心理需求不断增强[①]。"空巢家庭"的出现弱化了"养儿防老"的作用，许多空巢老人常年没有人嘘寒问暖，没有儿孙绕膝，阖家团圆也成了农村老人最殷切的期望。中国梦的本质内涵就是民族复兴、国家富强和人民幸福，实现"人民幸福"就要着眼于让农村空巢老人过上更加幸福、更加有尊严的生活。然而，依旧有农村老人不但享受不到天伦之乐，反而在年老体衰的境况下继续承担照顾整个大家庭的责任。部分农村地区村民将"有吃有穿"作为衡量"孝顺"的标准，但问题是忽视了老人们的精神生活需要，因病痛孤苦而自杀的农村老人反而是"明白人"。

2. 农村家庭离散、老人留守与老人年迈体衰难以自理

儒家思想作为中国传统文化的主流思想，以孝道为核心的儒家家庭伦理所强调的"不孝有三，无后为大"的多子多福观念势必成为传统家庭伦理的核心组成部分。在传统农业社会落后生产力与生产条件下，农业人口的多寡关联着国运，子女的多少关系到父母幸福。对社会而言，由于资源相对无限，整个社会经济情况同人口多寡呈正比关系。对家庭来说，"劳力"多少关系到能挣几倍收入的问题，还关系老人晚年生活幸福程度。多子才能实现更多的经济回报，才能提供多福的可能与机会。这种传统理念所隐藏的是关于代际互惠的预期：生养的儿子越多，供奉养老的儿子则越多[②]。因此，这种可能和机会能否实现，有待于子女的多少，有赖于孝道能否得

[①] 周湘莲、刘英：《论农村空巢老人精神养老的政府责任》，《湖南师范大学社会科学学报》2014年第4期，第54—60页。

[②] 孙薇薇：《农村养老实践中的"功利养老主义"探析》，《广西民族大学学报》（哲学社会科学版）2014年第4期，第53—59页。

以贯彻。

由于城镇化的推进与农业现代化的发展，农村年轻劳动力逐渐追求私利，漠视传统的宗法家长制对老年人权威地位的维护，留在老人身边照顾老人饮食起居的子女越来越少。老人的地位逐渐由家庭中的核心转变为家庭中的从属，而且老人随着年龄的增长，身体素质的每况愈下，自理能力也不断减弱，无疑会增加居家养老的困难。传统道德控制机制因孝道文化日益衰落而削弱其对外出者的约束力，增加了子女逃避赡养义务的空间与加剧了留守老人的照料风险①②③。另一方面，家庭的小型化更是增加了家庭养老的困难。我国的总和生育率在1965—1970年约为6，而到1990—1995年已经降到2以下，2010年时已达到1.18的超低水平④。

3. 农村家庭离散、老人留守与老人收入薄弱无法生计

"积谷防饥，养儿防老"是中国流传几千年的传统观念⑤，深深植根于中国"百善孝为先"的千年传统之中。在"养儿防老"的传统观念支配下，形成以血亲价值为基础的均衡代际间取予的中国传统家庭养老模式①⑤，实际上是农民限于社会经济条件在风险最小化选择下⑥为未来生活而"买"的一种人格化的保险⑦。在以往

---

① 耿德伟：《多子多福？——子女数量对父母健康的影响》，《南方人口》2013年第3期，第8—16页。

② 孙薇薇：《农村养老实践中的"功利养老主义"探析》，《广西民族大学学报》（哲学社会科学版）2014年第4期，第53—59页。

③ 贺聪志、叶敬忠：《农村劳动力外出务工对留守老人生活照料的影响研究》，《农业经济问题》2010年第3期，第46—53页。

④ 数据来源陈卫、孟向京：《中国生育率下降与计划生育政策效果评估》，《人口学刊》1999年第3期，第10—16页。国务院人口普查办公室：《中国2010年人口普查资料》，中国统计出版社2012年版。

⑤ 费孝通：《家庭结构变动中的老年赡养问题》，《北京大学学报》（哲学社会科学版）1983年第3期，第7—16页。

⑥ 杜林：《后农业税时代农村改革探讨》，《新视点》2006年第3期，第23—27页。

⑦ 陈志武：《尊严中国——对儒家文化的金融学反思》，《中国新闻周刊》2006年第42期，第28—34页。

的农村，由于家庭经济收入绝大部分来自务农，当家中老人退出劳作之后，对其的赡养责任自然转移到了下一代。然而，转型时期的社会经济变革动摇与削弱父母的家庭经济主导地位与传统孝道文化所赋予的家庭权威，父母传统家庭核心地位的被剥离也带来亲子之间的绝对顺从关系向一种新的代际关系转变。在传统道德良俗流逝与正式监督规约缺位下，成年子女依据自我责任感来向父母提供养老支持。

尊老敬老养老的孝道文化是中国传统文化中的精华部分，但整个社会的孝道文化日渐衰落，加之现代化发展带来的农村人口红利外流，导致当下大多数依靠"养儿防老"的农村老人几乎生活在"真空"中，部分老人甚至处在自生自灭的状态之中。老人自身身体状况不允许其进行高强度工作以挣取一定的收入，但农村老年人却成了种田耕地的主力军。《2014中国农村养老现状国情报告》中经济状况方面的数据显示，54.6%的农村老人还在从事职业性劳作，几乎所有老人仍然从事一定程度的家庭劳作。农业相对较低的经济效益，使得老人们的农业收入只能维持基本的日常费用，难以应付突发状况以及满足更高的需求。子女无力养老、无心养老、老人自身生计脆弱等多重困境对农村家庭养老提出了新的挑战。

（三）问题症结点的探索：现代化、社会流动与家庭养老问题

传统农村家庭养老的基本支持系统为血缘关系，其责任主体与支撑单位为家庭或宗亲，实质上是将养老院搬回家。然而，传统农村家庭养老模式因流动社会的巨大冲击而变得脆弱，传统家庭结构经历着离散化的变迁，其家庭养老功能被抑制。由此可抽离出一条关键信息：国家现代化建设进程中农村劳动力迁移所带来的离散性家庭结构裂解了传统代际支持模式，侵蚀了传统家庭养老功能。

1. 国家现代化进程与传统农村家庭关系崩塌

家庭是传统和现代性之间斗争的场所[①]，中国现代化的进程也是不断地对传统家庭意识产生冲击的过程[②]。现代性以前所未有的方式，把我们抛离了所有类型的社会秩序的轨道，这种断裂正在改变我们日常生活中最熟悉和最带个人色彩的领域[③]。家庭是我国农村社会的基础单位，从古至今在农村乃至整个社会中发挥着重要的作用，使传统社会乃至现代社会无不受到其驱动。1949—1978年的政治大潮持续冲击着传统家庭关系，始于20世纪50年代初期的农业合作化运动在经济基础和意识形态上不断摧毁传统家庭模式，将绝大部分农民组织在跨家庭的集体组织之中，在1950—1958年，加入互助组织行列的农户占全国总农户比重呈直线上升趋势，直达96.3%[④]。

农村人民公社化运动实行三级所有、队为基础的组织结构，村落社会与国家权力相衔接，世俗化政治权力融入农村各层次各领域，进一步溶解了以血缘为纽带的家族关系。文化大革命的政治风暴席卷了中国农村，极度政治化将伤害家庭本体价值推向极致[⑤]，"左"的政治标准具有至高性，一旦有亲人被认为是"异类"，与之相近的一切亲情就得被铲除，碎解了血缘关系、压制了血亲关系。"文革"的结束让人们看到现代社会对人性与家庭价值复归的希望曙光，但改革开放的浪潮停滞了现代社会祛除"文革"对人性

---

① 郑曦原、李方惠：《通向未来之路：与吉登斯对话》，四川人民出版社2002年版，第141页。

② 孟宪范：《家庭：百年来的三次冲击及我们的选择》，《清华大学学报》（哲学社会科学版）2008年第3期，第133—145页。

③ ［英］安东尼·吉登斯：《现代性的后果》，田禾译，译林出版社2000年版，第3—4页。

④ 国家统计局编：《伟大的十年：中华人民共和国经济和文化建设成就的统计》，人民出版社1959年版，第28—30页。

⑤ 孟宪范：《家庭：百年来的三次冲击及我们的选择》，《清华大学学报》（哲学社会科学版）2008年第3期，第133—145页。

和家庭价值践踏的进程。改革开放以来，现代社会的基本单元沉降到独立的个体上，家庭丧失了应有的单元功能作用，进一步强化了个体单元价值与进一步淡化了家庭单元意识。

2. 非均衡现代化发展与传统家庭结构解体

新中国成立后，在很长一段时间内，"工业化"是一切工作的重中之重。农业的发展始终没有受到足够的重视，相反，人为制造了工农产品交易中的价格"剪刀差"。1953—1981年，通过工农产品价格"剪刀差"的方式从农民手中筹集资金共7000多亿元，而在此期间，国家对农业的投资只有300多亿元[①]。中国农业相对劳动生产率的变化趋势与发达国家工业化的基本规律存在较大偏差，农工业之间差距不但没有明显消弭，反而不断显性呈现出扩大之势。历经改革开放30多年的超高速与非均衡发展，中国正面临着一系列不平衡、不协调、不可持续的问题。在工农业比较效益失衡的"内在推力"和工业化发展需劳动力的"外在拉力"复合作用下，农村大量人口红利逐渐流向城镇，在造就城市繁荣与提升城镇化水平的同时，农村"空心化"和家庭"离散化"趋势明显。

过去跳跃式的发展路线造成了四化发展不同步，现代化的不均衡发展使农业现代化滞后于工业化与城镇化的发展进程，造成大规模的农村劳动力家庭离散化流动。农村劳动力在转移过程中以家庭中青壮年个人转移为主，很少以家庭为单位进行迁移。根据国家统计局抽样调查结果，2014年全国外出农民工16821万人，比2013年增加211万人，增长1.3%。在外出农民工中，举家外出的农民工仅3578万人，占总体的21%，意味着有将近80%的农村外出劳动力家庭处于分散状态。"中国梦"的魅力在于它是每个中国人的梦，包括了人数众多的农村老人群体。然而，在这种异态的家庭结

---

① 陈国庆：《统购统销政策的产生及其影响》，《学习与探索》2006年第2期，第207—209页。

构环境下，他们作为伟大祖国和伟大时代中的贡献者，不仅未能享受到改革成果与改革红利，难以在物质和精神上得到很好的照顾，甚至还要抚养孙辈、进行农业或养殖业劳作。

3. 现代性的政策理念与传统家庭聚合降解

以发展主义为导向的经济现代化，是工具理性倡行、价值理性退让的时代，家庭价值的退让似乎是不可避免的[①]。公共政策一般建构在决策者价值理念基础之上，从一定意义上说，具体的公共政策往往是政策价值理念的具体化[②]。然而，地方发展政策蕴含着经济主义和功利主义价值倾向。美国学者戴维·伊斯顿认为公共政策是政治系统权威性决定的输出，它是对全社会的价值的权威分配[③]。此定义中的"价值""不仅包括实物、资金，还包括权力、荣誉、服务等等有价值的东西"[④]。缺乏价值关怀的发展政策也必然会忽视人和社会的全面发展，忽视发展应是让社会成员平等共享尊严、体面劳动和幸福生活的根本目标。

地方发展政策蕴含追求现代性的发展理念与地方政府走优先发展重工业的道路，这也是由客观的世情国情迫使。中华民族要从根本上改写备受列强侵略与压迫的格局，实现中华民族的伟大崛起与复兴，就需要优先发展重工业与相关的军事工业以加快推进社会主义工业化。一个行动发生的可能性是行动者期望从多种可能的行动结果中获得功利的函数，行动者的这种行动所追求的是价值或利益的最大化[⑤]。在发展资源有限，尤其在以 GDP 来考核政绩的环境

---

① 郑曦原、李方惠：《通向未来之路：与吉登斯对话》，四川人民出版社 2002 年版，第 141 页。

② 胡象明：《论以人为本的政策价值理念》，《国家行政学院学报》2007 年第 2 期，第 86—89 页。

③ David Easton, *The Political System: An Inquiry into State of political Science*, [M], New York: Knopf, 1971: pp. 129 – 134.

④ 张金马：《政策科学导论》，中国人民大学出版社 1992 年版，第 18 页。

⑤ 侯钧生：《西方社会学理论教程》，南开大学出版社 2001 年版，第 376—377 页。

下,操持现代性发展观的地方政府无疑会倒置发展的目的和手段,偏执于为了发展而发展的畸形逻辑,导致城乡非均衡化发展,造就了焕然一新的中国城市,却忽视传统农村家庭的聚合属性,造成农村"空心化"与家庭"离散化"的异态结构。

4. 碎片化的家庭政策与务工家庭的脆弱性

现代性发展理念落地的重要表现便是建构在国家发展需要上的政策,这也就导致处于国家视野边缘的家庭难以进入政府议程。政策理念中"家庭友好"价值的缺位,势必致使公共政策丛林中缺乏专门以家庭为基本单位的家庭政策,与社会主义市场经济相适应并能够促进整个社会协调发展的新型家庭政策体系尚未建立起来。改革开放30多年我国家庭福利制度基本上是补缺型的福利制度,重点放在问题家庭与那些失去家庭依托的边缘弱势群体,这就在一定程度上忽略了留守与务工家庭脆弱性事实,忽视了此类家庭在养老、抚幼等方面的成本,其实是对家庭承担社会责任的变相忽视。此外,1968年,德国学者乌尔里希·贝克就提出当前我国进入了风险社会,并认为"当代中国社会因巨大的变迁正处在泛城市化阶段,可能进入高风险社会"[1],易受伤害性[2]的农村留守家庭与乡城务工家庭更是社会风险的薄弱环节。

解决留守或家庭照养问题最有操作性、最有效的办法是支持务工家庭实现工作与家庭责任的平衡。公共政策缺乏对家庭的通盘考虑,家庭微观利益与国家宏观利益难以统筹兼顾,势必会对务工家庭造成损害,不利于其家庭及个人在城乡长期、稳定的发展。随着国家社会的发展,补缺型家庭福利肯定难以满足全体社会成员的需要,家庭福利政策的受惠范围要逐渐由特殊群体向全员拓展,补缺

---

[1] 苏昕:《风险社会视阈下农业转移人口权利脆弱性研究》,《国外社会科学》2014年第4期,第30—36页。

[2] [德]乌尔里希·贝克、邓正来、沈国麟:《风险社会与中国——与德国社会学家乌尔里希·贝克的对话》,《社会学研究》2010年第5期,第208—246页。

型家庭福利向适度普惠型家庭福利迈进。适度普惠型的家庭福利同时也要考虑到我国社会经济发展水平，避免重蹈福利国家覆辙。检视当前我国的社会福利制度与政策，缺乏较少考虑家庭问题与满足家庭发展性需求的家庭政策，存在家庭福利政策城乡发展不均衡问题，部分家庭政策仍停留在宏观指导层面。

（四）结论与讨论

既然农村家庭养老困境缘于现代化进程中的农村家庭离散式流动，回归家庭应是该现象与问题的出发点和落脚点，需要秉持多赢思维建构"支持家庭"的融合统一体。"对一切的人类关系而言，有一句话至关重要：既不要让自己去适应环境……也不要按照我们自己的喜好来塑造环境。"[1] 换言之，"支持家庭"的融合统一体要建构在统筹兼顾与合理预期的基础之上，达到降低传统农村家庭养老问题解决的难度与合理解决问题的效果，从而消弭人伦缺憾与社会痛点。具体来说：

1. 政策对发展导向有合理预期：夯实以人本主义为本的发展观

发展导向要有合理性预期，首先要从理论层面严格审视与深层次把握"发展"概念本身，从而廓清"发展"概念内涵理解上的迷雾[2]。增进民生福祉是发展的根本目的，国家现代化发展应是以人为本的科学发展观指导下的发展，把人民对美好生活的向往作为奋斗目标。因而，党的十九大明确提出要深入贯彻以人民为中心的发展思想，保证全体人民在共建共享发展中有更多获得感，不断促进人的全面发展、全体人民共同富裕，这实质上是反思过去现代性发展方式，强调发展过程中的人本主义回归。唯有坚持把最广大人

---

[1] ［英］葆琳·格雷汉姆：《管理学的先知》，向桢译，经济日报出版社，哈佛商学院出版社1998年版，第59—60页。

[2] 丰子义：《发展实践呼唤新的发展理念》，《学术研究》2003年第11期，第24—29页。

民的根本利益作为制定政策、开展工作的出发点和落脚点，正确反映和兼顾不同方面群众的利益，才能实现所建构的新政策对发展导向有合理预期，从而真正在四化同步发展进程中化解农村老人最现实、最关心、最直接的养老问题，进而构建公平正义的和谐社会。

2. 政策对发展战略有合理预期：探索现代化的乡村复兴之路

复兴农村不能抛弃和违背千年乡村社会演化而形成的乡愁情结，需要汲取祖先智慧与发现乡村"传统基因"的生命力。探索现代化的农村复兴之路，应该走城市与乡村两元文明共生的道路，这就要求在城市化和工业化成为一种社会主流存在的状况下，形成"从城市到乡村"的资源"回"流态势，吸收城市资源保障农村留守人群的生活，最终吸引离土人群的回流。与此同时，乡村也应顺势而为，在尊重自然、顺应自然、保护自然的生态文明理念下推进农业现代化发展，因地制宜地走特色乡村发展道路，用生态文明发展的道路吸引外出务工人员回乡就业创业，从而复兴农村、弥合家庭离散。

3. 政策对发展策略有合理预期：建构中国特色的家庭政策体系

中国终古不变的宪法"精神"是"家庭的精神"[①]。农村老人养老要走中国道路，应将弥合家庭离散工作纳入政府议事日程，置入经济社会发展总体规划和社会管理创新总体部署，全过程、全方位、多角度地体现对家庭价值的重视，统筹兼顾家庭和国家利益。但现行的国家福利制度尚未能统筹兼顾宏观国家利益和微观家庭利益，需要积极推进涵盖终结留守解决农村养老问题的中国家庭政策体系的建构与完善，促进家庭福利与能力增量扩容。此外，在当前改革的宏大背景下，还需创设专司家庭事务的常态化与位阶高的统筹机构，从组织体制上整合相关部门，有效构建具有中国特色的家庭政策体系。

---

① [德] 黑格尔：《历史哲学》，王造时译，上海书店1999年版，第126页。

4. 政策对行动路径有合理预期：协同共建家庭本位的社会环境

弥合家庭离散与修复家庭养老功能，需政府与社会协同共建"家庭本位"的关爱服务体系。要以政府购买社会组织服务为突破点，借助已有的工作阵地，培育与吸纳宜情宜土的社会组织，聚合分散化关爱力量，最大限度整合关爱性资源与服务。需要注意的是，农民还难以超越私人领域进行理性思考，进而也滞缓了农村社会组织的发育发展，因而，各级党委与政府要积极探索"群团组织统筹，团会组织联动，社会组织合作，公民志愿参与"的关爱服务体系与帮扶工作机制，激发社会的志愿性精神，复活农村传统乡规民约，终止乡村公共精神没落，抑制孝文化的沦落、代际之间的失衡及邻里关系的恶化，终止完整的代际结构和熟人社会关系走向没落，再造家庭空间。

专题二：家庭、农民工迁移与贫困

一 家庭与农民工迁移

2017年，党的十九大报告中继续提出走"推动新型工业化、信息化、城镇化、农业现代化同步发展"的中国特色现代化发展道路，这一顶层设计的核心内容与明显指向就是要加快新型城镇化建设。"人"的城镇化是"新型城镇化"中"新"的意蕴所在，"稳定"城镇化则是"新型城镇化"之"质"的关键所在，建构在农民工家庭完整性之上的城镇化才能统御好"新型城镇化"的底蕴。然而，中国国家统计局在2008—2014年的农民工监测报告显示，约80%的农民工家庭处于一种离散化状态[①]。"家庭离散"并非指

[①] 陈素琼、张广胜：《城市农民工家庭化迁移模式变迁及其幸福效应——基于CGSS数据的追踪研究》，《农业技术经济》2017年第8期，第67—80页。

家庭解体，而是指核心家庭成员同一空间里的共同生活转变为在不同空间中的一种分离的共同生活，使他们不能享受正常的家庭生活[①]。家庭离散状态缺损了老人赡养、子女照料、婚姻生活以及安全保护等家庭功能，使农民工及家庭难以平等共享有尊严、有体面的幸福生活，其不仅是影响城乡社会稳定发展的不和谐因子，也是关涉未来国家与社会的发展隐患。

针对农民工家庭离散问题，学界已有不少卓有成效的成果：一是对农民工家庭离散概念的界定[②]；二是关于农民工家庭离散的研究范式[③][④]，研究范式从传统迁移经济理论转移到新劳动力迁移经济理论；三是对农民工家庭离散的状况及特征进行分析描述[⑤]；四是对农民工家庭离散的影响因素分析，一部分学者从宏观的结构视角提出城乡二元结构、二元分割的劳动力市场造成农民工家庭难以留城[⑥]，工业化、城镇化、信息化和农业现代化发展不同步是导致农民工家庭离散的根本原因[⑦]。不少学者从中观的制度视角提出户籍制度及依附其上的社会福利制度限制了农民工家庭团聚[⑧]。此外，部分学者从微观的家庭策略视角提出农民工家庭离散是家庭理性选

[①] 汪超、刘筱红：《主流化的政策导向与进城务工女性市民化研究》，《内蒙古社会科学》2015年第1期，第139—144页。

[②] 金一虹：《离散中的弥合——农村流动家庭研究》，《江苏社会科学》2009年第2期，第98—102页。

[③] 魏万青：《从职业发展到家庭完整性：基于稳定城市化分析视角的农民工入户意愿研究》，《社会》2015年第5期，第196—217页。

[④] 熊景维、钟涨宝：《农民工家庭化迁移中的社会理性》，《中国农村观察》2016年第4期，第40—55页。

[⑤] 朱明芬：《农民工家庭人口迁移模式及影响因素分析》，《中国农村经济》2009年第2期，第67—76页。

[⑥] 许庆红、吕昭河：《云南流动人口家庭化迁居状况分析——基于云南省2013年流动人口动态监测调查数据》，《西北人口》2015年第2期，第87—91页。

[⑦] 刘筱红、施远涛：《"四化同步"发展下留守妇女家庭离散问题治理研究——基于中西部六省农村的实地调查》，《人口与发展》2014年第1期，第81—89页。

[⑧] 李强：《农民工举家迁移决策的理论分析及检验》，《中国人口资源与环境》2014年第6期，第65—70页。

择的最优结果①。上述研究是厘清农民工家庭离散发生逻辑的重要基础，但少有研究将结构制度约束与家庭个体选择结合起来，从而使已有研究难免存在有失偏颇之嫌。

党的十九大报告指出，我国经济社会发展进入了"美好生活"引领中国特色社会主义"新时代"，并基于这一新的历史方位判断强调了要坚持"以人民为中心"发展道路。"赋能"农民工举家留城的可行能力与自由选择，这是农民工共享"美好生活"、补齐"民生"短板与践行"人本"发展道路的重要表现。基于上述研究回顾与现实反思，本专题创新运用阿马蒂亚·森的自由发展观思想，审视宏观结构与制度安排如何引发农民工家庭"可行能力贫困"与选择自由的缺失。在修复、弥合农民工家庭共同体离散问题过程中，公共政策是十分关键性因素，在于增进人的可行能力与实质自由的公共政策一般可以通过促进这些不同的、但相互关联的工具性自由而发挥作用②。有鉴于此，本研究在运用森的自由发展观对农民工家庭离散问题进行学理性探究的同时，希冀为公共政策部门制定合宜的政策调适策略与采取针对性的政策举措提供智力贡献。

（一）森的自由发展观：分析农民工家庭离散的新视角

阿玛蒂亚·森是一位秉持人道主义关怀的经济学家，强烈关注公平、福利与贫困问题，在经济发展、福利经济学、社会选择理论等方面成就斐然，其中最引人瞩目的是其基于可行能力拓展的自由发展观。森所言的"自由"是一种"实质性自由"，也即是"享受人们有理由珍视的那种生活的可行能力"，包括免受困苦——诸如

---

① 封立涛、刘再起：《湖北留守妇女形成原因分析——基于理性选择》，《华中师范大学学报》（人文社会科学版）2014年第1期，第34页。
② ［印］阿玛蒂亚·森：《以自由看待发展》，任赜、于真译，中国人民大学出版社2002年版，第7页。

饥饿、营养不良、可避免的疾病、过早死亡之类——基本的可行能力，以及能够识字算数、享受政治参与等的自由①。森将"发展"视作是一个拓展实质性自由的过程，认为把基本目标仅定位为收入财富最大化显然不恰当②。事实上，森也并没有否定物质财富对发展的作用，其只是以手段性的意义而存在。在森看来，拓展自由是发展的首要目的与主要手段，"自由"在发展中起着"建构性"与"工具性"作用。

自由的建构性表现在自由是人们的价值标准与发展目标中自身固有的部分，其自身就具有价值，而不需要与别的有价值的事物的联系来表现其价值③。自由的工具性作用使得人们按自己的意愿过有价值的生活，并在相互联系的过程中对发展产生促进作用④。森列出了五种重要的工具性自由：政治自由、经济条件、社会机会、透明性保证和防护性保障。对微观主体而言，"自由"沉降到可行能力上。"可行能力"是实现各种可能的功能性活动组合的实质自由，也可以说是实现各种不同生活方式的自由⑤。换言之，发展的过程就是要保障、提升与实现人的可行能力，从而使个体拥有自由选择的空间，能依据自身有理由珍视的事物来比较、判断和选择各种功能性活动⑥。因而，当发展的目标与手段有悖于实现人的自由时，个体的可行能力就会受到剥夺，从而缺失了选择的自由而陷入不利处境。

新中国成立后创立的城市偏向发展战略如扇形一般向各个矢量方向扩展并逐渐形成一种适应性发展模式，其把效率视为国家优先

---

① ［印］阿马蒂亚·森：《以自由看待发展》，任赜、于真译，中国人民大学出版社 2002 年版，第 30 页。
② 同上书，第 10 页。
③ 同上书，第 4 页。
④ 同上书，第 31 页。
⑤ 同上书，第 62 页。
⑥ 同上书，第 50 页。

考虑的目标,并通过户籍制度来为城市发展筛选适合进入的个体化农村精英,但却未能完全赋予农民工平等的社会权利,实质上是进一步剥夺了农民工家庭的发展权利与机会,致使其可行能力与选择自由的贫困与被剥夺,导致农民工家庭共同体在城镇化进程中是一种离散式状态。这不仅意味着农民工家庭留城的自由选择被剥夺,也有悖于城镇化促进人的解放与全面自由发展的目标要求。森的自由发展观为分析农民工家庭的可行能力贫困以及缺乏自由的离散选择提供了选择连接宏观与微观的逻辑分析框架,有助于深刻揭示农民工家庭离散这个老问题的发生逻辑。基于此,本研究从自由的建构性与工具性层面搭建农民工家庭离散的分析框架,逻辑性探讨农民工家庭离散问题弥合的可能与相关的对策,如图 6-1 所示。

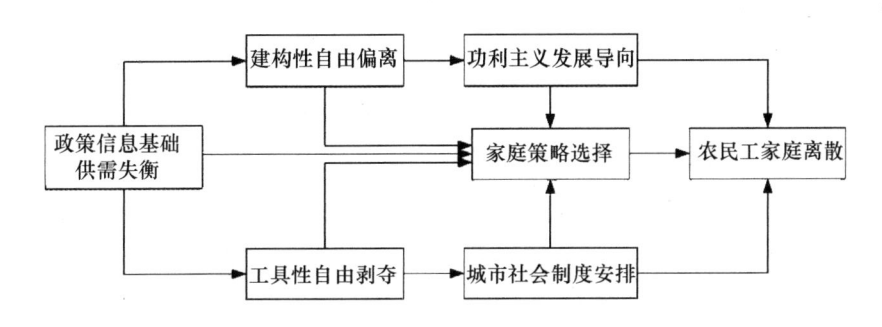

图 6-1 农民工家庭离散生成逻辑框架示意图

长期以来,我国推行以功利主义价值为导向、城市与工业为重点的非均衡发展战略,反映出政府对经济与效率的热情与动机,但这实质上是一种"经济增长压倒一切"的发展主义思维,将现代化等同于经济的发展、技术的进步、财富的增加。这种偏执于现代性发展的逻辑会使得现代化发展的目的与手段倒置,使得发展僭越了其有限的合理程度,使发展过程中出现忽视人、忽视家庭的现象。公共政策作为这种发展实践的稳定形式也相向接受效率优先原则,利用管理而非服务的政策工具来响应农民对公共利益诉求,典型的表现是以户籍制度为代表的系列公共政策使农民工不能获得与城市居民平等的福利待遇，剥夺了农民工家庭自由举家迁移与落脚城市的可行能力。后文笔者将从森的建构性自由与工具性自由两个维度深度解读农民工家庭离散问题。

（二）建构性自由偏离：农民工家庭离散问题的价值导向研究

"功利主义"是以实际功效或利益作为道德标准的伦理学说[①]，森将功利主义概括为三个组成部分，即后果主义——按结果来评价社会安排的重要性，福利主义——按自身所产生的效用来衡量每一项选择和总量排序——每一个选择按它所产生的效用总量来判断[②]。功利主义评判标准的实践性与实效性，尤其是对效率与效果的强烈关注，一定程度上有助于政府部门评判公共行动的优劣。新中国成立后，为快速建成社会主义现代化，中国政府选择功利主义发展观具有其历史的合理性与必要性。事实上，这种发展观确实也在短期内极大地改善了国家整体经济面貌，也赋予了农民工较大的经济自由，但又使得农民工陷入难以弥合的家庭共同体离散困境之中。在森看来，发展不应局限于经济自由的提升，更应关注人的尊严、自由、平等等价值目标。

1. 后果主义：经济优先的城市社会制度安排

二战后独立的新中国被西方国家封锁与排斥，肩负国家复兴与赶超发达国家双重使命的中国政府从当时的客观环境与主观认识出发，实施了蕴含功利主义价值导向的城市偏向发展战略，实质上是试图有效使用有限的公共资源来快速建成社会主义现代化。这种城市偏向的非均衡发展模式在千差万别的利益诉求中寻找"水平线"，

[①] 罗俊丽：《边沁和密尔的功利主义比较研究》，《兰州学刊》2008年第3期，第158—160页。
[②] ［印］阿马蒂亚·森：《以自由看待发展》，任赜、于真译，中国人民大学出版社2002年版，第52页。

以期通过把握和维护这个平衡点而使得每一个社会成员与利益群体的利益诉求得到合理实现①。为确保这种发展模式的顺利推进，其典型的策举便是把工农业的二元关系引进到制度层面，建构起一整套以户籍制度为核心的城市社会制度安排。一方面，户籍制度为城市现代化建设筛选适合进入的、个体化农村精英，但却不为农民工劳动力再生产及其家庭的发展埋单，由此导致农村居民不得不以家庭离散化的形式向城市流动。另一方面，国家依据不同时期的发展需要不断调适户籍制度的内部结构功能，使其演变成了社会秩序控制、利益资源配置的重要手段，以防止农村劳动力的大规模流动，从而使农民工家庭被屏蔽在城市福利资源之外而无法扎根城市。

2. 总量排序：被边缘化的农民工家庭团聚需求

功利主义关注的是"最大多数人的最大幸福"，并以此作为正义的评判标准，不承认效用或幸福之外其他任何概念所具有的内在价值②。这就诱使政府官员的决策优先考虑短期性、实效性的政绩，而较少考虑政策的长期效用与可持续发展。于是在城市发展政策决策者的效用计算方式中，偏重关注显著的经济效益，比如硬件城市化、土地城市化、农民工的物质收入增长等短期经济指标等，而较少考虑甚至忽视农民工对家庭团聚的价值伦理需求，更是漠视幸福分配过程中的不平等③。在功利主义的"幸福观"中，"最大多数人的最大幸福"是指"全体相关人员的幸福"④，而非是"个体行为者的幸福"。蕴含这样"幸福观"的城市发展政策自然重视效用总量与总量排序，看似在追求利益最大化结果，但通常只能照顾到

---

① 张雅勤：《行政公共性的生成渊流与历史反思》，《中国行政管理》2012年第6期，第107—113页。

② [印] 阿马蒂亚·森：《以自由看待发展》，任赜、于真译，中国人民大学出版社2002年版，第263页。

③ 同上书，第52页。

④ [英] 约翰·穆勒：《功利主义》，徐大建译，上海人民出版社2008年版，第12页。

部分人的最大利益,……也或者只是部分人的利益[①],导致难以达及经济效益评判标准的农民工家庭团聚诉求被置于政策制定者视野之外或是难以进入政策议程。

3. 福利主义:缺乏自由的农民工家庭离散抉择

森认为,功利主义所关注的"幸福"或"快乐"是一种简约化的效用观,忽略了权利、自由等非效用因素[②]。对权利与自由重要性的矮化实质是对人的基本需求与价值的否定,易使人成为"幸福的奴隶"或者"快乐的陪臣"[③]。农民工家庭离散式的进城看似是家庭利益最大化的理性选择策略,对家庭经济自由也有较大促进作用,但这种"幸福生活"的背后是农民工家庭缺乏自由的选择,是对农民工实现家庭团聚可行能力的一种剥夺。功利主义的发展观通过城乡二元户籍制度对农民工家庭的社会机会与社会流动造成结构性差异的影响。目前的户籍制度已是限制城乡迁移的黏附性制度与城乡社会福利资源分配的工具,导致社会福利资源在城乡居民之间的不合理配置,农民工被迫不公平地享受就业机会、社会福利、住房保障、子女教育等方面的资源,进而制约了其自由选择生产方式与生活环境的可行能力,从而使其不得不降低自己的要求来适应剥夺性的环境,这也进一步剥夺了农民工家庭式迁移与团聚的权利与自由。

(三)工具性自由剥夺:农民工家庭离散问题的社会制度分析

建架在功利主义观上的城市发展政策实质是一套以城市为中心的社会制度安排,通过或明或暗的户籍制度将农民工家庭隔离在城

---

① 郭夏娟:《"最大多数人"与"最少受惠者"——两种正义观的伦理基础及其模糊性》,《学术月刊》2011年第10期,第51—58页。

② [印]阿马蒂亚·森:《以自由看待发展》,任赜、于真译,中国人民大学出版社2002年版,第52页。

③ 同上书,第53页。

市福利资源共享的边缘,进而缺损了农民工家庭的各种工具性自由,具体为对农民工家庭的政治自由、经济条件、社会机会、透明性保证和防护性保障的可行能力剥夺,由此构成了农民工家庭离散的社会安排。自由的工具性作用,是关于各种权利、机会和权益是如何扩展人类一般自由[①],工具性自由的缺损既是对农民工家庭过有价值生活的实质自由的剥夺,又通过其手段性作用导致农民工家庭可行能力的贫困,从而阻碍农民工家庭享受有理由珍视的生活的实质自由。

1. 政治自由:行走在城市政治的边缘

民主就意味着公民都必须拥有同样的机会来发表见解和采用其他任何人都可采用的表达方式[②]。然而,城市现有的政治制度供给模式已不能满足农民工实现其民主权利与政治价值的诉求。2012 年民政部出台的《关于促进农民工融入城市社区的意见》要求探索农民工参与社区选举的新途径,但忽视户籍所建构的政治不自由事实。《全国人大常委会关于县级以下人大代表直接选举若干规定》规定:"选民实际上已经迁居外地但是没有转出户口的,在取得原选区选民资格的证明后,可在现居住地的选区参加选举。"政治自由和自由权只具有可允性的优越性,其实效性取决于政治自由和自由权是如何行使的[③]。国家规定看似保障了农民工的政治参与自由,但没考虑到他们的流动性以及为取得选民资格证明所必须自付的转换成本,变相剥夺了他们的政治参与自由。农民工政治参与可行能力的剥夺既使农民工在福利资源信息面前处于"无知状态",又使

---

① [印]阿马蒂亚·森:《以自由看待发展》,任赜、于真译,中国人民大学出版社 2002 年版,第 52 页。
② [美]埃米·古特曼、丹尼斯·汤普森:《审议民主意味着什么》,谈火生译,江苏人民出版社 2006 年版,第 6—7 页。
③ [印]阿马蒂亚·森:《以自由看待发展》,任赜、于真译,中国人民大学出版社 2002 年版,第 155 页。

其在政策议程选择与政策制定中处于"失声状态",从而难以合法申张其举家进城与家庭团圆的利益诉求。

2. 经济条件:家庭经济资源量的匮乏

经济条件指的是个人分别享有的将其经济资源运用于消费、生产或交换的机会[①]。然而,城市的就业制度安排剥夺了农民工家庭的经济自由。资本主义为什么仿佛活在一座封闭的钟罩里。它为什么不能继续扩张,乃至占据整个社会[②]。这即是"布罗代尔钟罩"之问,是因为这一"钟罩"把资本主义变成了一个私人俱乐部——只对少数有钱的人开放,从而阻碍了社会的多数人进入正式的财产制度[③]。农民工家庭的经济收益少就在于城乡之间的制度藩篱制约着人们合作秩序的生成和扩展,造成"布罗代尔钟罩"迟迟不能揭开[④]。农民工因受制于由户籍制度建构的排斥性壁垒而不是一个完全受市场法则指导的自由流动的劳动力群体,从而无奈作为城市"暂住者"进入"非正规部门"就业。非正规部门的生产者一般是在令人震惊的、经常危险、不健康甚至没有基本卫生设施的条件下生活和工作,在城市破烂不堪的地区生活和工作[⑤]。即便是在非正规部门就业,农民工与城市居民之间的收入也存在较大差距。由于工具性自由之间存在关联性,对收入的相对剥夺会产生对可行能力而言的绝对剥夺[⑥]。

[①] [印]阿马蒂亚·森:《以自由看待发展》,任赜、于真译,中国人民大学出版社 2002 年版,第 155 页。

[②] 转引自陈国富:《布罗代尔钟罩》《开放时代》2005 年第 3 期,第 148—152 页。

[③] [秘]赫尔南德·德·索托:《资本的秘密》,于海生译,华夏出版社 2007 年版,第 50 页。

[④] 孙中叶:《布罗代尔钟罩与制度收益共享——一个分析城乡统筹发展的新视角》,《江汉论坛》2009 年第 3 期,第 12—17 页。

[⑤] 转引自张智勇:《非正规部门中农民工就业替代效应分析》,《湖北社会科学》2010 年第 9 期,第 95—98 页。

[⑥] [印]阿马蒂亚·森:《以自由看待发展》,任赜、于真译,中国人民大学出版社 2002 年版,第 155 页。

3. 社会机会：横亘于城乡之间的户籍

社会机会指的是在教育、保健等方面的社会安排，它们影响个人享受更好生活的实质自由[1]。城乡分割的二元户籍制度的建立与安排是为解决社会秩序与稳定问题，以便在社会中营造一种"人工维持的秩序"，以及建构依附其上的社会福利资源制度。于是，城乡二元户籍制度形成了其"家庭—出生—身份—秩序—控制—分配"的基本逻辑结构，成为制约农民工家庭式迁移与扎根城市自由的社会安排。一方面，户籍制使代表"家庭"的土地以及社会关系等资源滞留在农村，实质是一种社会权利的剥夺，导致改革开放后大量农民工处于"移而不迁"状态。因而，农民进城行并不是真正意义的"迁移"，也不具有举家迁移进城的自由。另一方面，农民即使离开乡村、土地，在城市从事非农职业，也已历经了城市现代文明的洗礼，但其身份在公共政策上依然被界定为"农民"，被城市利益共同体排斥在城市社会福利资源共享之外而难以享有与城市居民平等的机会与资源，使农民工处于只能以农民身份从事非农职业的城市边缘人的尴尬境遇，进而使农民工家庭缺乏选择"自己有理由珍视的生活"的可行能力。

4. 透明性担保：合作共治平台的虚置

透明性担保是指人们在社会交往中需要的信用[2]，取决于行政信息的公开与民主论坛的建立[3]。然而，现阶段涉及农民工的政策信息的传播渠道主要以网络为主，但当前网络覆盖不足与农民工信息能力贫困的事实导致该群体的诉求与意愿向上流动的可能性有限。特别涉及农民工的规范性文件被视为"内部文件"、甚至"内

---

[1] ［印］阿马蒂亚·森：《以自由看待发展》，任赜、于真译，中国人民大学出版社2002年版，第9页。

[2] 同上。

[3] 刘筱红、全芳：《农村留守家庭离散的生成逻辑与治理研究》，《华中师范大学学报》（人文社会科学版）2017年第5期，第11—18页。

部情报",追求秘密目标的政府将失去人民的信任[①],同时使农民工缺乏对决策依据、政策目标及预期成本收益等信息的获悉。尽管社会组织能将分散的个体整合成压力集团与汇聚群体利益诉求信息,一定程度上能影响政策议题选择与政策制定,但大多农民工是以散沙状的个体进行日常生活实践,制约了其利用集体行动来维护自身合法权益。尤其是农民工对同质性生活圈外的陌生人持有低信任的怀疑态度,甚至同质群体间也缺乏合作互信,更勿论组建跨越血缘与地域的社会组织了。即便能创建代表该群体利益的社会组织,但运行过程行政化、经费来源财政化使社会组织难以保障其经济人格,从而不能按照其自身的宗旨展开活动[②]。

5. 防护性保障:社会安全网络的狭窄

从自由发展的观点看,防护性保障是扶助处于受损边缘或贫困境地的人能拥有享受更好生活的实质自由的社会安全网。国务院于2014年7月印发的《国务院关于进一步推进户籍制度改革的意见》宣告了中国实行了半个多世纪的"农业"和"非农业"二元户籍管理模式退出历史舞台,同时实施流动人口暂住证制度。实施暂住证的目的在于通过对流动人口的管理来及时调整公共政策,以更好服务流动人口,但地方实行的暂住证制度却将流动人口界定为"客人"、"过路人"而不是城市新市民,实际上在维持与社会资源相捆绑的隔离制度,人为在城市主义发展逻辑基础上建构出一道福利资源保护藩篱。市场通常对所有者都开放,但那些不具有资格的人在市场中是最脆弱和不受保护的,……他们往往容易被排除在共同体的安全和福利供应之外,……他们在集体中总是没有保障的位

---

① [英]卡罗尔·哈洛、理查德·罗林斯:《法律与行政》,杨伟东等译,商务印书馆2004年版,第221页。

② 汪超、高焕清、于亚婕:《基于 CAS 理论的政府社会管理模式创新探索》,《福建农林大学学报》(哲学社会科学版) 2013 年第 6 期,第 68—72 页。

置，总是被驱逐，处于一种无穷无尽的危险状态[①]。对于不具备城市成员资格的农民工来说，他们容易被排斥在共同体的安全保护与福利供给之外，使得农民工成为城镇社会保障体系所排斥的"编外人群"。

（四）结论与讨论

在城市主流话语与现代叙事中，农民工被视为追求相对经济效益的季节性流动人口，但城市只是廉价购买农民工的劳动力并未完全赋予其与城市居民同等的市民权，使该群体既未实现其经济自由的预期，更被剥夺了家庭团聚的可行能力与实质自由。当然，需要承认的是改革开放以来，农民工家庭的经济自由得到较大提升，然而，其享受美好家庭生活的实质自由并未同步扩展，原因在于政策供给未能合理预期农民工诉求的动态性。改革之初，秉持生存与社会理性的农民工以家庭离散方式流入城市，力图改善家庭贫穷的生计状况。可以说，农民工在当时被烙上了贫穷的印记，这种烙印也形塑了政策制定者对农民工问题就是"经济贫穷"问题的刻板认知，使政策设计形成了单纯经济发展就能化解农民工问题的政策认识，使政策供给带有鲜明的经济属性偏向。这种政策认知所形成的政策设计及政策供给在当时具有其历史合理性并取得了预期的政策效应，但其僵化的经济供给政策模式缺陷也越发明显。随着农民工家庭经济收入不断的提升，政策供给模式的边际效用却在日渐下降，这在于其忽视农民工诉求的变化性，制度化简约了该群体珍视与追求美好家庭生活的价值诉求。

流入城市的农民工的最终目的集中在对美好家庭生活的向往，因而当其实现对经济"从无到有"并转向"从少到多"的愿望时，

[①] [美] 迈克尔·沃尔泽：《正义诸领域：为多元主义和平等一辩》，诸松燕译，译林出版社2002年版，第217页。

其"从经济到家庭"的价值诉求日益彰显。农民工需求的变化印证了马斯洛需求层次理论关于人的需求具有层次性、动态性与发展性的特征,人在生理与安全需求得到满足后会追求更高层次的社交需要[1]。此外,人在一定时期内可能存在多种需求,但在不同的社会经济条件下必会有一种需求占据主导性地位。因而,在农民工迫切追求经济自由时,无形中契合与助长了经济导向的政策思维模式,助推了政策制定者对农民工家庭价值需求的无视。然而,这种无视在农民工经济自由逐渐增强过程中进行量的积累,最终形成了农民工家庭离散这个质变问题。家庭在本质上就是一种社会交往[2],农民工需求的变化便是一个对经济收入的需求逐渐让渡于对享受家庭生活需求的主导需求更替过程,也就形成引发农民工经济自由提升与实质自由缺乏之间的矛盾局面。

农民工作为政策供给对象,其经济自由与实质自由之间的矛盾直接成因在于政策供给前并未对农民工的真实性需求进行了解,从而导致政策供给与实际需求之间的脱节矛盾。究其原因,在于功利主义导向的发展观以后果主义、福利主义以及总量排序来评价政策的合理性,忽视了效用在个人之间的分配[3]。经济条件始终只是家庭的外部规定,而情感、陪伴等才是家庭的内在规定[4]。因而经济政策的供给力度虽大,农民工对家庭需求的实现感却低。我们常常"勇往直前",而不会停下来考察这个愿望到底是什么,直到出现一

---

[1] [美]马斯洛:《动机与人格》,许金声译,中国人民大学出版社2007年版,第175—185页。
[2] 刘筱红、成程:《从经济自由到实质自由:关爱农村"三留守"群体的政策问题研究》,《内蒙古社会科学》2017年第5期,第173—178页。
[3] [英]边沁:《道德与立法原理导论》,时殷弘译,商务印书馆2005年版,第63页。
[4] [德]黑格尔:《法哲学原理》,范杨、张企泰译,商务印刷馆1979年版,第175—185页。

种不同的主张，与它争夺优先权为止①。农民工的经济自由提升与实质自由不足之间的悖论既是"一种不同的主张"，也是强调建构在功利主义思维上的经济供给政策不能解决农民工家庭离散问题的标志，已到了该停下来考察农民工真正的需求是什么以及是什么导致农民工家庭的经济自由提升与实质自由不足之间的悖论，再勇往直前则不合时宜了。

需注意的是提高农民工家庭经济水平有助于农民工享受家庭美好生活的实质自由的获得，不能把经济自由与实质自由进行隔离，需在政策重构中合理权衡好两者间的关系。森的自由发展观很好地解决了这一问题，即是在政策重构中要扩大对农民工预期诉求的信息基础，以构成实质自由的功能性活动为价值标准，对修复与弥补农民工家庭离散要有合理预期。当前农民工对家庭团聚的预期不是返乡团聚而是希望有更多的城市团聚机会，因为在城市务工是农民工家庭提高收入的有限途径，在不务工所致返贫压力与实质自由相碰撞情况下只能暂时放弃部分自由，否则经济的不自由会使一个人在其他自由受到侵犯时成为一个弱小的牺牲品②。尽管功利主义价值导向的发展观剥夺了农民工的建构性自由，但通过扩展信息基础可发现，农民工对"经济"和"家庭"的预期一定程度上契合了长期以来的功利主义导向的政策供给模式，这就给政府夯实以公正为导向的发展理念留下空间与时间。

有鉴于此，政策重构既要以人的全面自由发展为宗旨，又要逐渐扬弃功利主义发展观，也要更加注重发展的公平正义性。当以自由看发展时，必须适当考察与评判发展的不同维面。由于农民工家庭共同体离散的根本原因在于农民工享有家庭美好生活的可行能力

---

① [英]葆琳·格雷汉姆：《管理学的先知》，向桢译，经济日报出版社，哈佛商学院出版社1998年版，第69页。

② [印]阿马蒂亚·森：《以自由看待发展》，任赜、于真译，中国人民大学出版社2002年版，第11页。

与实质自由的剥夺,因而在继续承认经济发展的重要性前提下,城市发展必须更加关注使农民工家庭拥有更多的实质性自由、扩展其有理由珍视的那些自由,从而不仅能使农民工家庭的生活更加自由与更加丰富,而且能使农民工及其家人成为更加社会化的人、更加自由地进行他们自己的选择。因此,公共政策调整一方面要着眼于短期,采用积极的社会福利政策弥补家庭部分功能的缺损,回应好农民工对当前更多陪伴的家庭预期;另一方面要放眼长远,要从解决农民工家庭面临的政治自由、经济条件、社会机会、防护性保障等工具性自由方面的困境入手,渐进性而又系统性地增强以"赋能"为核心的农民工家庭的实质自由。

二 家庭与农民工贫困

中国大规模的农民工潮始于20世纪80年代末90年代初,此后农民工数量每年以600万—800万的规模迅速增长,2017年农民工的总规模已高达28652万人。中国农民工大量流入城市,将自我从集体主义及传统权威的庇护中"脱嵌"出来,造就了中国城市的繁荣且使之成为中国经济发展的重要推动力[1],其城乡流动被视为是从"贫穷""落后"和现代化的"边缘"进入到"富裕""文明"和现代化的"中心"的一场运动[2]。在中国城市现代化建设进程中,城乡流动加速了农民工个体化进程,尤其是城乡二元户籍制度为城市现代化建设筛选着适合的、个体化的农村精英,但拒绝赋予其城市福利资源共享的平等资格,从而使个体农民工面临着"个体化"风险,遭遇制度性排斥及其衍生的社会歧视问题,被迫其身

---

[1] 杰华:《都市里的农家女:性别、流动与社会变迁》,吴小英译,江苏人民出版社2006年版,第3页。

[2] 胡鞍钢:《城市化是今后中国经济发展的主要推动力》,《中国人口科学》2003年第6期,第1—8页。

处生活质量低于社会正常水平的脆弱性贫困状态之中[1]。

当前我们进入了风险社会（risk society），当代中国社会因巨大的变迁正处在泛城市化阶段，……中国可能进入高风险社会。[2] 风险附在阶级模式上并集聚在下层，弱势群体在风险分配中往往承担了更多的风险，从而使弱势群体具有社会易受伤害性。[3] 数量庞大的农民工群体是社会安全链条上的薄弱环节易遭受与更难承受脆弱性贫困，一旦遇到经济周期波动而失业等生计风险冲击时，就可能被迫与城市社会脱嵌并重新嵌入农村社会，还有可能演化为社会的不稳定因素[4]。这预警着我们需关注数量庞大的农民工群体这个社会链条中的薄弱环节，将其重新"嵌入"现代与传统的社会安全网络之中，提高其抵御脆弱性风险冲击的能力，使他们的获得感、幸福感与安全感更持久。然而，何谓"脆弱性贫困"？既有研究多是从收入角度定义贫困，这显然是不充分的。美国学者迈克尔·谢若登教授在其《资产与穷人：一项新的美国福利政策》一书中将"收入"与"资产"形象地比喻成"泉流"和"池塘"，"泉流"产生不了收益，池塘却可创造未来收入。这就道出了资产与收入之间的充分必要关系，是一个范围的两个连续统。[5] 相比经济收入，资产是一个更加宽泛的概念，而且具有促进家庭稳定、创造未来取

---

[1] 关于"脆弱性贫困"的研究主张从个人或家庭所遭遇的各种风险及所受到损害的程度与从个人或家庭减轻或降低威胁、灾害和各种风险的能力来理解脆弱性贫困。农民工的脆弱性贫困可表现为人力资本、社会资本、金融资本及物质资本方面的匮乏而难以抵御各种生计风险。详见：汪超、姚德超《新型城镇化下农村进城务工女性生计脆弱性治理》，《新疆社会科学》2015年第1期，第134—139页。

[2] 苏昕：《风险社会视阈下农业转移人口权利脆弱性研究》，《国外社会科学》2014年第4期，第30—36页。

[3] ［德］乌尔里希·贝克、邓正来、沈国麟：《风险社会与中国——与德国社会学家乌尔里希·贝克的对话》，《社会学研究》2010年第5期，第208—246页。

[4] 赵光伟：《农民工问题与社会稳定相关性研究》，《人民论坛》2010年第17期，第70—71页。

[5] ［美］迈克尔·谢若登：《资产与穷人：一项新的美国福利政策》，高鉴国译，商务印书馆2005年版，第119、145页。

向、增强个人效能、增进后代福利等福利效应①。因而，在本研究语境中，"资产贫困"概念能比"收入贫困"更完整描述农民工的脆弱性贫困状况。

基于上述思考，本专题结合 2013—2017 年中国农民工监测报告数据，引入贝克的个体化观来搭建"脱嵌—再嵌入"分析框架②，研究农民工脆弱性贫困问题的成因逻辑，同时兼顾探究为何女性农民工更易遭受脆弱性贫困。

（一）贝克的个体化风险观：一个分析工具

当代社会生活的一个重要倾向便是个体化（individualization），它是指单一个体意识到其自身人格、价值及目的都要挣脱束缚其的共同体才可发展③，个体生活的所有方面依赖于市场。在贝克看来，个体化意味着生活方式的"解传统化"（de-traditionalized）④，同时又在进行着"选择性""自反性""自主性"的重塑。个体的意识与行为很大程度上是由传统形塑的，个体化浪潮在解体传统的同时也促使个体应情景进行"自主抉择"。当个体从先赋的传统中解脱而出时，便意味着传统社会中的共同体对个体的庇护在逐渐消失，在现实社会生活的个体就必须依靠自我抉择，于是个体选择的个体风险就出现了。以往常态生活中的各种不确定性与风险性被家庭纽带或集体共同体事先规避好了，脱嵌而出的个体身处自我规划和抉择的中心并在新的社会情景独自处理各种不确定性，个体的常态生活充满了风险性。

自 1978 年以来的中国社会的个体化趋势越发明显，但依贝克

---

① ［美］迈克尔·谢若登：《资产与穷人：一项新的美国福利政策》，高鉴国译，商务印书馆 2005 年版。

② 郭戈：《从脱嵌到再嵌入：新生代女性农民工的风险困境》，《湖南社会科学》2016 年第 3 期，第 99—103 页。

③ ［德］斐迪南·滕尼斯：《新时代的精神》，林荣远译，北京大学出版社 2006 年版，第 19 页。

④ ［德］乌尔里希·贝克：《风险社会》，何博闻译，译林出版社 2004 年版，第 162 页。

的个体化理论，中国社会的个体化有别于西方社会的个体化。一方面，贝克的个体化命题与反思性现代化有关，而中国的个体化则需同时面对前现代、现代与后现代的状况；另一方面，贝克所讨论的是福利国家制度化后的个体化风险，但中国还只具备发展成为福利国家的巨大潜力[1]。尽管中西方个体化有差异性，但可用贝克的个体化理论范式分析中国个体化，也需注意其独特性和复杂性[2]。第一，中西方个体化都有去传统化与脱嵌的特征，但中国由于缺少福利国家对个体再嵌入的保护[3]，个体化进程遭遇严重的制度再嵌入不足的问题。贝克的"再嵌入"则是化解"个体化"所引致的社会问题的重要环节，个体化缺失"再嵌入"这一环节，将会演化为一种社会风险。第二，在中国的个体化过程中，家庭与关系网络而非政治意义上的权利义务关系搭建了个人的本体性安全[4]，其再嵌入能降解个体的制度化再嵌入不足所带来的风险。

个人是嵌入社会关系中的理性人，遵守社会交往规范可以帮助个人追求利益最大化。"脱嵌"则是指个人从原有的共同体中解放出来，并逐渐脱离旧有的社会关系与生活方式。从农村流向城市的农民工脱离了传统家庭与村庄共同的庇护，并在都市现代化文明的洗礼下，其个体化特征日益明显，体现出贝克的个体化的解放维度与祛魅维度[5]，也昭示对个体"再嵌入"的讨论。"再嵌入"包含"制度再嵌入"与"家庭与关系网络再嵌入"[2]，其中，"制度再嵌入"是指个体通过福利制度安排获得制度上的保护，然而，受隐性

---

[1] 岳经纶、刘璐：《中国正在走向福利国家吗》，《党政视野》2016年第8期，第137—138页。
[2] 王春光：《个体化背景下社会建设的可能性问题研究》，《人文杂志》2013年第11期，第15页。
[3] 郭戈：《从脱嵌到再嵌入：新生代女性农民工的风险困境》，《湖南社会科学》2016年第3期，第99—103页。
[4] 王建民：《转型社会中的个体化与社会团结》，《思想战线》2013年第3期，第79—83页。
[5] 朱妍、李煜：《"双重脱嵌"：农民工代际分化的政治经济学分析》，《社会科学》2013年第11期，第66—75页。

与显性户籍制度的制约，农民工处在城市福利制度之外的"非国家"场域，存在明显的制度再嵌入不足问题；"家庭与关系网络再嵌入"是个体为应对新情景中的社会风险而将传统家庭与私人关系吸纳到新建构的社会关系网络之中，尤其是在制度排斥下，农民工不得不再嵌入传统家庭与关系网络之中。至此，本专题借鉴贝克的个体化风险观，从"脱嵌"到"再嵌入"维度建构农民工脆弱性贫困的分析框架。

（二）农民工脆弱性贫困：城市福利制度嵌入困境

收入能缓解穷人的生活困难，但不能从根本上帮助他们脱贫，政府需要帮助穷人进行资产积累与投资而不是仅增加其收入与消费。因而，以资产为基础的福利政策是对穷人的福利政策方向的一个基本改变[①]，其政策目标应该是包容性的，能确保每个人都能享受福利制度并促进其充分积累与建设资产。然而，以资产为基础的福利制度的最大挑战也是包容性问题，其中政治是最大的挑战。对城市福利制度的研究不能忽视其政治价值属性，在于其是国家公权力进行的一项有明确政治与伦理倾向的制度安排。于是，建构在户籍制度、城市偏向基础之上的农民工身份迫使该群体难以共享城市福利资源，制约他们进行生计资产建设。

1. 城市福利制度的普及性问题

法国历史学家布罗代尔曾追问"资本主义为什么仿佛活在一座封闭的钟罩里。它为什么不能继续扩张，乃至占据整个社会"[②]。对此，德·索托以资本与财产的法律制度关系回应了"布罗代尔钟罩"之问，是因为这一"钟罩"把资本主义变成了一个私人俱乐

[①] ［美］迈克尔·谢若登：《资产与穷人：一项新的美国福利政策》，高鉴国译，商务印书馆2005年版，第259页。

[②] 转引自陈国富：《布罗代尔钟罩》，《开放时代》2005年第3期，第148—152页。

部——只对少数有钱的人开放,从而阻碍了社会的多数人进入正式的财产制度①。农民工的资产收益少也在于城乡之间的户籍制度藩篱制约着人们合作秩序的生成和扩展,造成布罗代尔"钟罩"迟迟不能揭开②。户籍制度的藩篱作用首先体现在对就业上,将农民工多分布在经济效益相对弱质的劳动密集型行业之中,经济收入及其增速有限。2013—2017年,有超过50%的农民工集中在建筑业与制造业,但他们的月收入增速比2016年减少0.1%。目前,户籍制度不仅是社会管理的基本制度③,也是城乡福利资源分配的工具④,将农民工拒斥在城市福利资源共享之外,对该群体的社会机会造成结构性差异的影响⑤,如表6-1所示。

表6-1　　　　　2014—2017年农民工从业行业分布及其人均月收入增幅　　　　（单位:%）

	2014年		2015年		2016年		2017年	
	行业	收入	行业	收入	行业	收入	行业	收入
制造业	31.4	11.6	31.1	4.9	30.5	8.9	29.9	6.5
建筑业	22.2	11.0	21.1	6.6	19.7	5.1	18.9	6.3
批发和零售业	11.3	5.0	11.9	6.4	12.3	4.5	12.3	7.4
交通运输、仓储和邮政业	6.3	5.3	6.4	7.7	6.4	6.2	6.6	7.2
住宿和餐饮业	5.9	8.4	5.8	6.2	5.9	5.5	6.2	5.1
居民服务、修理和其他服务业	10.6	10.2	10.6	6.1	11.1	6.1	11.3	6.0

---

① [秘]赫尔南德·德·索托:《资本的秘密》,于海生译,华夏出版社2007年版,第50页。
② 孙中叶:《布罗代尔钟罩与制度收益共享——一个分析城乡统筹发展的新视角》,《江汉论坛》,2009年第3期,第12—17页。
③ 陆益龙:《户口还起作用吗——户籍制度与社会分层和流动》,《中国社会科学》2008年第1期,第149—162页。
④ Cai F., Hukou system reform and unification of rural‐urban social welfare, *China & World Economy*, 2011, 19 (3), pp. 33-48.
⑤ Cheng T., Selden M., The origins and social consequences of China's hukou system, *The China Quarterly*, 1994: pp. 139.

2. 城市福利制度的公平性问题

依附在户籍背后的福利制度有城乡差别，其产生的分配性不平等使农民工被迫不公平地享受城市社会福利资源，导致他们的生计难以为继而面临回流农村的可能风险。而且在工业社会发展进程中，农民工虽然从传统家庭脱嵌出来，但"现代身份"并未使其摆脱传统家庭供养与获得生活的自主。在高度竞争的知识经济时代，文化教育与职业技能是影响农民工职业分层与经济收入重要因素。如表6-2所示，2013—2017年，每年只有不足11%的农民工拥有大专及以上文化程度与约30%接受过非农职业技能培训。人力资本的匮乏迫使大多农民工处于职业与收入金字塔的底层，意味该群体依旧需要家庭的经济支持，突出表现了个体化过程中给农民工生活处境带来的矛盾[①]。此外对女性农民工而言，母亲的身份特征在使女性从"母亲的命运"中解放出来的同时又回归与重塑传统角色关系。城市福利制度原本可帮助女性农民工抵消"被附庸化"所带来的个体风险，并助其将家庭、社会与市场重新结合起来，但其蕴含的性别中立价值与缺乏家庭关怀的导向可使福利制度吻合职业男性的经济个体化之需，却难以调和女性农民工经济独立与家庭生活之间的矛盾。

表6-2　　2013—2017年农民工文化程度与接受职业技能培训比重　　（单位：%）

文化教育与职业培训		2013年	2014年	2015年	2016年	2017年
文化教育	未上过学	1.2	1.1	1.1	1.0	1.0
	小学	15.4	14.8	14.0	13.2	13.0
	初中	60.6	60.3	59.7	59.4	58.6
	高中	16.1	16.5	16.9	17.0	17.1
	大专以上	6.7	7.3	8.3	9.4	10.3
	合计	100.0	100.0	100.0	100.0	100.0
职业技能培训	非农职业技能培训	—	—	30.7	30.7	30.6

---

① ［德］乌尔里希·贝克：《风险社会》，何博闻译，译林出版社2004年版，第136页。

3. 城市福利制度的累进性问题

"资产建设"（Asset Building）理论关注贫困主体自身的发展而非单凭外力援助的暂时性脱贫，要求贫困主体取得长期性发展而非一时的经济收入增长。一方面，在工业社会发展进程中，男性通过进入工作场域与雇主进行劳力与金钱的交换，女性则在婚姻家庭内通过无酬照料与丈夫换取物质保障，但在以父权主义为轴心的家庭结构里，女性的隐性家庭经济贡献被严重"矮化"而"被附庸化"。尤其是当前城市社会福利制度缺乏对家庭友好的考量并以"收入为本"为功能导向，既忽视了女性农民工照料家庭的隐性经济贡献，还使她们徘徊在家庭与工作之间，势必影响其经济资产建设、积累。另一方面，社会保障制度具有福利效用，能刺激其他资产的发展、促进贫困者家庭的稳定以及增进后代福利，并能增强贫困者对未来生活与发展怀有心理预期。然而，基于户籍制度形成的社会保障制度缺乏对流动人口及其家庭的特殊照顾。如表6-3所示，2013—2014年，农民工参与"五险一金"的整体比例过低，而且从事不同行业的农民工参保率差距明显，以农民工比较集中的制造业为例：工伤保险为34.2%、医疗保险为22.4%、养老保险为21.4%、失业保险为13.1%、生育保险为9.3%、住房公积金为5.3%。缺乏生活兜底保障，农民工及其家庭难以进行资产积累与投资，进而也就无法安心在城镇生活、工作和发展。

表6-3　　　　　2013—2014年分行业农民工参加
"五险一金"的比例及其增幅　　　　（单位:%）

	工伤保险		医疗保险		养老保险		失业保险		生育保险		住房公积金	
制造业	34.2	1.4	22.4	0.4	21.4	0.5	13.1	0.9	9.3	0.5	5.3	0.3
建筑业	14.9	0.5	5.4	0.2	3.9	0.2	2.1	0.1	1.3	0.0	0.9	0.0
批发和零售业	19.2	2.2	15.0	0.8	14.4	0.9	9.9	1.0	7.8	0.8	3.5	-0.1
交通运输、仓储和邮政业	27.8	2.3	19.2	1.8	17.6	2.0	12.8	2.3	9.2	1.6	8.0	1.8

续表

	工伤保险		医疗保险		养老保险		失业保险		生育保险		住房公积金	
住宿和餐饮业	17.2	0.1	10.8	-1.1	10.0	-0.6	5.4	-1.2	4.0	0.1	2.6	0.1
居民服务、修理等服务业	16.3	0.4	12.1	0.5	11.8	0.5	6.6	0.4	5.2	0.4	3.1	0.9

(三) 农民工脆弱性贫困：家庭与关系再嵌入困境

从农村流入城市的农民工脱离了以家庭为纽带的集体形式及其传统权威的保护，但农民工身份并没使其真正融入城市社会之中，而是被城市社会福利制度排斥在现代与传统的边缘，迫使他们不得不重新嵌入以家庭为纽带的传统共同体与关系网络之中，以寻求安全与抵御各类可能的生计脆弱性风险。然而，农民工在流入城市的同时也将城乡二元矛盾引入到城市社会内部，钳制了其再嵌入传统家庭与私人网络之中，而草根农民工非政府组织的发展滞后更是影响了农民工的制度性再嵌入。

1. 农民工家庭的离散化流动与解体

在西方前工业社会时期，婚姻中的两性通过共同劳动来维护家庭经济。到了工业社会时期，感情生活与物质生产开始分离，婚姻里出现了核心家庭形式并形成了"男主外、女主内"的家庭分工模式。如今，个体化已渗透到婚姻家庭生活之中，核心家庭呈现出越演越烈的解传统化趋势。在中国，有将近80%的农民工家庭处于分散状态[1]，实质是现代化发展失衡的产物。为快速建成城市现代化，国家廉价购买农村劳动力资源，又通过建构在户籍制度上的城市福利制度来防止农村劳动力的大规模流动[2]，结果塑造了"无流动的

---

[1] 汪超、姚德超：《流动社会中的农村养老的真问题与政策变革——兼论现代化进程中的离散化家庭》，《求实》2016年第9期，第88—96页。

[2] 蔡昉：《户籍制度改革与城乡社会福利制度统筹》，《经济学动态》2010年第12期，第4—10页。

中国",使城镇化率从 1949 年的 10.64% 缓慢上升到 1978 年的 17.92%。尽管国家不断推进户籍制度改革、放宽户口迁移政策,城镇化率的速度得以加快,但与一直在 45% 左右浮动的工业化率相比存在差距。城镇化长期滞后于工业化,导致城市尚不具备农民工举家进城所需的资源承载能力,使农民工家庭不得不以离散化的形式在城乡间流动。随着个体化的推进与对现代生活的适应,农民工夫妻双方的能力与人格日趋平等,促使双方间的"支配—服从"关系逐渐演变为"平等—民主"关系。当夫妻双方之间的距离与地位变化所带来的冲突无法协调时,离婚就成为最后的选择。离婚不仅使农民工面临精神世界的破碎问题,也使其因失去家庭的支持而陷入新的贫困。

表 6-4 1979—2017 年全国工业化率和城镇化率 (单位:年、%)

年份	工业化率	城镇化率	年份	工业化率	城镇化率
1979	47.1	18.96	1999	45.3	34.78
1980	47.9	19.39	2000	45.4	36.22
1981	45.8	20.16	2001	44.7	37.66
1982	44.5	21.13	2002	44.3	39.09
1983	44.1	21.62	2003	45.5	40.53
1984	42.8	23.01	2004	45.8	41.76
1985	42.6	23.71	2005	46.9	42.99
1986	43.4	24.52	2006	47.4	44.34
1987	43.2	25.32	2007	46.7	45.89
1988	43.4	25.81	2008	46.8	46.99
1989	42.4	26.21	2009	45.7	48.34
1990	40.9	26.41	2010	46.2	49.95
1991	41.4	26.94	2011	46.1	51.27
1992	43	27.46	2012	45	52.57
1993	46.1	27.99	2013	43.7	53.73
1994	46.1	28.51	2014	42.7	54.77
1995	46.7	29.04	2015	40.9	56.1
1996	47	30.48	2016	39.9	57.3
1997	47	31.91	2017	40.5	58.0
1998	45.7	33.35			

2. 城市社会中私人交往的再内卷化

城乡统筹发展归根到底是一个人与人之间的社会关系问题，是"农民"与"市民"之间的关系问题。长期的城市偏向型发展政策衍生了城市居民对农民工的先天性优越感与歧视心态，尤其是在涉及利益资源分配的政策制定过程中，城市居民，往往对农民工采取排斥的立场并将这种认知折射到农民工的身上，认为他们的大量涌入挤占了城市本就紧缺的福利资源。农民工在城市中的一些失范行为及其"晕轮效应"，更加剧了城市居民对农民工群体的排斥与歧视。感受到来自城市居民歧视的农民工倾向于从同质群体中获得物质与情感支持，但这种复制与扩大传统关系实质是一种现代性失败的产物，也造成他们社会交往趋向"内卷化"与降低了其对城市的认同与归属，使其无法真正融入城镇社会生活。2017年，有62%的农民工不认为自己是所居住城市的"本地人"，而且城市规模越大，农民工对所在城市的归属感越弱与适应难度越大。值得注意的是，农民工群体内部客观上存在两性竞争有限的城镇就业资源的局面，秉有"父权主义"思维的农民工更会以传统家庭两性角色定位为由挤压女性群体的社交空间，迫使女性从群体空间中自愿隔离出来，进一步加剧了她们社会交往的内卷化。

表6-5　　　2016—2017年农民工对所在城市的归属感　　　（单位:%）

	认为是本地人的农民工占比		适应本地生活的农民工占比	
	2016年	2017年	2016年	2017年
500万人以上城市	15.3	18.7	12.1	14.3
300—500万人城市	23.9	25.3	14.6	17.5
100—300万人城市	39.2	43.1	16.1	19.7
50—100万人城市	46.7	48.7	18.1	20.1
50万人以下城市和建制镇	63.0	63.2	21.0	23.0
合计	35.6	38.0	16.0	18.4

3. 非政府组织合法维权的信任困境

由于农民工家庭、社区、市场以及政府在福利供给过程中未能担负其主体性责任，由此催生了非政府组织这一新的福利供给主体。尤其是当下社会逐渐从与国家的一体化中分离出来，可以承接更多的来自公共行政范畴的维护和增进公共利益的工作[①]。然而，集中治理的社会组织体制使政府与非政府组织之间是一种不对等的交换关系，特别是面向农民工的非政府组织的发展更离不开政府的资源支持，但其发展经常牵涉到政府利益而被政府所疑惑[②]，且在失去其独立话语权的同时又表现出对环境反应的迟缓[③]。农民工在社会交往中对城市居民的不信任会延伸并影响他们对政府的信任，进而影响其对未摆脱官僚主义的非政府组织的信任，制约了其利用非政府组织来维护各种合法权益。如表 6-6 所示，2015—2017 年，在工作和生活中遇到困难时，约有 90% 的农民工会向同质群体寻求帮助，10% 左右会找工会、妇联以及社区等寻求帮助。当权益受损时，约 20% 的农民工会找亲友或同乡帮忙，约 36% 会与对方协商，只有 3% 左右的向工会寻求帮助。由于大多农民工是以散沙状的个体进行日常生活实践，尤其在以"自我主义"为中心的差序格局中，对狭小生活圈外的陌生人持有低信任的怀疑态度，甚至在农民工之间也缺乏合作互信的精神内容和互助共赢的价值诉求。

[①] 张康之、张乾友：《民主的没落与公共性的扩散——走向合作治理的社会治理变革逻辑》，《社会科学研究》2011 年第 2 期，第 55—61 页。

[②] 林典：《农民工非政府组织发展的制度困境》，《经济研究导刊》2009 年第 2 期，第 34—36 页。

[③] 汪超、高焕清、于亚婕：《基于 CAS 理论的政府社会管理模式创新探索》，《福建农林大学学报》（哲学社会科学版）2013 年第 6 期，第 68—72 页。

表 6-6　　　　　　　农民工权益受损时的解决途径　　　　　（单位:%）

	2015 年	2016 年	2017 年
自己忍受	7.3	6.2	4.7
找亲友或同乡帮忙	19.6	21.6	21.2
上网求助	1.3	1.2	1.6
媒体曝光	1.1	1.8	1.4
法律途径	22.1	27.2	28.3
与对方协商	35.9	36.8	36.3
向政府部门反映	34.6	30.1	32.7
工会	3.3	3.5	2.8
其他	9.9	8.6	8.5

(四) 结论与讨论

城市现代化建设为大量农村剩余劳动力提供了转移空间,开启了中国大规模的城乡人口流动浪潮,也使农民工脱离了传统家庭与社区共同体的庇护。在城市化发展实践当中,政府在目的的意义上把效率视为其终极目标,"构成了国家优先考虑的目标。通过对任何平等和社会福利不做出承诺,避免了目标的冲突"[①]。国家在采用这种城市化发展模式同时,还把城乡二元关系引进到制度层面,促使政府的经济与社会政策带有鲜明的"城市偏向"刻痕,典型的表现就是采用城乡二元户籍制度为城市现代化建设筛选无拖家带口的、个体化的农村精英分子,并制约他们对城市福利制度的再嵌入,重工业主导的产业格局更是导致大量农民工难以找到合适的工作,从而使其在城市社会中面临个体化所致的脆弱性贫困的可能。当前城市现代建设是一种现代性发展实践,其落地的一个重要外载便是城市福利政策缺乏家庭关怀的价值考量,导致城市不能为农民

---

① 张雅勤:《论国家治理体系和治理能力现代化的价值目标——基于现代性分化与融合的视角》,《中国行政管理》2015 年第 10 期,第 52—58 页。

工举家进城提供所需的福利制度支持，从而大量个体化的农民工又难以重新嵌入传统家庭与私人关系中。

20世纪90年代始，李培林等学者就敏锐察觉到农民工潮本质在于能否最终融入城市生活，并在城市中确立合适的社会地位[①]，使其能"体面劳动、全面发展"，最终能过上"有尊严的生活"。尤其是在中华民族复兴、国家富强的梦想蓝图中，也包括了农民工这个人数众多、并且快速增长的群体的振兴和富强。作为伟大祖国和伟大时代中的基层群体，他们不仅是改革成果的贡献者，也必须是改革红利的同享者，当然也应该有人生出彩的机会。现代化还是一项未完的事业，风险社会并非意味着现代性的终结，而是朝向一种新的现代性[②]。中国城市现代化建设进程中农民工的个体化流动趋势一段时间内也难以逆转，因此，需从再嵌入角度考量如何减少与避免个体化风险为农民工带来脆弱性贫困的可能：

第一，超越私领域的个体生活。拒绝授予成员资格是一系列滥用权力的开始，离开成员资格来谈安全和福利都是一句空话[③]。尤其是公共管理者在与公民相隔绝的状态下，是根本无法知晓并理解公民的偏好的[④]。因而，只有促进农民工参与到城市福利政策制定过程之中，才能使该群体的个性化需求融入政治决策当中，从而优化公共管理中的政治决策，促使城市福利制度更具有包容性与可持续发展性。代表性除了数字上的增长之外，还必须伴以实质性增长

[①] 李培林：《流动民工的社会网络和社会地位》，《社会学研究》1996年第50期，第43—43页。

[②] 刘小红、刘魁：《个体化浪潮下的女性困境及化解对策——基于贝克的风险社会理论》，《社会科学家》2013年第11期，第57—60页。

[③] ［英］迈克尔·沃尔泽：《正义诸领域：为多元主义和平等一辩》，诸松燕译，译林出版社2002年版，第32页。

[④] ［美］约翰·K.托马斯：《公共决策中的公民参与》，孙柏瑛等译，中国人民大学出版社2005年版，第5页。

或者说提高影响政治决策的可能性①。平权运动要超越简单的平等权利，为争取自主；要超越对歧视的批评，要从整体上质疑现代权力结构②。为此，需改善城市福利政策制定权力中的结构，促使农民工从权力边缘进入权力主流，这不仅可以更好地反映该群体的利益呼声，还有利于形成性别和谐友好、共同决策、共同发展的政治风貌，进而促进城市社会福利资源配置的不公平向公平迈进。

第二，扩展个体的实质性自由。传统贫困概念重在以收入作为衡量标准，这只是对贫困的工具性而非实质性理解，消除贫困的可行途径则是扩展每个人的"实质性自由"，也即是让贫困主体过上体面生活的可行能力。扩展实质自由的最终焦点必须体现为对个人能力的保障，体现为个体免受困苦的基本可行能力、享受政治参与等的自由以及具备一定文化教育等。因而，反贫困需要构建实质性自由体系。那么，深受城市福利制度影响的个体农民工需要城市福利制度来维持其"本体论意义上的安全感"与帮助其摆脱个体化所带来的脆弱性贫困。为此，城市政府要完善权利体系建设，帮助与引导农民工享有用于消费、生产及积累的经济机会，对教育、社会保障等福利资源进行社会公平性安排，让他们能充分享有社会交往所需要的信息，为遭遇突发性困难的、收入在贫困线以下的农民工构建一道社会安全网。

第三，搭建安全庇护的共同体。身处城市市场制度之中的个体化农民工需以互惠为原则来实现其社会性需求，这就要求其拥有交易的资本，然而，资本匮乏的农民工难以进入市场交易。市场中的组织则可以通过将分散化的个体组织起来并以其集体的力量来降低交易成本，因而，需要将个体化的农民工凝聚起来并整合成"压力

---

① 汪超：《公共政治领域中的性别隔离生成研究——基于治理现代化视野的反思与重构》，《湖北行政学院学报》2016年第3期，第60—65页。
② [德]乌尔里希·贝克、伊丽莎白·贝克—格恩斯海姆：《个体化》，李荣山、范譞、张惠强译，北京大学出版社2011年版，第87页。

集团",进而帮助他们在城市福利资源分配中取得平等资格。在制度性解决途径的缺乏或不完善时,家庭可为个体提供物质与情感上的支持与保护。尽管个体化使现代社会中的家庭变得越来越不稳定与松散,但家庭对两性依旧具有重要意义。男女之间的关系是人和人之间最自然的关系①,个体化风险情景使女性农民工更渴望温馨的家庭生活。对女性农民工的经济独立与家庭生活之间的矛盾,贝克提出的"共同流动"模式的制度化是调和这一矛盾的重要方法,"企业(和政府)将被要求不仅去倡导'家庭价值',而且要通过共同就业模式帮助他们"②,而贝克提出的协商家庭(negotiated family)则可以情感的舒适来重构家庭中两性关系。

第四,编制社会友好的关系网。要让农民工有信心在城市生活并"扎根"城市,这就要求城市社区居民要打破邻里异质性与流动性所形成的"陌生人社会"③形态,以农民工对城市社区的归属感与责任感为目标建构具有"文化私密性"(cultural intimacy)④特征的社区融合文化。为此,社区居民要积极调整心态,去除对农民工的"污名化""标签化"的刻板印象,正视该群体为城市发展所做出的巨大贡献,将他们视为拥有同等社会权利的成员,提高对农民工及其家庭的接纳度,让他们确实感到城镇的包容和温暖,增加该群体积极融入城镇的信心和勇气。农民工的流入并没有挤占城市居民的就业资源与机会,而是填补了就业市场的空间并从事着大多数城市居民不愿意从事的工作。农民工也需积极参与公共生活以发展社会关系网络,既要巩固已有的同质性初级关系,又要逐步建立以

---

① 《马克思恩格斯选集》(第42卷),人民出版社1979年版,第119页。
② [德]乌尔里希·贝克:《风险社会》,何博闻译,译林出版社2004年版,第152页。
③ 倪咸林:《社会复合主体:城市公共治理的结构创新——以杭州市城市治理经验为例》,《南京师大学报》(社会科学版)2013年第2期,第30—37页。
④ 金太军:《中国城镇化推进中的公共性不足及其培育》,《社会科学战线》2015年第1期,第170—177页。

业缘关系为基础的新型社会关系网,从而通过社会支持网络来帮助他们走出生活和心理上的聚居地,进而降低他们及其家庭在城市的生活成本与增强抵御市场经济风险的能力。

专题三:家户制传统、乡村土地与村级自治

一 家户制传统与乡村土地

延续数千年之久的中国家户制传统构成乡村社会的制度底色,对当代中国农村土地政策的顶层设计与政策实践产生规则性影响。遗憾的是,家户制传统天然地带有厚重的父权制色彩,使遵循"家户制传统"的土地政策设计无意隐塑了乡村土地性别矛盾,而受家户制规约的村民自治制度给农村妇女土地权益流失问题披上合法的外衣,从而在乡村土地性别分配过程中演绎出了"压迫性的统治逻辑"。事实上,由于研究者们并未探准究全土地性别矛盾的发生逻辑,大量碎片化而又重复性研究难以提出令人信服的发现与结论。当今之中国农村土地改革在通往现代化进程中扮演关键性"钟摆"角色,对乡村土地性别矛盾的研究也相向成为重要政策议题与研究重点。对此,我们需秉持性别公正的情怀来认真研习家户制传统,希冀能提出令人惊喜的新经验或分析结论。

(一)问题的提出

早在 1868 年,马克思就在致友人的信中提出"社会的进步可以用女性(丑的也包括在内)的社会地位来精确地衡量",并断言"没有妇女的酵素就不可能有伟大的社会变革"。[①] 恩格斯则在《家

---

① 《马克思恩格斯选集》第 4 卷,人民出版社 1995 年版,第 586 页。

庭、私有制和国家的起源》中进一步指出："妇女解放的第一个先决条件就是一切女性重新回到公共的劳动中去。"① 近代以来，中国共产党人将马克思、恩格斯的妇女解放思想纳入农村土地改革话语之中，不仅十分注重对农村妇女参与土地改革的政治动员与资源投入，还尤为关注农村妇女的土地所有权问题，这具有多重的时代意义：在革命战争年代，帮助农村妇女获得土地成为中国共产党领导民主革命胜利的重要法宝。新中国成立后，张扬妇女土地权益的话语成为国家意识形态阐释社会主义制度优越性的重要策略②。改革开放以来，保障农村妇女的土地权益则成为国家推进现代化建设的重要环节。

现代化是由传统农业社会转变为现代工业社会的过程③，尤其是中国传统农村是一个以土地为中心的农业社会，土地资源及其产权制度规制着传统社会通向现代社会的进程。如"中国农村改革之父"杜润生先生所说："土地改革：奠定今日农村基础。"④ 亨廷顿也有类似的陈述："在现代化政治中，农村扮演着关键性的'钟摆'角色。"⑤ 并指出："处于现代化之中的国家中，土地改革都是政治上极为突出的问题。"⑥ 这在于"没有哪一个社会集团会比拥有土地的农民更加保守，也没有哪一个社会集团会比田地甚少或者交纳过高田租的农民更为革命。因此在某种意义上说，一个处于现

---

① 《马克思恩格斯文集》第4卷，人民出版社2009年版，第88页。
② 揭爱花：《国家话语与中国妇女解放的话语生产机制》，《浙江大学学报》（社科版）2008年第4期，第101—108页。
③ 徐勇：《历史制度底色下世界土地改革进程与成效比较》，《社会科学研究》2016年第4期，第58—63页。
④ 杜润生：《杜润生自述：中国农村体制变革重大决策纪实》，人民出版社2005年版，第17页。
⑤ [美]塞缪尔·P.亨廷顿：《变化社会中的政治秩序》，王冠华等译，上海世纪出版集团2008年版，第241页。
⑥ 同上书，第317页。

代化之中的国家政府的稳定,端赖它在农村推行改革的能力。"① 概而言之,能否有效保障农村妇女土地权益关系着农村深化改革与国家通往现代化的平稳进程。

然而,随着现代化深入推进,农村综合改革渐入困境,各种利益冲突加剧②,乡村土地分配中的性别矛盾日益由隐性走向显性,进入21世纪以来逐渐成为中国社会的主要矛盾之一。乡村土地性别矛盾是以性别身份为轴心,以农村妇女为剥夺对象与以性别土地权益剥夺为特点③的两条轴线,类型化表现为农村妇女的土地承包经营权、宅基地使用权、集体经济组织收益及征地补偿费分配权受侵害④;外嫁女面临"娘家土地被收回,婆家土地得不到"的"两头空"困境,有的承包权在娘家无法主张,有的因离婚、丧偶改嫁而丧失承包经营权。⑤ 关于土地性别矛盾发生机制,现存研究主要从国家政府、村委会与性别规则的交互作用来解读,由此主张通过法治途径消解乡村土地矛盾。遗憾的是,诸多研究较多关注的是问题发生的静态动因、政策举措等,缺乏分析农村土地改革"直接碰到的、既定的、从过去承继下来的条件"⑥。

历史制度主义研究方法十分关注制度变迁中关节点的作用及其影响,美国学者摩尔在其著作《民主与专制的社会起源》中就着重强调"传统社会所遗留下来的大量阶级因子,会对未来历史的造型

---

① [美]塞缪尔·P.亨廷顿:《变化社会中的政治秩序》,王冠华等译,上海世纪出版集团2008年版,第311页。
② 戴威:《农村集体经济组织成员资格制度研究》,《法商研究》2016年第6期,第86—93页。
③ 李慧英:《土地性别矛盾与乡村治理探究》,《学习与探索》2016年第12期,第48—52页。
④ 王竹青:《论农村妇女土地权益法律保障的体系化构建》,《妇女研究论丛》2017年第5期,第49—57页。
⑤ 高倩、陈国申:《土地确权背景下的农村妇女土地权益问题研究》,《领导科学论坛》2017年第5期,第51—59页。
⑥ 《马克思恩格斯选集》第1卷,人民出版社1995年版,第585页。

发生强烈影响"①。不可否认阶级因子的重要性，但也不可忽视阶级因子发生与生产的社会组织制度，甚至会因制度变迁而兴衰存亡。故而，乡村社会组织制度是理解乡村土地性别矛盾的历史制度底色的重要变量。我们需要将乡村土地性别矛盾置于大历史与长时段的时空中，以探寻这一问题的制度底色，由此才能探准究全问题的发生逻辑。家户制是典型的农村社会组织制度，……构成土地改革的历史制度底色。② 有鉴于此，本专题试图基于历史制度主义研究方法，从家户制传统观察国家农村土地政策设计及村民自治，以期深度阐述与把脉好乡村土地性别矛盾。

（二）起底家户制：理解乡村土地性别矛盾的制度底色

摩尔认为："中国的村庄与其说是生活和功能性的共同体，还不如说是许多农家的聚居地。"③ 事实上，冯友兰、费孝通、梁漱溟等学者亦认为中国乡村社会就是一个"家本位"的社会。冯友兰曾提出，"在传统的中国，从广义的观点看，家庭实际是一个社会。在工业化以前的中国，家庭制度就是社会系统，是社会结构的基石。所谓国，我们不妨称之为联合家庭制度"④。费孝通也认同中国农村社会最基本的社群单元就是"家"，只不过是一个扩大了的家庭⑤。林耀华认为西方"家庭"概念多指涉夫妇及其所生子女的团

---

① ［美］巴林顿·摩尔：《民主和专制的社会起源》，拓夫、张东东等译，华夏出版社1987年版，第2页。
② 徐勇：《历史制度底色下世界土地改革进程与成效比较》，《社会科学研究》2016年第4期，第58—63页。
③ ［美］巴林顿·摩尔：《民主和专制的社会起源》，拓夫、张东东等译，华夏出版社1987年版，第165—166页。
④ 冯友兰：《中国传统社会基础的哲学》。The Philosophy As the Basis of Traditional Chinese Society in "Ideological Difference and World Order", edied by E. S. C. Northrop, Yale University Press, 1949.）
⑤ 费孝通：《江村经济》，上海世纪出版社2011年版，第33页。

体,是一个生物团体①。为此,费孝通倾向于将乡村社会中的"家"界定为"小家族"。在梁漱溟看来,中国社会亦是"举整个社会各种关系而一概家庭之"②,其伦理本位也是在家庭本位的基础之上形成的③。鉴于中国家庭的重要性与特殊性,盛洪又将中国家庭这种特性概括为"家庭主义"④。需要注意的是,学者们以"家本位"抑或"家庭本位"及"家庭主义"建构的分析单位与视角都有一个共性内涵,即"家户"是中国农村社会的基本单元。

以"家户"为中国农村社会基本单元源于对"中国式家庭"的本土化解读,也即是中国家庭制度传统。费正清认为中国家庭是一个自成一体的小天国,既是社会的、经济的单元,更是政治单元,是培养农民忠于统治者并顺从国家政权的训练基地⑤。费正清将中国这种家庭制度概括为"中国式家庭",不过弗里德曼提出家户(household)概念。弗里德曼认为在中国村庄内部,"每个农民的家户辨识是唯一的,家户是最基本的财产拥有群体"⑥。关于"家户"概念,从历史进程来看,初步形成于商鞅变法实行的"民有二男以上不分异者倍其赋"的析户政策⑦,正式形成于秦始皇统一中国之后推行的自由个体家户制度——编户齐民政策,并使得小农家庭脱离氏族的躯壳成为独立的单位⑧。故此,"以强大的习俗为支撑的完整的家庭制度和以强大的国家行政为支撑的完整的户籍制

---

① 陈明:《"家户":中国农村治理研究新视角的建构》,《内蒙古社会科学》2015年第6期,第1—7页。
② 梁漱溟:《中国文化要义》,上海世纪出版集团2006年版,第72—73页。
③ 谭同学:《桥村有道》,生活·读书·新知三联书店2010年版,第15页。
④ 盛洪:《论家庭主义》,天则经济研究所内部文稿2007年版,第2页。
⑤ [美]费正清:《美国与中国》,张理京译,世界知识出版社2008年版,第22页。
⑥ [英]莫里斯·弗里德曼:《中国东南的宗族组织》,刘晓春译,上海人民出版社2000年版,第20页。
⑦ 于琨奇:《战国秦汉小农经济研究》,商务印书馆2012年版,第26页。
⑧ 何兹全:《中国古代社会》,北京师范大学出版社2007年版,第151—159页。

度共同构成的家户制"①也由此得以形成。

孟子曾说:"民之为道也,有恒产者有恒心,无恒产者无恒心。"在家户制下,一家一户为独立的血缘与利益单位为了家庭生存与家族延续而在土地上勤奋劳作,进而又使家户制成为一种有效率的组织制度。邓子恢认为:"以血缘关系形成的家庭小群体,团结一致,利害与共,能够自觉地全心全意地对生产负责,以适应农业生产复杂、多变的情况,经过他们长期的努力,已经创造出一套优良的传统耕作方法和管理经验。由此使'家户'虽然经历了千百年的曲折,仍保留了其生命力,使其成为整个农村经济肌体组成的细胞。"②即便毛泽东指出:"这种分散的个体生产,就是封建统治的经济基础,而使农民自己陷于永远的穷苦。克服这种状况的唯一办法,就是逐步地集体化。"③然而,这种体制"背离了农业生物学特性,使农民疏远土地,无从建立起持久不衰的劳动兴趣和责任感,从而影响他们的生产积极性"④。于是,土地集体化体制不得不后退到"三级所有,队为基础"的经营体制,其后退到"包产到户",从而与作为乡村社会基础性制度或本源型传统的家户制相衔接。

家户制下的家户主通常指家中的男性长者,其不仅掌管着土地资料及家庭财富,主导着家庭经济生产过程,还支配着家庭中人的因素。如费孝通指出,"大家长掌着传统家庭这个生产单位所有的经营与财务活动,形成了父权制度的经济基础。"⑤传统中国实行的

---

① 徐勇:《中国家户制传统与农村发展道路——以俄国、印度的村社传统为参照》,《中国社会科学》2013年第8期,第103—123页。
② 徐勇、张茜:《公平与效率:中国农村组织制度变迁的内在机理》,《探索与争鸣》2016年第6期,第23—29页。
③ 《毛泽东选集》第3卷,人民出版社1995年版,第931页。
④ 杜润生:《杜润生自述:中国农村体制变革重大决策纪实》,人民出版社2005年版,第98页。
⑤ 费孝通:《论中国家庭结构的变动》,《天津社会科学》1982年第3期,第2—6页。

"诸子均分"的家产继承制度或"分家析产制",成年男子可以从父辈家庭中分配与继承家庭财产,并带领新家开展维持新家户生存与发展的生计活动。由此,形成了一个家庭财富"继承—累积—继承"的循环推进过程①,这也是父权制再生产的过程。也正因为家庭是一个代际传递的自组织体系,家庭内部形塑出"男女有别、长幼有序"和"父为子纲、夫为妻纲"的制度规范。由于这种老人权威与长幼有序的秩序是内生的并内化于家户成员日常生活实践与代际记忆传承之中,具有强大的自治效用与深刻影响,从而成为乡村土地性别矛盾演绎逻辑的基础性制度与本源型传统。

(三)国家农村土地政策设计隐塑了性别矛盾

作为中国乡村社会本体制度传统的家户制属于不断再生与复制的制度传统,因而,农村土地政策的制定需尊重家户与利用制度传统。这也在于"制度和文化的持续性曾经产生了体现为气势澎湃和坚守既定方针的惯性,而并非不动的惰性"②,尤其"中国是家庭制度的坚强堡垒,并由此汲取了力量和染上了惰性"③。因为,任何公共政策总是建立在一定的政策价值理念基础之上,政策价值理念会对公共政策的制定过程及其内容起指导作用,从一定意义上说,具体的公共政策往往是政策价值理念的具体化。④ 事实上,近代以来,中国共产党在进行农村土地政策设计时,尊重家户制传统并以家户为土地证登记与颁发单元,但又隐含了国家实现社会性别平等的政策愿景与传统家庭父权制之间的冲突。

---

① 王天夫、王飞、唐有财等:《土地集体化与农村传统大家庭的结构转型》,《中国社会科学》2015年第2期,第42—61页。
② [美]费正清:《美国与中国》,张理京译,世界知识出版社2008年版,第75页。
③ 同上书,第21—22页。
④ 汪超、刘筱红:《主流化的政策导向与进城务工女性市民化研究》,《内蒙古社会科学》2015年第1期,第139—144页。

新中国建立前后的土地政策均要求以户为单位来登记和颁发土地证，并强调保障妇女的土地产权，如《中国共产党中央委员会关于目前解放区农村妇女工作的决定》指出："在以家庭为单位发土地证件时，须在土地证上注明男女均有同等的土地权。"具有临时宪法性质的《中国人民政治协商会议共同纲领》第六条规定："妇女在政治、经济、文化教育、社会的生活各方面，均有与男子平等的权利。"这一时期的土地政策虽有意识地要求登记妇女姓名，但又强调以户为单位的政策设计导向，实质是反映出了乡村家庭父权制与男性家长的地位以及农村妇女土地权益的不完整性。对妇女在婚嫁时的土地权益问题，当时中共领导人指出，即使妇女可以单独立契，"并不等于妇女在婚嫁时一定要带土地，这是两件事，要区分开来"[1]。可以说，土地政策设计在很大程度上通过尊重与运用家户制传统来服务于特定时期的需要，却使保障妇女土地权益的话语向乡村男权秩序妥协。

新中国成立初期的土地政策的最大成果是实行了土地平权，土地由各个家户平均占有，但这种产权制度的起点公平并不能避免社会分化和结果不均，这与中国共产党人的革命奋斗目标相悖，于是，中共领导人开展了与传统家户经济相决绝的土地集体化运动。在中国传统家庭中，家庭成员的劳动成果统归家户主一人所有且不以劳动报酬方式进行分配，这就难以核算与量化好子代成员的劳动贡献与消费支出情况，既导致子代需继承父代家产，又维护与固化了父权制家庭结构。土地集体化时期的组织生产实行的是"工分制"，也即是家庭成员的劳动方式、劳动内容以及劳动报酬的计算都由生产队统一核算安排的劳动制度[2]，使得每个家庭成员明晰各

---

[1] 《邓颖超在全国土地会议上关于妇女问题的发言》，1947年8月26日。
[2] 张江华：《工分制下农户的经济行为——对恰亚诺夫假说的验证与补充》，《社会学研究》2004年第6期，第95—110页。

自在家庭财富建设与积累中的贡献。这就彻底消解了父权制家庭的生产组织与家庭财富的继承模式，使子代家庭在分家时所获得财富一般源自自己的生产创造而非从父辈家庭财富中继承，进而削弱了父代对家庭生产与生活的控制权力。然而，土地集体化运动只是促使复杂家庭结构向小家庭转型，并没有改变父权制家庭结构传统。

在杜润生看来："集体经济已难以维持，它最大的弊端就是把人捆死了。"① 其办法一是"瞒产私分"，二是扩大自留地，三是搞包产到户②。20世纪80年代初的家庭联产承包责任制的兴起，土地集体制也就随之解体。家庭承包制与传统家户制相似，都是以"家户"作为生产生活的组织单元。为了进一步激发农村发展的活力，从2003年起，农业部开始推进土地承包经营权确权颁证登记试点工作。2008年之后，中共中央一号文件开始从战略层面重视土地承包经营权确权登记颁证工作，2013年的中央一号文件全面开展农村土地确权颁证工作。在确权过程中几乎没有排斥妇女土地承包权的规定，核心依据就是"增人不增地、减人不减地"的承包原则。此原则推行的原因是"承包耕地的频繁调整不利于地权的稳定……；并且加剧了承包耕地的细碎化"③，"人口增速放慢，人口对土地的压力缓解"④。然而，这条承包原则会与乡土社会父权制发生化学变化，在土地确权中就有了性别取向，也就揭露了农村妇女土地权益流失以及土地性别矛盾被固定下来问题的"面纱"。

---

① 杜润生：《杜润生自述：中国农村体制变革重大决策纪实》，人民出版社2005年版，第132页。
② 同上书，第83页。
③ 孔祥智、刘同山：《论我国农村基本经营制度：历史，挑战与选择》，《政治经济学评论》2013年第4期，第78—133页。
④ 邵夏珍：《"增人不增地、减人不减地"与"长久不变"》，《光明日报》2015年12月16日，第13版。

(四) 村民自治及其实践合法了土地性别矛盾

中国家户是由一个时间序列不同的家户成员组成的具有代际传递的纵向自治组织单位，其内部形成了长幼有序与老人权威的秩序规范。这种权威与秩序内生于每个家庭成员的精神之中，使中国家户具有强大的自治属性，也使得农村公共事务基本由乡村本土单元建构的非官方控制的自治系统来处理。这个本土化的自治控制系统依托于以血缘、地缘和族缘建构起来的家族共同体，以纲常伦理、地缘情感和熟人社会法则为标准来维护乡村社会的公共秩序与处理乡村公共事务。因此，这就不难理解为何中国统治者偏好礼治以及从秦朝之后象征国家权力的皇权止于县政。尽管近代以来，这种分散的小共同体建构的乡村自治面临外部强力的巨大挑战，尤其是人民公社体制将与社会主义格格不入的家户挤出治理系统。但人民公社制"背离了农业生物学特性"，忽视了家户制传统的历史延续性。随之，家庭联产承包责任制复活与衔接被中断的家户制传统，触发了包产到户的村民自治的产生。

1998年颁行的《村民委员会组织法》为村民自治提供了法律依据，也为村民的民主权利行使提供了法律保障，其第22条规定，"召开村民会议，应当有本村十八周岁以上村民的过半数，或者本村三分之二以上的户代表参加，村民会议所作决定应当经到会人员的过半数通过。法律对召开村民会议及作出决定另有规定的，依照其规定"；第26条规定，"村民代表会议由村民委员会召集。村民代表会议每季度召开一次。有五分之一以上的村民代表提议，应当召集村民代表会议"；第28条规定，"召开村民小组会议，应当有本村民小组十八周岁以上的村民三分之二以上，或者本村民小组三分之二以上的户代表参加，所作决定应当经到会人员的过半数同意。"可见在现有的条款规定中，村民自治进行民主决策的基本规则是少数服从多数,有关土地权益的事项也不例外,需经由村民自治机制才能实现。

目前,《村民委员会组织法》规定将农村土地承包、集体收益分配以及土地补偿费的分配等重大集体经济事项处理权赋予村委会,并将农村妇女集体经济组织成员身份的认定交由村规民约等形式讨论决定,并明确规定"承包中应当保护妇女的合法权益,任何组织和个人不得剥夺、侵害妇女应当享有的土地承包经营权"。然而,这种依循村规民约界定农村妇女集体经济组织成员资格的规定,长期使该群体的收益资格处于制度调整的模糊真空状态。在集体经济组织成员身份的认定过程中,村民委员会借助集体决议形式、利用保守性的村规民约,尤其是父权制传统来排斥妇女的土地权益资格,即便是村级确认与上级法律部门的确认相悖逆时,村民舆论甚至站在乡规民约一边[1],由此导致妇女的土地权益常遭受村规民约的侵害[2]。

农村传统的宗法制度、婚姻制度、继承制度等是以男性为中心的制度,其充分体现在村规民约之上,具体反映在乡村土地性别分配之中。[3] 当前农村实施的土地确权方式从过去的"包产到户"发展到现在的"确权到户",其中"家户"一直作为土地确权的基本单位。父权制强调性别和婚姻因素,注重"从夫居"的婚姻模式,本质上是传统的男尊女卑习俗的表现。农村出嫁女通常改变的是之前的居住地,不变的是其人身依附关系。以"家户"为单位的确权,无疑是将农村妇女的人身依附关系进行了确认。再由于"增人不增地,减人不减地"的原则,原来居住地不再承认婚嫁女的本村

---

[1] 张静:《基层政权:乡村制度诸问题》,上海人民出版社2007年版,第92页。
[2] 张笑寒:《城镇化进程中妇女土地权益问题的新动向与对策建议》,《华中农业大学学报》2016年第1期,第122—127页。
[3] 孙宇:《村规民约与农村妇女土地权益保护》,《经济研究导刊》2007年第10期,第47—48页。

成员资格、新居住地不接收其为成员，从而丧失了其集体经济组织成员身份。再加之，在现有村民会议的表决机制下，占村集体少数的农村妇女，特别是流动妇女的土地权益诉求难以在村民会议上得以发声与支持。

任何一个群体的代表在决策层达到30%以上的比例，才可能对公共政策产生实际影响力。[1] 由于土地家庭承包制恢复了农户家庭生产功能，农村妇女的社会活动空间重新向家庭空间挤压，从而逐渐淡出了乡村政治。于是，家庭男性户主成为事实上的"家庭法人代表"[2]，导致在现有的多数决议规则下，农村妇女在以村民会议等决议形式的"民主决策"中难以享有平等有力的话语权，其关于土地如何进行平等的分配话语得不到男性村民的尊重与支持，其切身的土地权益在男性主导的民主决策中被无视与遗忘，不管这种遗忘是有意或者无意的，都导致农村妇女土地权利流失问题在国家建构的村民自治制度中披上合法的外衣。

（五）结论与讨论

中国悠久的农业文明传统建构了当代"大国小农"的中国国情，也形塑了特有的"家户制"本源型传统，架构了规约乡村社会发展的"底色根基"和"传统因子"。因而，国家在设计农村土地政策过程时就十分重视、尊重家户制传统并以家户为土地证登记与颁发单元，助推乡村土地制度步入链式发展轨道。建构在家户制传统之上的乡村土地政策设计吻合了村庄基层非制度性传统要求，可以最大限度调动家庭生产的积极性，然而，这种以"户"为基本单位的乡村土地政策设计虽然提高了乡村社会管理效率，却隐含了性

---

[1] 李慧英：《社会性别与公共政策》，当代中国出版社2002年版，第269页。
[2] 张笑寒：《村民自治背景下农村妇女土地权益流失问题研究》，《中国土地科学》2012年第26（06）期，第10—14页。

别矛盾。如是的乡村土地政策注重控制与服从，会以家庭整体利益代替个体权利。而家户制传统内含了具有代际传递的父权制色彩，使国家农村土地政策隐含了悖逆社会性别平等政治意图的冲突，无意中隐性地剥夺了农村妇女的合法土地权利。

这一性别矛盾在乡村土地权益分配实践中本可以得以避免，但中国农村社会有着长期的依靠由乡村本土单元建构的非官方控制的自治系统进行自治传统，即是有家户制传统的支撑。于是，带有父权制底色的村民自治通过集体经济组织资格与多数决议规则，运用村民会议等决议形式合法化了农村妇女土地权益流失问题，使农村妇女成为维护大多数村民利益的牺牲品与村民自治的受害者，从而在乡村土地性别分配过程中演绎出了"压迫性的统治逻辑"。男女平等是我国的基本国策，国家农村土地政策与村民自治更理应体现出男女平等的法治精神。乡村土地性别矛盾及其演绎逻辑则折射出我国民主与法治还有待建设与完善，需从"法律保障"和"社会承认"的双重维度维护好农村妇女的合法土地权益。

二 家户制传统与村级自治

中国悠久的农业文明传统建构了当代"大国小农"的中国国情，也形塑了特有的"家户制"本源型传统。然而由于忽视研究构成中国农村社会基础性制度的家户制传统，研究者实际上在迷失的视角下做"重复论证"的工作，难以提出令人惊喜的新经验或分析结论，以至于学界存在一个很不完善的研究当代中国村民自治的学术氛围，出现村民自治研究由一度的兴荣走向了落寞，甚至宣告"自治已死"。因此，对于如何更好地推进当代中国村民自治研究，简单的建议是：回顾而以前行。我们需认真研习具有"中国特性"的家户制传统，以期从传统中阐释、拓展当代中国村民自治研究及把脉其未来走向。

（一）起底家户制传统：当代中国村民自治的正确认识

社会在历史长河的筛选与沉淀下形成对当今及未来社会变化路径产生规制性影响的"传统因子"，由此架构了一个规约社会发展的"底色根基"。正如马克思所言："人们自己创造自己的历史，但是他们并不是随心所欲地创造，并不是在他们自己选定的条件下创造，而是在直接碰到的、既定的、从过去承继下来的条件下创造。"① 摩尔对"传统因子"的作用也有着深刻见解："在两大文明形态起承转合的历史关节点上，分崩离析的传统社会所遗留下来的大量阶级因子，会对未来历史的造型发生强烈作用。"② 因而，可以从对社会发展产生影响的角度，将"传统"厘清为影响当今和未来的价值、制度与规范以及与此相关的历史条件。我们需要重视、尊重那些构成社会发展的本源性制度传统或历史本体，才能助推社会步入链式发展轨道而不至于陷入波荡起伏的发展困境。

因而，在考察与探索当代中国村民自治道路的过程之中，需注意构成村民自治制度底色的本源型制度传统——家户制传统，其也是构成农村社会制度的基础性制度。了解"家户制传统"的前提是先明确"家户制"概念。徐勇教授提出："以强大的习俗为支撑的完整的家庭制度和以强大的国家行政为支撑的完整的户籍制度共同构成的家户制。"③ 只不过在一般日常生活实践中，"家"更普遍地被当作一个常识性的使用术语，而"户"更多作为政治、宗教与社

---

① 《马克思恩格斯选集》（第1卷），人民出版社1972年版，第669页。
② ［美］巴林顿·摩尔：《民主和专制的社会起源》，拓夫、张东东等译，华夏出版社1987年版，第2页。
③ 徐勇：《中国家户制传统与农村发展道路——以俄国、印度的村社传统为参照》，《中国社会科学》2013年第8期，第102—123页。

交等层面的单位出现的①。从理论的延续来看，对中国农户的研究多以"家庭"概念为分析单元并过多强调家庭的结构性功能，而忽视了家庭制度"户"的研究层面。包产到户后，学者开始重视"户"并将其作为中国农村社会最普遍的社会单位，其中朱爱岚认为，"户"是中国农村社会最基层的单元，家庭的概念无法突出中国农村户的特质②。布迪厄甚至具体提出："对中国户的研究是一个优先的主题，因为它是由官方建构起来的。"③

中国是一个有着悠久"大国小农"特性的社会，并在悠长的历史进程中形塑了"中国特性"的家户传统。"家户"概念最早起源于秦始皇统一中国之后推行的自由个体家户制度——编户齐民政策，并使得小农家庭脱离氏族的躯壳成为独立的单位④。从此，中国农村家庭的制度形态"两千年皆秦制"，正如毛泽东所说，"几千年来都是个体经济，一家一户就是一个生产单位"⑤。即便是在否定一家一户个体经济的人民公社制时期，家户制传统依旧顽强抗争，人民公社制不得不后退到"三级所有，队为基础"的经营体制。1980年代初，中国废止人民公社制并实行与家户传统相衔接的家庭联产承包责任制。可以说，作为中国本源型制度传统的家户制既不会简单被代替，也不会轻易被"消灭"，即便有所"中断"，也会"复活"。对此，费正清评论道："中国是家庭制度的坚强堡垒，并由此汲取了力量和染上了惰性。"⑥

有鉴于此，在考察当代中国村民自治中，必须认真研习与深度挖掘"家户制"这一基础性与本源型制度传统。中国农村社会有着

---

① 林耀华：《义序的宗族研究》，生活·读书·新知三联书店2000年版，第73—74页。
② [加]朱爱岚：《中国北方村落的社会性别与权力（第2版）》，胡玉坤译，江苏人民出版社2010年版，第130页。
③ Bourdieu, Pierre., *Outline of a Practice*, [M], Cambridge University Press, 1977: p.131.
④ 何兹全：《中国古代社会》，北京师范大学出版社2007年版，第151—159页。
⑤ 《毛泽东选集》第3卷，人民出版社1991年版，第931页。
⑥ [美]费正清：《美国与中国》，张理京译，世界知识出版社1999年版，第21—22页。

长期依靠内生力量进行自治的传统，其重要原因就在于有家户制传统的支撑。从秦朝之后，象征国家权力的皇权止于县政，农村公共事务基本由乡村本土单元建构的非官方控制的自治系统来处理。这个本土化的自治控制系统依托于以血缘、地缘和族缘建构起来的家族共同体，以纲常伦理、地缘情感和熟人社会法则为标准来维护乡村社会的公共秩序与处理乡村公共事务。近代以来，这种分散的小共同体建构的乡村自治面临外部强力的巨大挑战，尤其是国家高度管制的人民公社体制将与社会主义格格不入的家户挤出治理系统。但人民公社制"背离了农业生物学特性，使农民疏远土地，无从建立起持久不衰的劳动兴趣和责任感，从而影响他们的生产积极性"[1]。随之，家庭联产承包责任制复活与衔接被中断的家户制传统，触发了包产到户的村民自治的产生。

然而，对村民自治存在"村民自治本身乃是一个不可实现的神话"[2]的评价，村民自治制度在实践中也确实存在"虚置化状态"[3]，有研究甚至宣告"自治已死"。村民自治研究由一度的红火而淡出学界，甚至为学界所遗忘。[4] 自治与村民自治具有其内在的特殊价值，需要学界从理论研究范式上"找回自治"，使"失落的自治"复归生机与活力。阿马蒂亚·森在其著作《以自由看待发展》序言中就特别引述了中国经典名句"与古为新"，提出"中国必须在建设其未来的同时不背弃其过去"[5]。鉴于以上论述，本专题

---

[1] 杜润生：《杜润生自述：中国农村体制变革重大决策纪实》，人民出版社2005年版，第98页。

[2] 王中人、贺更行：《理论虚置化：村民自治神话的背后》，《社会科学论坛》2002年第3期，第57—61页。

[3] 田雄：《虚置与重构：村民自治的主体缺失与制度干预——以苏北黄江县为例》，《南京农业大学学报》（社会科学版）2015年第3期，第34—42页。

[4] 徐勇、赵德健：《找回自治：对村民自治有效实现形式的探索》，《华中师范大学学报》（人文社会科学版）2014年第53（4）期，第1—8页。

[5] ［印］阿马蒂亚·森：《以自由看待发展》，任赜、于真译，中国人民大学出版社2013年版，第20页。

试图从历史比较分析的视野，以历史为纵轴，以具有"中国特性"的家户制传统所形塑的独特农村发展道路，即农村家户经营、农工商结合、家户互助合作、家国共治传统①构成的制度传统矩阵为横轴，并结合国内外社会科学者已研究出的基础性学术成果，深刻地揭示在不同历史阶段乡村制度传统矩阵的动态演化逻辑，考察当代中国村民自治何以"无法在农村社会'落地'，及其'空转'"②问题？以及何以找回"失落的自治"？必要时推翻已有具有挑战性的结论与观点。

（二）乡村社会家户经营传统的观察

传统中国农村社会以一家一户的小农经济为其基本经营组织形式，建构了中国社会持续又稳定发展的根基与绵延千年的中国家户经营传统，以小农经济为基础的家户制传统也由此成为乡村自治的本体制度。除了自然禀赋适宜农耕的客观因素外，这种家户经营传统充分调动了农民的农业生产积极性。因为土地为农户所有或经营，在生产与报酬紧密关联的条件下，试图从土地上获得"发家致富"的家户会尽可能勤奋劳作以改善家庭生计状况，这既锤炼出了为孟德斯鸠、韦伯都高度评价的中国农民特有的勤劳品质，也极大降低了农户农业生产自主性的外部性监督成本。费孝通认为："在现有农作技术下，分工的不发达使两个人在一起工作并不比两个人分开各自工作更为便利和效率高。"③农户若是"偷懒"，无疑是对家庭可能陷入饥饿与破产的自我惩罚。

即便是进入 20 世纪后，现代价值取向的土地改革猛烈冲击了

---

① 徐勇：《中国家户制传统与农村发展道路——以俄国、印度的村社传统为参照》，《中国社会科学》2013 年第 8 期，第 102—123 页。

② 徐勇、赵德健：《找回自治：对村民自治有效实现形式的探索》，《华中师范大学学报》（人文社会科学版）2014 年第 53（04）期，第 1—8 页。

③ 费孝通：《乡土中国，生育制度》，北京大学出版社 1998 年版，第 179 页。

家户经营传统,但又不得不尊重家户传统。孙中山先生提出"耕者有其田",其中,"耕者"指涉的便是"家户"。以毛泽东为代表的中国共产党人承继孙中山先生的主张,运用马克思主义"剥夺剥夺者"的思想来实现"耕者有其田"的目标。但亲历土地改革的杜润生也不无遗憾地表示:"全国解放以后,有几年生产发展(或曰'恢复')是很快的。但这一过程太短,很快就进入另一项制度变革,土改所激发的生产者积极性并没有得到充分发挥。"① 从革命话语来看,个体化的小农经济具有私有性与落后性。为此,中国共产党领导人对小农经济进行了以苏联的社会主义集体化为蓝本的社会主义改造,形成了"一大二公三统"的公社制。这种高度集中的人民公社制与家户传统实行了最彻底的"决裂",追求"发家致富"的朴素理想也被视为"资本主义道路"而受到严厉批判。公社制的严重后果是压抑了农民自主生产的积极性,"出工不出力"的"怠惰"是不可避免的,迫使公社制不得不退回到家户制传统上来。

如果说人民公社制是以现代组织形式冲击了家户经营传统,发展现代农业的基础条件则再次挑战了家户经营传统。耕地是农业生产中不可替代的劳动对象、生产要素和空间场所②,农业基础设施则是农业生产不可或缺的社会保障。1979年与2016年我国人均耕地面积为1.5亩③,但人口增长了1.4倍。这就意味着在生产条件没有显著改善的情况下,必然会出现人多地少的矛盾,导致农民家庭因为土地资源有限而陷入贫困状况。事实上,自人民公社解体后,集体已经从农田水利建设中退出,从而难以集中人力、物力与

---

① 杜润生:《杜润生自述:中国农村体制变革重大决策纪实》,人民出版社2005年版,第22—23页。

② 杜国明、刘彦随:《黑龙江省耕地集约利用评价及分区研究》,《资源科学》2013年第35(03)期,第554—560页。

③ 佚名:《中国历代人均耕地面积》,《农业经济》1982年第S1期,第58页。1979年人口未包括台湾省人口未包括金门县人口(1978年底6万多人)。

财力大规模兴修农田水利设施等，原有的农田水利设施也失去维护甚至遭受人为破坏，导致农户农业生产因保护功能的弱化而难以抵御各类自然灾害，农户家庭可能陷入贫困境地。

人作为劳动生产中最活跃的因素，在农村生产条件约束下，劳动力的持续投入是小农经济增收的关键。然而，中国农村人口红利的流失自古便有之，只是在现代化进程中更加显著了，特别是城市现代生活神话吸引着大量农村精英。改革开放之前，国家通过诸如教育、征兵等固定体制渠道将农村精英纳入城市体制。因这种体制的合法性与农民普遍渴望城市生活，从而使城市对农村精英资源的掠夺具有"合法化"与"隐蔽性"。改革开放后，大量农村劳动力为追求比较经济效益而涌入城市，从而使城市对农村精英资源的掠夺又具有"合理化"与"显著性"。一方面，农村劳动力的流失既影响了小农经济所需的劳动力投入，还产生大量被贴上"问题孩子"标签的留守儿童群体。由于他们是未来职业化农民的来源、未来农业的后备军[1]，其日益凸显的综合素质问题无不让人担忧农业现代化的推进与农户经济的可持续。另一方面，农村精英的流失直接削弱了村民自治所凭借的人力资源基础与自治能力。

（三）乡村社会农工商结合传统的观察

人多地少的矛盾造成了中国农民特有的"勤劳式贫困"，其重要原因在于呈几何式增长的人口聚集在有限的土地上，尤其是中国家户制实行财产继承的分家析产制，结果是原本就有限的土地越分越细碎化，家户更容易陷入贫穷状态。为了在有限的土地空间寻求生存的可能以及实现"发家致富"的梦想，中国农民在家户制之上

---

[1] 可能有读者会提出返乡农民工可重新投入农业生产，但忽视了他们回归更多的是一种苦涩的选择。由于城市不愿意支付他们"能力再生"的成本，他们只得从事体力型工作。一旦没有体力可出、青春可换，"回家"也就成了农民工唯一而又无奈的选择。然而，这种"回归"对农村、农业、农民来说，却是一种负担与拖累，阻断了农户经济所需的劳动力投入。

创造了以农业为基础的打工经济与经商活动相结合的农工商传统。当土地资源有限或是缺乏时,农村剩余劳动力会就近为大户帮工,通过劳动来换取家庭所需的生计资料。如果当地不能提供足够的劳动供给,农民便会到外地或进城务工,从而通过农工结合的形式维持家户经济基础。但务工活动的收益十分有限,只能简单弥补家庭生计,农工商结合则为家户发家致富提供了可能,成为家户可持续生计的动力,进而巩固了家户制传统。

然而,这种农工商相结合的形式是一种较低层次的生计活动,大部分农户依旧处在"普遍性贫穷"状态。因而,在集体公社时期,家户制被视为落后的传统而实行最为彻底的"决裂",并按照"共同劳动,计工计酬,集中经营"方式进行改造。于是,农民既无外出务工的可能,家户个体商业活动也被严格限制。尤其是在"文化大革命"时期,集市自由贸易作为"三自一包"的"修正主义路线"而受到批判,连农民卖鸡蛋以换取日常生活用品的活动都被视为要割掉的"资本主义尾巴"[①]。然而,这种体制极大地影响了农户的正常生计。农民从来都是"很会盘算的"理性经济人[②],面对生存压力,其会通过外出务工经商来补贴家用。农工商相结合的传统随着公社制的废止与家庭联产承包责任制的实施而迅速复兴,典型的标志就是"乡镇企业的兴起"。

需要注意到家庭联产承包责任制的实施只是让农民过上了温饱生活而已,其标志是作为农村改革旗帜的安徽省小岗村"一夜之间脱贫,30 年未能致富"。因为面对子女教育、成家与购房等家庭消费所带来的货币压力时,农业收入难以满足消费需求。而且农村家庭联产承包责任制改革将大量被束缚在土地上的劳动力解放出来,

---

① 徐勇:《中国家户制传统与农村发展道路——以俄国、印度的村社传统为参照》,《中国社会科学》2013 年第 8 期,第 102—123 页。
② [美]西奥多·W. 舒尔茨:《改造传统农业》,梁小民译,商务印书馆 2003 年版,第 29—30 页。

也降低了农业对劳动力的吸纳容量①，造成大量农村剩余劳动力需向外转移。此外，自 1978 年以来，中国城乡居民之间的收入差距总体上呈扩大趋势，2016 年，城乡居民人均收入倍差达到了 2.72。面对日益增加的"货币压力"，农村剩余劳动力向城市转移成为必然。外出务工既可以缓解农村人多地少之间的矛盾，还能获取较高于农业的经济收益。农工商结合传统不仅为小农经济带来了活力与动力，而且富裕了大量的农民，成功地避免了大量农户陷入困境甚至破产的命运。

然而，农工商相结合的传统并没巩固与夯实家户制传统，反而在消解其及村民自治的基础，原因在于农民的外出务工对来源于血缘与地缘相结合的乡土社会的国家或皇权的政治认同产生消极效应。人们奋斗所争取的一切，都同他们的利益有关。② 正如列宁所言"必须把国民经济的一切大部门建立在同个人利益的结合上面"③，其目的正是提高人民参与公共事物的积极性。史靖曾在 1948 年前后就指出："年轻的一代却都另有打算，乡下的发展有限谁都不甘于在乡间工作，在中国正迈向现代化的时候，建立在土地上的权势虚荣已失去诱惑知识青年的力量，在长期的教育过程中大都有一点目中无人胸怀大志的模样，自不屑去参与一个小乡中的社区活动。"④ 如今，这些论述依旧有着强烈的现实意义。农村人口的大量流向城市导致村民自治的主体大量不在场，从而使得"村事没人干，没人愿意干"，进而使得村民选举、民主决策和日常监督以"形式化"的方式进行，其实质是村民自治因主体的流失而呈现出"虚置化状态"。

---

① 汪超、刘涛：《生计脆弱性：何以为及何以能——来自中国农村进城务工女性的实践调查》，《苏州大学学报》（哲学社会科学版）2017 年第 5 期，第 47—54 页。
② 《马克思恩格斯选集》第 1 卷，人民出版社 1972 年版，第 80 页。
③ 《列宁全集》第四十二卷，人民出版社 1986 年版，第 191 页。
④ 费孝通：《皇权与绅权》，生活·读书·新知三联书店 2013 年版，第 215 页。

（四）乡村社会家户互助合作传统的考察

中国的家户制传统并不意味着家户完全与外界失联，实际上也做不到"鸡犬之声相闻，老死不相往来"。孟德拉斯认为，农村是互识性社会，人与人之间是熟悉的[①]。在这种互识性社会中，农民之间必然存在着较高频次的互动。当然，这种互动也不是任意的，而是发生在特定的关系网络之中，这在于传统中国社会网络是一种差序格局，"好像把一块石头丢在水面上所发生的一圈圈推出去的波纹，每个人都是他社会影响所推出去的社会网络的中心，被社会网络的波纹所推及的就发生联系，每个人在某一时间某一地点所动用的社会网络是不一定相同的"[②]。同时，由于农业生产技术的相对落后、抵御自然灾害能力有限，促使村民采取互助合作的方式维持家庭生计。在这种蕴含传统儒家伦理的熟人社会中，村民之间的互动以家族共同体为依托、以人情关系为纽带、以互惠合作为载体，其背后是人情伦理支撑，表现的形态是差序格局，目的是得到荣耀（面子）[③]。

然而，这种基于人情伦理的互助合作是以户为单位的家族式合作，导致家户制传统难以长期为继。孙中山先生认为："中国人最崇拜的是家族主义和宗族主义……。中国人的团结力，只能及于宗族而止。"[④] 因而，在20世纪50年代后，中国共产党领导人认为传统家户制容易造成贫富分化，作为合作化产物的公社制则能超越家户制局限。于是，开展的"互助组→初级合作社→高级合作社→人民公社"的集体化过程实质是一个逐渐弱化家户制的过程，建构在

---

① ［法］H.孟德拉斯：《农民的终结》，李培林译，中国社会科学出版社1992年版。
② 费孝通：《乡土中国，生育制度》，北京大学出版社1998年版，第26页。
③ 张连海：《关系化与类型化：从"熟人社会"网络到"生人社会"网络的演化机制——对冀南宋村内外的考察》，《广东社会科学》2016年第5期，第204—212页。
④ 孙中山：《孙中山选集（下卷）》，人民出版社1956年版，第590页。

家户制基础上的互助合作传统相应被排斥。家户制基础之上的互助合作是一种自愿性行为，而集体化过程中的互助合作是农民的"被合作"行为，其在相当程度上是外部力量的作用使然，背离了家户制互助合作传统的精髓。20世纪80年代初，国家以家庭承包基础上的统分结合经营体制取代公社体制，公社的集体合作也随之不复存在了，但这并不意味着家户互助合作传统得以复归，其原因在于分户自主生产与经营所带来的城乡劳动力流转。

中国大规模的城乡劳动力迁移潮形成于20世纪80年代末90年代初，1995年农村劳动力转移数量就达到5000万人。之后，数量每年以600万—800万人的规模迅速增长。2003年农村劳动力转移数量突破1亿人，2011年超过2.5亿人，2017年达到2.8亿人。农民的城乡流动也对农村社会产生深刻影响。滕尼斯认为，农村社会是由基于血缘、地缘以及精神共同体建构而成，体现在农村自然生活中建立在共同生活共同居住和共同劳作基础上的"心意相通"（consensus）[1]。滕尼斯的"共同体"（geminschaft）概念与费孝通以"差序格局"的概念勾勒出中国传统农村以土地和人伦关系所形成的靠"道德教化""乡绅治理"的乡土社会的权力结构不谋而合[2]。然而，农民流动所带来的时间、空间距离阻隔了家户之间感情的培养与传递，农村社会原本血脉相连的人情关系逐渐变得冷漠并开始染上了功利色彩，大大降低了农村熟人社会中的互惠传统。

随着农业生产技术的广泛应用，原本需要互助合作的田野劳作变得相对简单，从而降低了劳作的互惠必要性，农民的外出务工经商更加剧了这一趋势。外出务工经商降低了农业在家户经济中的地位，村民也不再重视农业生产，甚至抛荒农田，如此更加降低了劳

---

[1] ［德］斐迪南·滕尼斯:《共同体与社会：纯粹社会学的基本概念》，林荣远译，商务印书馆1999年版，第65—66页。

[2] 田雄:《虚置与重构：村民自治的主体缺失与制度干预——以苏北黄江县为例》，《南京农业大学学报》（社会科学版）2015年第3期，第34—42页。

作互惠的意愿性。农民的外出也增加了村民之间互惠劳作的困难性。当外出村民不能及时回馈留守村民给予的互惠劳作时，他们往往会以货币予以回报。当货币在互惠过程中普及时，说明互惠劳作已演变为雇佣关系，互惠传统开始走向淡化甚至解体。农民的外出务工也使得乡村仪礼性场合中所注重的互惠变得困难起来，因为仪礼性场合中的互惠是一种延迟性互惠[1]，外出的农民因不在场而只能以货币形式实现互惠，但乡村社会十分看重仪式性在场，不在场随礼导致熟人关系处于断裂状态，进而降低了村民之间持续的互惠可能性。

　　农村互助合作传统淡化的更深层次原因在于农民对乡村共同体认同的弱化。历经现代都市文化洗礼的农民在消费方式上模仿城市人群，更加关注商品本身使用价值以外的身份、符号功能。新的生活世界在不断解构农民原本满足生命的本体性需求与增强其个体化思想，逐渐消解农民基于乡村生活实践塑造的共同伦理价值观以及相应的生活方式，弱化了农民对村落共同体成员身份的注重程度。由于与乡村社会的伦理环境相脱嵌，农民也淡化了对乡村舆论压力的监督作用，致使维持互惠的惩罚机制处于失效状态。在罗尔斯看来，利他主义是理性人在利己主义基础之上的社会交往合作的社会理念的基本欲求，民主政治的滥觞正是在利己主义基础之上的利他主义社会理念的逻辑产物。农民的城乡流动破坏了这种社会理念，从而冲击了农村互助合作传统以及村民自治赖以运转的"共同体"与"差序格局"，进而导致了村民自治既缺乏精英引导，也缺乏村民参与，又缺乏村民支持，其结果是"村民自治神话背后是一种理论虚置化：道德凭借资源、精英凭借资源和经济凭

---

[1] 张连海：《关系化与类型化：从"熟人社会"网络到"生人社会"网络的演化机制——对冀南宋村内外的考察》，《广东社会科学》2016年第5期，第204—212页。

借资源的虚置化"①。

（五）乡村社会家国共治传统的观察

自中国秦朝以后,"皇权不下乡"的一个重要原因在于乡村社会有家户制支撑。费正清认为,中国农户是一个集经济单位、社会单位以及政治单位为一体的自治单元,成为"一个自成一体的小天国,是一个微型的邦国"②。如此,国家可以通过对家户的奖惩来实施统治。同时,中国家户是由一个时间序列不同的家户成员组成的具有代际传递的纵向自治组织单位,其内部形成了长幼有序与老人权威的秩序规范。这种权威与秩序内生于每个家庭成员的精神之中,使中国家户具有强大的自治属性。费正清因此认为,中国家户的一个好处是,"一个人自动认识到他在他的家庭或社会中所处的地位。……,如果他履行了指定给他的那部分职责,他可指望这体系内的其他成员反过来也对他履行应尽的职责"③。正因为中国家户在政治、经济、社会上的自治属性,国家不直接介入乡村社会事务。当然,官事官办,乡村社会事务则主要通过家户及其扩展基础上的家族权威治理。由此,中国家户既成为国家治理的根基,也是社会治理的基本单元,形成了家国共治的传统及乡村治理体系。

然而,1949—1978年的政治大潮持续冲击着传统中国家庭关系,使得中国乡村自治难以"入户"与运转难以"落地"。其间,国家以"公社制"对传统家户制进行改造,实行"三级所有、队为基础"的乡村社会组织结构,使其成为乡村社会治理的基本政治、经济与社会单元,从而在经济基础和意识形态不断摧毁传统家

---

① 王中人、贺更行:《理论虚置化:村民自治神话的背后》,《社会科学论坛》2002年第3期,第57—61页。
② [美]费正清:《美国与中国》,张理京译,世界知识出版社1999年版,第22页。
③ 同上书,第24页。

庭模式[①]。与建构在血缘基础上的家户相比，公社是一种次生的、建构性的国家产物，缺乏如同对传统家户制那样的认同基础，因而，其需要源自国家的外部性力量来维护其权威和秩序，由此衍生了历史上未曾有过的"干部"这一管理阶层，从而使国家权力与乡村社会密切衔接，世俗化政治权力渗进农村各领域，溶解了以血缘为纽带的家族权威。尤其是在"文化大革命"期间的极度政治化风暴更将对伤害家庭本体价值推向极致[②]，进一步碎解了血缘关系与家庭关系，极大地拒斥宗族权威、老人权威对农村社会秩序的约束作用。

马克思认为："在极端的贫困的情况下，就必须重新开始必需品的斗争，也就是说，全部陈腐的东西又要死灰复燃。"[③]"政社合一、公民皆社员"的公社制限制甚至剥夺农民在经济上的自由权利，还加重了农村的贫困程度。如杜润生所说："正因为'大集体经济'吃不饱饭，甚至饿死了人，农民就要想办法，避免风险。"其办法一是"瞒产私分"，二是扩大自留地，三是搞包产到户。[④] 20 世纪 80 年代初，家庭联产承包制突破公社体制，也随即出现了村民自治的农村治理体系，由村民委员会承担起国家对乡村社会的管理与控制。从理论上看，自治应是家户自治传统的一种复归，是以家户为基础的自治[⑤]。尽管取代公社组织而建立的村民委员会在法律上属于村民自治性组织，但其内含了公社制的历史遗产，实质

[①] 汪超、姚德超：《流动社会中的农村养老的真问题与政策变革——兼论现代化进程中的离散化家庭》，《求实》2016 年第 9 期，第 88—96 页。

[②] 孟宪范：《家庭：百年来的三次冲击及我们的选择》，《清华大学学报》（哲学社会科学版）2008 年第 3 期，第 133—145 页。

[③] 《资本论》第 3 卷，人民出版社 1975 年版，第 925—926 页。

[④] 杜润生：《杜润生自述：中国农村体制变革重大决策纪实》，人民出版社 2005 年版，第 83 页。

[⑤] 徐勇：《中国家户制传统与农村发展道路——以俄国、印度的村社传统为参照》，《中国社会科学》2013 年第 8 期，第 102—123 页。

是国家对公社制后的农村社会重组的制度产物，从而使新创制度有利于推行家庭联产承包责任制，同时又能保证国家对农村资源的分配与索取①。这也导致村民委员会蒙上浓厚的行政化色彩，成为国家机构的组成部分②。

人民公社制废止后，农户越来越卷入流动社会之中，价值取向与行动选择日益呈现出"理性化"与"个体化"特征，俨然已成为"社会化小农"，尤其是随着农业税的废除以及惠农政策的出台，农户与村民委员会的利益联系日益微弱，村民之间的关联也限于物理意义上的空间居住关系而已。由于选举的内在激励机制是由利益决定，对村务淡漠的离土又离乡的农民难以有动力回乡参与村委会换届选举，"原来应该继承绅士地位的人都纷纷离去，结果便只好听滥竽者充数，绅士的人选品质必然随之降低，昔日的神圣权威乃日渐动摇"③。即使有委托投票之举，但这种缺乏真实性的意见表达与缺乏权威性的投票选举导致村民对选举产生的村委会缺乏政治认同，也导致传统宗族权威式微，村庄治理权力体系不得不进行行政化重构。家庭联产承包责任制将农民从公社空间中释放出来与走向家庭空间，但却使其退出乡村公共空间，从而使村民在村委会选举中不在场与减弱传统宗法权威，进而使村民自治制度在实践过程中出现"虚置"状态。为此，国家不得不承担起村庄公共事务，并依据治理需要介入村委会选举与指定村干部等。

（六）结论与讨论

准确把握具有"中国特性"的家户制传统是正确理解当代村民

---

① 陈明：《村民自治："单元下沉"抑或"单元上移"》，《探索与争鸣》2014 年第 1（12）期，第 107—110 页。

② 徐勇：《村民自治、政府任务及税费改革——对村民自治外部行政环境的总体性思考》，《中国农村经济》2001 年第 11 期，第 27—34 页。

③ 王中人、贺更行：《理论虚置化：村民自治神话的背后》，《社会科学论坛》2002 年第 3 期，第 57—61 页。

自治实践的关键,然而,随着乡村社会发生重大断裂,农村家户经营、农工商结合、家户互助合作、家国共治传统日益式微,但这并不意味着具有历史制度底色的家户制传统的解体,反而比其他任何时候都更加明显。随着市场化经济在农村社会的弥散,尤其是家户日益扩大的消费需求及其带来的巨大货币压力,如何实现货币收入的最大化构成农民的基本行为逻辑,这也是社会化小农分析框架的合理性所在[1],但其并没有指出构成农民行为动机的利益是家户主义导向。"家户化"的弥散促使农民不断从村落公共空间撤回到家户内部,在涉及家户利益之外的公共事务不具有内在的参与动力与合作空间,这就导致村民自治制度缺失了以协商合作为基本方式的存在根基。农民不参与村落内的合作治理,但并不代表他们没有公共需求。于是,农民这种"有需求,不参与"的矛盾状态就合理地将"政府"引入村民自治当中,落空了村民自治制度的民主内涵与导致村民自治制度的"空转"。

回望历史,中国相对于西方而言,是以国家权力所主导的后发现代性国家[2],所引起的经济社会变革更为强烈,尤其是1978年以来通过"内向型积累方式"来追求城市工业现代化的发展以前所未有的方式,把我们抛离了所有类型的社会秩序的轨道,这种断裂正在改变我们日常生活中最熟悉和最带个人色彩的领域[3]。农民对公共空间的参与逐渐让位于如何维护家户生计,由此引发了农民生产生活空间的转移,从而重构了乡村传统的习俗文化、交往方式以及生活习惯等,虚置了村民自治所能凭借的道德、经济以及精英等资源,进而导致自上而下建构的村民自治制度与赖以存在的乡村社会

---

[1] 徐勇、邓大才:《社会化小农:解释当今农户的一种视角》,《学术月刊》2006年第7期,第5—13页。
[2] 罗荣渠:《现代化新论》,华东师范大学出版社2013年版,第395页。
[3] [英]安东尼·吉登斯:《现代性的后果》,田禾译,译林出版社2000年版,第3—4页。

基础之间存在巨大的内在张力，使村民自治流于形式。笔者认为家户制传统及村民自治制度的弱化不应简单归因于国家现代化，恰恰正是现代化的扩张解构了乡村"前现代的"或"落后的"小农生活生产方式，促使乡村现代文明正在迅速生长，问题在于农村家户制传统并没适应好中国社会及农村变迁节奏，未能由传统家户制向具有"大社会、小家户、大保护"特色的"社会化小农"的现代家户制转型[①]。

家户制传统作为中国乡村社会的本源型传统，尽管其在历史的发展进程中有不同的表现形式，甚至出现"中断"情形，但其内核一致并能不断再生与复制，其原因在于制度和文化的持续性曾经产生了体现为气势澎湃和坚守既定方针的惯性[②]。可以说，家户制传统有助于我们正确认识中国传统乡村社会的特质，有助于建构适宜中国农村的本土化研究范式，有助于重新思考中国村民自治困境及其出路。由此，在一个以家户制度传统为制度底色的中国农村社会，中国村民自治的学术研究与制度实践应吻合农村社会实际，要"与古为新"，以"家户制传统"研究为核心视角，才能正确理解与精准研判当代中国村民自治及其困境节点，进而解决当前"家户主义"弥散问题以及"家户主义"所导致的"被迫式民主"的治理困境。综合而言，上述这些研究直接或间接地为我们进一步以家户制为视角的中国村民自治研究提供了理论、方法与技术上的支撑，也构成了中国农村治理研究的理论基础。

总结与讨论

借由农村妇女问题的研究与延伸探讨，显性地论证与展现了离

[①] 徐勇、张茜：《公平与效率：中国农村组织制度变迁的内在机理》，《探索与争鸣》2016年第1（06）期，第23—29页。

[②] ［美］费正清：《美国与中国》，张理京译，世界知识出版社1999年版，第75页。

散型家庭对农村留守与流动群体问题的发生逻辑具有规约性影响，深入探究与揭示了作为村庄本源型制度的家户制度传统对乡村土地性别矛盾以及村级自治等问题的隐性建构作用，提出了需从乡村社会制度底色进行顶层设计的新政策议题，试图为中国"三农"问题的解决寻求特色的中国方案，也希冀成为其他国家参考借鉴的中国样本，力图增强中国道路的理论自信、制度自信与文化自信。

事实上，这种家庭离散是工业化、城镇化与农业现代化发展失衡的产物，实质上是试图通过有效使用有限的公共资源来快速建成工业现代化，是一种经济增长压倒一切的发展主义思维，典型的表现形式是采用城乡二元户籍制度来为现代化建设筛选着适合进入城市的农村劳动力，要求流入的劳动力是个体化的、无拖家带口的农村精英分子，并拒绝赋予农民工共享城市福利资源的市民资格。于是，留守群体留守农村是一种理性选择，但同时也将留守群体置于脆弱性的境地。

尽管以发展主义为导向的经济现代化使我们处于工具理性倡行、价值理性退让的时代，家庭价值的退让是不可避免的，作为乡村社会制度底色的家户制传统甚至会出现"中断"情形，但其内核一致并能不断再生与复制。因而，正确认识与把握家户制度传统有助于我们重新思考当前农村重大问题及探究其出路。由此，在一个以家户制度传统为制度底色的中国农村社会，农村问题的学术研究与制度实践应吻合农村社会实际，要"与古为新"，以"家户制传统"研究为核心视角，才能正确理解与精准研判当代农村重大现实问题的症结点。

参考文献

英文文献

Adrienne Johnson, Anthony Bebbington. ,"Rural social movements in Latin America: organizing for sustainable livelihoods",[J]. , *Journal of Peasant Studies*, 2011, 67 (3).

Anderson B. ,"A Very Private Business: Exploring the Demand for Migrant Domestic Workers",[J]. *European Journal of Women S Studies*, 2007, 14 (14).

Anderson B. ,"Why Madam has so many bathrobes?: demand for migrant workers in the EU",[J]. *Tijdschrift Voor Economische En Sociale Geografie*, 2010, 92 (1).

Anjara S. G. , Nellums L. B. ,"Bonetto C. , et al. , Stress, health and quality of life of female migrant domestic workers in Singapore: a cross-sectional study",[J]. *Bmc Womens Health*, 2017, 17 (1).

Anne Loveband. ,"Positioning the product: Indonesian migrant women workers in Taiwan",[J]. *Journal of Contemporary Asia*, 2004, 34 (3).

Bainton N A. ,"Gendering the Field: Towards Sustainable Livelihoods for Mining Communities",[J]. *Australian Journal of Anthropology*, 2012, 23 (2).

Barlett P. F. , "Part-time Farming: Saving the Farm or Saving the Lifestyle?", [J]. *Rural Sociology*, 1986, 51 (3).

Belén Agrela Romero. , "Towards a model of externalisation and denationalisation of care? The role of female migrant care workers for dependent older people in Spain", [J]. *European Journal of Social Work*, 2012, 15 (1).

Bosniak L. S. , "Human Rights, State Sovereignty and the Protection of Undocumented Migrants under the International Migrant Workers Convention", [J]. *International Migration Review*, 1991, 25 (4).

Cao A. , Li P. , "We are not machines: the identity construction of Chinese female migrant workers in online chat groups", [J]. *Chinese Journal of Communication*, 2018 (6).

Chamila T. Attanapola. , "Were they ever 'in place'? Sense of place and self-identities among migrant female export-processing zone workers in Sri lanka", [J]. *Norsk Geografisk Tidsskrift -Norwegian Journal of Geography*, 2006, 60 (3).

Christopher M. Bacon, V. Ernesto Méndez, María Eugenia Flores Gómez, "et al. , Are Sustainable Coffee Certifications Enough to Secure Farmer Livelihoods? The Millenium Development Goals and Nicaragua's Fair Trade Cooperatives", [J]. *Globalizations*, 2008, 5 (2).

Constable N. , Pai H. H. , "Maid to order in Hong Kong: stories of migrant workers (second edition)", [J]. *Feminist Review*, 2010, 25 (4).

Coppock D. L, "Desta S, Wako A, et al. , Sustainable Livelihood Diversification Among Women's Groups of Northern Kenya", [C]. *Sustainable livelihood diversification among women's groups of northern Ken-*

ya. , 2007.

Emdadhaque C. , "Apurba Krishna Deb, Dean Medeiros. , Integrating Conservation with Livelihood Improvement for Sustainable Development: The Experiment of an Oyster Producers Cooperative in Southeast Brazil", [J]. *Society & Natural Resources*, 2009, 22 (6).

Getz C. , "Social Capital, Organic Agriculture, and Sustainable Livelihood Security: Rethinking Agrarian Change in Mexico", [J]. , *Rural Sociology*, 2010, 73 (4).

Haan L. J. D. , "Globalization, Localization and Sustainable Livelihood", [J]. , Sociologia Ruralis, 2010, 40 (3).

Harcourt W. , "Women Reclaiming Sustainable Livelihoods", [M]. *Palgrave Macmillan UK*, 2012.

He X. , Wong D. F. , "A comparison of female migrant workers' mental health in four cities in China", [J]. *International Journal of Social Psychiatry*, 2013, 59 (2).

Hesketh T, Ye X. J, Li L. , "et al. , Health Status and Access to Health Care of Migrant Workers in China", [J]. *Public Health Reports*, 2008, 123 (2).

Hightower N. R. V. , Gorton J. , Demoss C. L. , "Predictive Models of Domestic Violence and Fear of Intimate Partners Among Migrant and Seasonal Farm Worker Women", [J]. *Journal of Family Violence*, 2000, 15 (2).

Humphries S. , "The intensification of traditional agriculture among Yucatec Maya Farmers: Facing up to the dilemma of livelihood sustainability", [J]. *Human Ecology*, 1993, 21 (1).

Inciardi J. A. , Surratt H. L. , "Colón H. M. , et al. , Drug use and HIV risks among migrant workers on the DelMarVa Peninsula", [J].

Substance Use & Misuse, 1999, 34 (4-5).

Ivan Wolffers, Irene Fernandez, "Sharuna Verghis, et al., Sexual behaviour and vulnerability of migrant workers for HIV infection", [J]. *Culture Health & Sexuality*, 2002, 4 (4).

Jaffee D., "Confronting the Coffee Crisis: Fair Trade, Sustainable Livelihoods and Ecosystems in Mexico and Central America-Edited by Christopher M. Bacon, V. Ernesto Méndez, Stephen R. Gliessman, David Goodman, and Jonathan A. Fox", [J]. *Rural Sociology*, 2010, 75 (4).

Jokisch B. D., "Migration and Agricultural Change: The Case of Smallholder Agriculture in Highland Ecuador", [J]. *Human Ecology*, 2002, 30 (4).

Kelemen E., Megyesi B, Kalamász I N., "Knowledge Dynamics and Sustainability in Rural Livelihood Strategies: Two Case Studies from Hungary", [J]. *Sociologia Ruralis*, 2010, 48 (3).

Kim le A. T, Pham L. T, Vu L. H, et al., "Health services for reproductive tract infections among female migrant workers in industrial zones in Ha Noi, Viet Nam: an in-depth assessment", [J]. *Reproductive Health*, 2012, 9 (1).

King R, Adler M A, Grieves M., "Cooperatives as Sustainable Livelihood Strategies in Rural Mexico", [J]. *Bulletin of Latin American Research*, 2013, 32 (2).

Kirsten Appendini., "Rural Social Movements in Latin America: Organizing for Sustainable Livelihoods", edited by Carmen Diana Deere and Frederick S. Royce. Gainsville: University Press of Florida, 2009.

Lan P. C., "Maid or Madam? Filipina Migrant Workers and the Continuity of Domestic Labor", [J]. *Gender & Society*, 2003, 17 (2).

Lee H., Chae D., Wilbur J. E., et al., "Effects of a 12 week self-managed stretching program among Korean—Chinese female migrant workers in Korea: A randomized trial", [J]. *Japan Journal of Nursing Science*, 2014, 11 (2).

Lee H., Wilbur J., Chae D., et al., "Barriers to performing stretching exercises among Korean—Chinese female migrant workers in Korea", [J]. *Public Health Nursing*, 2014, 32 (2).

Lenard Milich., "Resource Mismanagement Versus Sustainable Livelihoods: The Collapse of the Newfoundland Cod Fishery", [J]., *Society & Natural Resources*, 1999, 12 (7).

Mccabe J. T., "Sustainability and livelihood diversification among the Maasai of northern Tanzania", [J]. *Human Organization*, 2003, 62 (3).

Mhongera P. B., "Transition Programming for Sustainable Livelihoods Beyond Institutional Care in Zimbabwe: Service Providers' Perspectives", [J]. *Children & Society*, 2017, 32 (2).

Newton J., "Women reclaiming sustainable livelihoods: spaces lost, spaces gained", [J], *Gender & Development*, 2012, 21 (1).

Organista P. B, Organista K. C, Soloff P. R., "Exploring AIDS—related knowledge, attitudes, and behaviors of female Mexican migrant workers", [J]. *Health & Social Work*, 1998, 23 (2).

Parrenas R. S., "Migrant Filipina Domestic Workers and the International Division of Reproductive Labor", [J]. *Gender & Society*, 2000, 14 (4).

Patrick R., "Female Migrant Domestic Workers in Southern Europe and the Levant: Towards an Expanded Mediterranean Model?" [J]. *Mediterranean Politics*, 2011, 16 (3).

Priit-Kalev Parts, Madis Rennu, Liisi Jääts, et al. , "Developing sustainable heritage-based livelihoods: an initial study of artisans and their crafts in ViljandiCounty, Estonia", [J]. *International Journal of Heritage Studies*, 2011, 17 (5).

Puri M. , Cleland J. , "Assessing the factors associated with sexual harassment among young female migrant workers in Nepal", [J]. , *Journal of Interpersonal Violence*, 2007, 22 (11).

Santha S D, Jaswal S, Sasidevan D, et al. , "City adaptation strategies: recognising livelihood struggles of migrant workers in India", [J]. 2015.

Thieme S. , Wyss S. , "Migration Patterns and Remittance Transfer in Nepal: A Case Study of Sainik Basti in Western Nepal", [J]. , *International Migration*, 2010, 43 (5).

To S. M, Tam H. L. , "Generational Differences in Work Values, Perceived Job Rewards, and Job Satisfaction of Chinese Female Migrant Workers: Implications for Social Policy and Social Services", [J]. *Social Indicators Research*, 2014, 118 (3).

Udong E. E. , "The quest for sustainable livelihoods: women fish traders in Ibaka, Niger Delta, Nigeria", [J], *Wur Wageningen Ur*, 2011.

Vega C. D. L. , "Migrant Workers in International Human Rights Law: Their Protection in Countries of Employment", [J]. *Human Rights Quarterly*, 1999, 21 (1).

Vercillo S. , "Ethical trade, gender and sustainable livelihoods: women smallholders and ethicality in Kenya, by Kiah Smith", [J]. , Revue canadienne d'études du développement = Canadian journal of development studies, 2016.

Weine S. , Golobof A. , "Bahromov M. , et al. , Female migrant sex workers in Moscow: gender and power factors and HIV risk", [J]., *Women & Health*, 2013, 53 (1).

Williams J H., "Human Security to Promote Capacity—building and Sustainable Livelihoods Interventions", [J]. *Social Work Research*, 2015, 39 (1).

Wong D. F., Song H. X., "The resilience of migrant workers in Shanghai China: the roles of migration stress and meaning of migration", [J]. *International Journal of Social Psychiatry*, 2008, 54 (2).

Wong D. F. K., Li C. Y., Song H. X., "Rural migrant workers in urban China: living a marginalised life", [J]. *International Journal of Social Welfare*, 2010, 16 (1).

Wong F. K., "A Comparison of Female Migrant Workers' Mental Health in Four Cities in China", [J]. *International Journal of Social Psychiatry*, 2011, 4 (2).

Zhang H., "The Hukou system's constraints on migrant workers' job mobility in Chinese cities", [J]. *China Economic Review*, 2010, 21 (1).

Zhu C., Geng Q., Chen L., et al., "Impact of an Educational Programme on Reproductive Health Among Young Migrant Female Workers in Shenzhen, China: an Intervention Study", [J]. *International Journal of Behavioral Medicine*, 2014, 21 (4).

中文文献

白萌、杜海峰、惠亚婷:《新生代农民工政治表达意愿性别差异的研究》,《西安交通大学学报》(社会科学版) 2012 年第 32 (03) 期。

白萌、杜巍:《农民工社会网络复杂性特征的性别差异研究》,《求索》2013 年第 9 期。

鲍常勇、孙金华：《河南农村"留守妇女"的思想问题及对策研究》，《河南社会科学》2011 年第 19（04）期。

曹立斌：《计生与非计生家庭生计资本状况比较研究——来自湖北省的数据》，《人口与经济》2015 年第 2 期。

陈飞强：《农村留守妇女的婚姻稳定感及其影响因素——以湖南省为例》，《南方人口》2014 年第 29（06）期。

陈飞强：《农村留守家庭的夫妻感情变化及其影响因素——基于 964 份农村留守妇女调查数据》，《湖南农业大学学报》（社会科学版）2015 年第 16（03）期。

陈会广、张耀宇：《农村妇女职业分化对家庭土地流转意愿的影响研究——基于妇女留守务农与外出务工的比较》，《南京农业大学学报》（社会科学版）2014 年第 14（04）期。

陈晶环、叶敬忠：《发展性关怀抑或反思性关怀？——对中国农村留守人口社会关怀研究的梳理与反思》，《西北人口》2016 年第 37（05）期。

陈云桥：《社会转型期农村家庭功能失衡问题研究》，《经济问题探索》2009 年第 9 期。

陈志光、杨菊华：《农村在婚男性流动对留守妇女家庭决策权的影响》，《东岳论丛》2012 年第 33（04）期。

程先勇：《可持续生计与农民工城市化决策——以建筑业农民工为例》，《江汉论坛》2017 年第 5 期。

杜本峰、李巍巍：《农村计划生育家庭生计资本与脆弱性分析》，《人口与发展》2015 年第 21（04）期。

杜海峰：《农民工生存与发展状况调查报告》，社会科学文献出版社 2015 年版。

杜鹏：《聚焦"386199"现象关注农村留守家庭》，《人口研究》

2004 年第 4 期。

段成荣、秦敏、赖妙华：《我国留守妻子状况研究》，《人口学刊》2017 年第 39（01）期。

段成荣、秦敏、吕利丹：《我国农村留守妻子的分布与生存发展现状——基于 2015 年 1% 人口抽样调查数据的分析》，《南方人口》2017 年第 32（02）期。

段塔丽：《性别视角下农村留守妇女的家庭抉择及其对女性生存与发展的影响——基于陕南 S 村的调查》，《人文杂志》2010 年第 1 期。

高功敬：《中国城市贫困家庭生计资本与生计策略》，《社会科学》2016 年第 10 期。

郭圣乾、张纪伟：《农户生计资本脆弱性分析》，《经济经纬》2013 年第 3 期。

郭占锋、张红：《农村劳动力结构变迁对村落文化传承的影响》，《西北农林科技大学学报》（社会科学版）2013 年第 13（03）期。

何明洁：《劳动与姐妹分化：中国女性农民工个案研究》，四川大学出版社 2009 年版。

何晓红：《一个女性农民工的 30 年进城打工生活史——基于生命历程理论研究的视角》，《中国青年研究》2011 年第 5 期。

胡江霞、文传浩：《社会网络、风险识别能力与农村移民可持续生计——基于代际差异视角》，《技术经济》2017 年第 36（04）期。

黄粹：《农村留守妇女生存困境：身份认同与组织化发展》，《华南农业大学学报》（社会科学版）2018 年第 17（05）期。

黄建伟：《失地农民可持续生计问题研究》，经济科学出版社 2013 年版。

黄建伟:《失地农民可持续生计问题研究综述》,《中国土地科学》2011年第25（06）期。

黄颖:《中国农村"分离家庭"中的互动仪式研究——以留守妻子家庭为例》,《南京农业大学学报》（社会科学版）2012年第12（03）期。

黄约、江燕娟:《基于性别平等的少数民族农村留守妇女教育救助——以广西上林县农村留守妇女教育救助调查为例》,《浙江学刊》2009年第1期。

霍红梅:《社会性别视角下留守妇女农业生产调查：问题与对策》,《农村经济》2009年第1期。

冀慧珍:《可持续生计理念下的社会救助政策改革》,《中国行政管理》2012年第1期。

江立华、汤继容:《农村妇女婚后留守的行动逻辑分析》,《学习与实践》2012年第3期。

蒋永萍:《农村留守妇女生存状况的真实写照——评《阡陌独舞——中国农村留守妇女》》,《中国农业大学学报》（社会科学版）2009年第26（02）期。

杰华、刘霓:《关注"留守"妇女的能动性以及对发展的贡献》,《妇女研究论丛》2014年第6期。

解永照、任建华:《"三留守"乡村的社会秩序及其再造》,《山东大学学报》（哲学社会科学版）2017年第2期。

金维刚、石秀印:《中国农民工政策研究》,社会科学文献出版社2016年版。

金一虹:《离散中的弥合——农村流动家庭研究》,《江苏社会科学》2009年第2期。

靳小怡、段朱清:《多源数据视野下的农民工跨户籍婚姻——基于城镇化类型与性别视角的分析》,《妇女研究论丛》2017年第

4 期。

靳小怡、李成华、杜海峰等：《可持续生计分析框架应用的新领域：农民工生计研究》，《当代经济科学》2011 年第 33（03）期。

靳小怡、任锋、任义科等：《社会网络与农民工初婚：性别视角的研究》，《人口学刊》第 2009 年第 4 期。

靳小怡、张露、杨婷：《社会性别视角下农民工的"跨户籍婚姻"研究——基于深圳 P 区的调查发现》，《妇女研究论丛》2016 年第 1 期。

李朝阳：《体面劳动与女农民工劳动权益保护》，《理论探索》2011 年第 1 期。

李成华、靳小怡：《夫妻相对资源和情感关系对农民工婚姻暴力的影响——基于性别视角的分析》，《社会》2012 年第 32（01）期。

李聪、李树茁、费尔德曼：《微观视角下劳动力外出务工与农户生计可持续发展》，社会科学文献出版社 2014 年版。

李国正、王一旻：《人口红利消失背景下农民工收入与就业率的性别差异研究》，《宁夏社会科学》2017 年第 1 期。

李娟：《小城镇女性农民工性服务研究——以 L 市 Y 区为例》，《妇女研究论丛》2011 年第 1 期。

李玫：《民族地区女性农民工返乡创业问题研究》，中国社会科学出版社 2014 年版。

李楠：《农村留守妇女家庭联合决策模型及政策含义》，《人口与经济》2009 年第 1 期。

李强：《"双重迁移"女性的就业决策和工资收入的影响因素分析——基于北京市农民工的调查》，《中国人口科学》2012 年第 5 期。

李强：《大国空村：农村留守儿童、妇女与老人》，中国经济出版社

2015年版。

李强、刘精明、郑路:《城镇化与国内移民》,社会科学文献出版社2015年版。

李强、叶昱利:《丈夫外出对于留守妇女身体健康的影响》,《南方人口》2017年第32(05)期。

李荣彬:《女性农民工的阶层差异与社会融合——基于2014年流动人口动态监测数据的实证研究》,《青年研究》2016年第5期。

李树茁、梁义成,MARCUS W. FELDMAN,GRETCHEN C. DAILY:《退耕还林政策对农户生计的影响研究——基于家庭结构视角的可持续生计分析》,《公共管理学报》2010年第7(02)期。

李卫东、李树茁、M. W. 费尔德曼:《性别失衡背景下农民工心理失范的性别差异研究》,《社会》2013年第33(03)期。

李卫东、李树茁、权小娟:《性别失衡背景下未婚农民工心理失范性别差异研究》,《妇女研究论丛》2014年第6期。

李晓广:《乡村自治中留守妇女参政状况的实证研究——基于苏北S市的调查》,《中南大学学报》(社会科学版)2015年第21(03)期。

李艳春:《女性农民工城市居留意愿的影响因素——以北京为例》,《湖南科技大学学报》(社会科学版)2016年第19(02)期。

励汀郁、谭淑豪:《制度变迁背景下牧户的生计脆弱性——基于"脆弱性—恢复力"分析框架》,《中国农村观察》2018年第3期。

梁栋、吴惠芳:《农业女性化的动力机制及其对农村性别关系的影响研究——基于江苏、四川及山西三省的村庄实地调研》,《妇女研究论丛》2017年第6期。

梁洪松、霍学喜:《中国农村留守妇女幸福感及其影响因素》,《西北农林科技大学学报》(社会科学版)2014年第14(04)期。

梁义成:《中国农村可持续生计和发展研究》,社会科学文献出版社2014年版。

梁义成、李树茁:《中国农村可持续生计和发展研究:基于微观经济学的视角》,社会科学文献出版社2014年版。

廖全明:《转型期农村留守妇女发展问题的困境与突破》,《重庆大学学报》(社会科学版)2015年第21(05)期。

刘超祥:《民族地区农村留守妻子生活状况调查研究——以贵州省黔东南苗族侗族自治州从江县西山镇A村为例》,《云南民族大学学报》(哲学社会科学版)2014年第31(05)期。

刘建娥:《农民工融入城市的困境、政策及实务研究:赋权式融入视角(田野中国)》,社会科学文献出版社2015年版。

刘璐琳、余红剑:《可持续生计视角下的城市少数民族流动贫困人口社会救助研究》,《中央民族大学学报》(哲学社会科学版)2013年第40(03)期。

刘铁鹰:《城镇化过程中青年女性农民工的发展与保障》,电子科技大学出版社2011年版。

刘巍:《西北农村留守妇女社会支持网络对其心理健康的影响:来自甘肃省的调查发现》,《妇女研究论丛》2012年第5期。

刘伟江、丁一:《延边朝鲜族地区女性劳动力流动与留守研究》,《西北人口》2015年第36(02)期。

刘晓兵:《农村留守群体的基本权利保护》,《首都师范大学学报》(社会科学版)2016年第4期。

刘筱红、成程:《从经济自由到实质自由:关爱农村"三留守"群体的政策问题研究》,《内蒙古社会科学》(汉文版)2017年第38(05)期。

刘筱红、施远涛:《"四化同步"发展下留守妇女家庭离散问题治理研究——基于中西部六省农村的实地调查》,《人口与发展》

2014 年第 20（01）期。

卢海阳、钱文荣、马志雄：《家庭式迁移女性农民工劳动供给行为研究》，《统计与信息论坛》2013 年第 28（09）期。

吕笔活：《中国式留守》，人民日报出版社 2015 年版。

吕芳：《农村留守妇女的村庄政治参与及其影响因素——以 16 省 660 村的留守妇女为例》，《北京行政学院学报》2013 年第 6 期。

吕芳：《农村留守妇女的社会支持网构成研究——基于 16 省 66 县 2414 名留守妇女的调查》，《妇女研究论丛》2012 年第 5 期。

吕青：《留守家庭：结构分化、适应与重构》，《西北人口》2014 年第 35（02）期。

栾驭、任义科、赵亚男：《农民工生计资本与社会融合》，《山东社会科学》2012 年第 11 期。

罗丞：《婚姻关系、生计策略对农村留守妇女主观幸福感的影响研究》，《南方人口》2017 年第 32（01）期。

罗丞：《生计资本对农村留守妇女外出务工意愿的影响——以安徽巢湖为例》，《西北人口》2015 年第 36（03）期。

罗永仕：《社会结构范式下库区移民生计资本的耗损及其应对》，《学术论坛》2016 年第 39（04）期。

聂飞：《农业人口非农化转移背景下农民家庭生计资本研究》，《湖北社会科学》2017 年第 5 期。

潘国臣、李雪：《基于可持续生计框架（SLA）的脱贫风险分析与保险扶贫》，《保险研究》2016 年第 10 期。

彭峰、周银珍、李燕萍：《水库移民生计风险的影响因素研究》，《统计与决策》2016 年第 6 期。

彭玮：《精准扶贫视阈下插花地区贫困户生计状况与生计行为研究》，《江汉论坛》2017 年第 7 期。

钱文荣：《人口迁移影响下的中国农民家庭》，中国社会科学出版社

2016 年版。

任守云：《理性化的选择：客厅工厂中的农村妇女为何留守乡野？——以河北省李村为例》，《中国青年研究》2017 年第 7 期。

任守云：《乡村工业化背景下的客厅工厂与农村妇女——基于对河北省李村的研究》，《妇女研究论丛》2013 年第 3 期。

任义科、王林、杜海峰：《人力资本、社会资本对农民工就业质量的影响——基于性别视角的分析》，《经济经纬》2015 年第 32（02）期。

任义科、杨力荣：《婚姻合约的脆弱性：留守妇女精神出轨和行为出轨》，《南方人口》2014 年第 29（03）期。

申康达、杨光宇、辛允星：《论农村留守与非留守妇女之间"围城心理"》，《河北学刊》2013 年第 33（03）期。

宋璐、李树茁：《子女迁移对农村老年家庭生计资本的影响——基于家庭结构的可持续生计分析》，《人口研究》2017 年第 41（03）期。

苏冰涛、李松柏：《可持续生计分析框架下秦巴山区"生态贫民"生计范式转变研究》，《农村经济》2014 年第 1 期。

苏芳：《可持续生计：理论、方法与应用》，中国社会科学出版社 2015 年版。

苏芳：《农户生计风险对其生计资本的影响分析——以石羊河流域为例》，《农业技术经济》2017 年第 12 期。

苏映宇：《女性农民工劳动权益受损状况研究》，《人文杂志》2016 年第 6 期。

孙战文：《农民工家庭迁移决策与迁移行为研究》，山东人民出版社 2015 年版。

汤青、李扬、陈明星等：《半城镇化农民可持续生计与农村可持续发展——理论框架、研究进展及未来展望》，《地理科学进展》

2018年第37（08）期。

唐丽霞、李小云、左停：《社会排斥、脆弱性和可持续生计：贫困的三种分析框架及比较》，《贵州社会科学》2010年第12期。

汪超：《"一型四化"视角下妇联基层组织建设的治理现代化——以湖北省为表述对象》，《湖北社会科学》2015年第5期。

汪超、刘涛：《家庭离散、仪式制度及身体侵犯——来自中国农村留守儿童的实践调查》，《新疆社会科学》2018年第1期。

汪超、刘涛：《农民工政策公共性隐缺的一种话语解构路径》，《内蒙古社会科学》（汉文版）2017年第38（06）期。

汪超、刘涛：《社会性别盲视：法治建设中女性政治贫穷化及其解释》，《甘肃社会科学》2017年第6期。

汪超、刘涛：《生计脆弱性：何以为及何以能——来自中国农村进城务工女性的实践调查》，《苏州大学学报》（哲学社会科学版）2017年第38（05）期。

汪超、刘筱红：《进城务工女性生计脆弱性治理与政治参与》，《甘肃社会科学》2015年第2期。

汪超、刘筱红：《主流化的政策导向与进城务工女性市民化研究》，《内蒙古社会科学》（汉文版）2015年第36（01）期。

汪超、姚德超：《流动社会中的农村养老的真问题与政策变革——兼论现代化进程中的离散化家庭》，《求实》2016年第9期。

汪超、姚德超：《新型城镇化下农村进城务工女性生计脆弱性治理》，《新疆社会科学》2015年第1期。

王华：《"身体政治"与女性农民工》，《云南民族大学学报》（哲学社会科学版）2012年第29（01）期。

王健俊、玉琦彤、常宇星：《女性农民工压力来源及其区域异质性研究——基于我国东部10省市的微观调查》，《调研世界》2018年第7期。

王俊文:《新农村建设视野下的"留守妇女"问题研究——以江西省井冈山市 A 镇为例》,《社会科学辑刊》2011 年第 1 期。

王洒洒、杨雪燕、罗丞:《价格上涨压力下农村留守妇女的生计策略:生计多样化》,《中国农村观察》2014 年第 5 期。

王三秀:《国外可持续生计观念的演进、理论逻辑及其启示》,《毛泽东邓小平理论研究》2010 年第 9 期。

王维国、李敬德:《农村"三留守"人员服务管理体制机制的完善与创新》,《新视野》2012 年第 6 期。

王竹林:《资本要素与农民工市民化能力再造机理研究》,经济科学出版社 2016 年版。

吴惠芳:《留守妇女现象与农村社会性别关系的变迁》,《中国农业大学学报》(社会科学版) 2011 年第 28(03)期。

吴惠芳:《流动的丈夫留守的妻》,《中国农业大学学报》(社会科学版) 2009 年第 26(04)期。

吴惠芳:《中国农业大学"农村留守人口研究成果"引起广泛关注》,《中国农业大学学报》(社会科学版) 2008 年第 25(04)期。

吴惠芳、饶静:《农村留守妇女的社会网络重构行动分析》,《中国农村观察》2010 年第 4 期。

吴惠芳、饶静:《农村留守妇女研究综述》,《中国农业大学学报》(社会科学版) 2009 年第 26(02)期。

吴惠芳、饶静:《农业女性化对农业发展的影响》,《农业技术经济》2009 年第 2 期。

吴惠芳、叶敬忠:《丈夫外出务工对农村留守妇女的心理影响分析》,《浙江大学学报》(人文社会科学版) 2010 年第 40(03)期。

吴惠芳、叶敬忠、刘鹏:《农村留守妇女与宗教信仰》,《农村经济》2010 年第 1 期。

吴军民:《农村贫困家庭生计支持政策效应研究》,复旦大学出版社 2015 年版。

吴亦明:《留守妇女在乡村治理中的公共参与及其影响——来自苏、鄂、甘地区的一项研究报告》,《南京师大学报》(社会科学版) 2011 年第 2 期。

伍艳:《农户生计资本与生计策略的选择》,《华南农业大学学报》(社会科学版) 2015 年第 14(02) 期。

向华丽:《女性农民工的社会融入现状及其影响因素分析——基于湖北 3 市的调查》,《中国人口》,《资源与环境》2013 年第 23(01) 期。

肖云:《女性农民工就业现状及特点——对重庆市 375 名女性农民工的调查》,《中国人口科学》2005 年第 S1 期。

徐玮:《可持续生计分析框架下不同子女数量农户家庭生计策略的分析》,《西北人口》2016 年第 37(03) 期。

许传新:《构建"留守妇女"的社会支持网络》,《中国国情国力》2007 年第 3 期。

许传新:《农村留守妇女研究:回顾与前瞻》,《人口与发展》2009 年第 15(06) 期。

许传新:《西部农村留守妇女的身心健康及其影响因素——来自四川农村的报告》,《南方人口》2009 年第 24(02) 期。

许传新:《西部农村留守妇女婚姻稳定性及其影响因素分析》,《中国农业大学学报》(社会科学版) 2010 年第 27(01) 期。

许传新:《西部农村留守妇女家庭压力及其影响因素分析》,《人口与经济》2010 年第 1 期。

许传新、张登国:《"留守"对西部农村妇女社会性别观念的影响》,《西北人口》2010 年第 31(05) 期。

许汉石、乐章:《生计资本、生计风险与农户的生计策略》,《农业经济问题》2012 年第 33（10）期。

许琪：《外出务工对农村男女初婚年龄的影响》，《人口与经济》2015 年第 4 期。

杨静慧：《缺损与补偿：妻子留守型农村家庭功能研究》，《湖北社会科学》2009 年第 5 期。

杨立军：《婚姻特点与婚姻满意度：留守妇女与非留守妇女的比较研究》，《云南民族大学学报》（哲学社会科学版）2014 年第 31 （05）期。

杨照：《留守妇女生计重构视角下农业农村发展逻辑和趋向》，《中国农业大学学报》（社会科学版）2011 年第 28（03）期。

杨哲、王茂福：《政治资本形态对女性农民工城市定居意愿影响研究——基于 CGSS2010 数据》，《云南民族大学学报》（哲学社会科学版）2015 年第 32（01）期。

叶敬忠：《留守女性的发展贡献与新时代成果共享》，《妇女研究论丛》2018 年第 1 期。

叶敬忠：《留守人口与发展遭遇》，《中国农业大学学报》（社会科学版）2011 年第 28（01）期。

叶敬忠：《留守中国：中国农村留守人口研究》，社会科学文献出版社 2010 年版。

叶敬忠、王维：《改革开放四十年来的劳动力乡城流动与农村留守人口》，《农业经济问题》2018 年第 7 期。

叶敬忠、吴惠芳：《阡陌独舞：中国农村留守妇女》，社会科学文献出版社 2008 年版。

叶敬忠、吴惠芳：《丈夫外出务工对留守妇女婚姻关系的影响》，《中州学刊》2009 年第 3 期。

叶敬忠、吴惠芳、孟祥丹：《中国农村留守人口：反思发展主义的视角》，社会科学文献出版社 2015 年版。

叶敬忠、吴惠芳、潘璐等：《中国农村留守人口（全3卷）》，社会学科文献出版社2014年版。

于米：《人力资本、社会资本对女性农民工体面劳动的影响——心理资本的调节作用》，《人口学刊》2017年第39（03）期。

袁明宝：《留守经济实践与农户行为的关联度》，《重庆社会科学》2016年第6期。

张传红、李小云：《流动家庭性别关系满意度变化研究——以北京市农民工流动家庭为例》，《妇女研究论丛》2011年第4期。

张凤华、曾一帆：《社会性别理论视野中的女农民工劳动权益侵害及其应对——以武汉市为例》，《社会主义研究》2007年第5期。

张杰、胡同娟：《从陌生人到返乡者——女性新生代农民工择偶过程中的生活世界重构》，《中国青年研究》2013年第5期。

张峻豪、何家军：《能力再造：可持续生计的能力范式及其理论建构》，《湖北社会科学》2014年第9期。

张科静、黄朝阳、丁士军：《国外农民失地与可持续生计重建：一个研究综述》，《学术论坛》2013年第36（12）期。

张学英：《乡城移民建构可持续生计的新视野：基于职业教育社会学的思考》，光明日报出版社2015年版。

张译文、姚植夫：《性别差异视角下新生代农民工进城务工风险与收益——基于西北四省的调研数据》，《农村经济》2012年第10期。

张原：《中国农村留守妇女的劳动供给模式及其家庭福利效应》，《农业经济问题》2011年第32（05）期。

赵锋：《水库移民可持续生计发展研究：以南水北调中线工程库区为例》，经济科学出版社2015年版。

赵文娟、杨世龙、王潇：《基于Logistic回归模型的生计资本与生计策略研究——以云南新平县干热河谷傣族地区为例》，《资源科学》2016年第38（01）期。

郑思宁、王淑琴、郑逸芳:《子女数量与农村居民幸福感——基于性别和年龄差异视角》,《西北人口》2018年第39(05)期。

郑欣、张春琳:《性别、传播与认同:新生代女性农民工城市适应研究》,《中国地质大学学报》(社会科学版)2014年第14(05)期。

钟春华:《农村"留守妇女"维系婚姻关系的经济学分析》,《社会科学辑刊》2011年第5期。

朱潼歆:《对农村留守妇女问题的分析与思考》,《河北学刊》2011年第31(05)期。

左停、王智杰:《穷人生计策略变迁理论及其对转型期中国反贫困之启示》,《贵州社会科学》2011年第9期。

附 录

农村留守与流动人口调查问卷

亲爱的姐妹：

您好！为了帮助政府制定更有利于农村妇女的政策，我们真诚邀请您作为意见代表，接受我们的问卷调查。本调查不记名，数据由计算机统一处理。我们承诺：对您的个人信息将予以严格的保密，请您放心填写。

真诚期待您的合作与支持。谢谢！

开始时间：___月___日___时___分

访问地点：_____市_____区_____街道/乡_____社区/居委会/村

访问检查	我郑重声明，本问卷的访问完全按照要求进行，访问的结果客观、真实。	访问员签名：
一审		督导签名：
二审		督导签名：
复核		复核员签名：

续表

	编码	编码检查	录入	录入检验
签名				

填写说明：

1. 请将符合实际情况的选项的字母序号填入"（　）"或 _____ 上。如无特殊说明，每个问题只能选择一个答案。

2. 对于选择题给出选项无法涵盖回答的情况，请选择"其他"选项，在"（　）"上填写真实情况，并在其后的横线上填入具体的答案。访问员对"不清楚""不知道"选项不要提示，被访者明确表示后再选择。特殊情况不适用现有答案或无法填答的注明"不适用"。

3. 填空题在 _____ 处填上适当的内容，如果对填答内容"不清楚""不确定"，请标明"不清楚""不确定"字样。

4. 跳答×题指选择了选项后标有"跳答×"题字样的题目，跳过此题之后的若干题目，直接回答所指定的题目。部分题目适合具有某种特点的群体，请根据要求进行填答。

5. 为了保证问卷调查结果的信度和效度，请您一定要认真填写，若有漏填或者填写不规范的情况，问卷将作废卷处理。

第一部分　农村留守妇女

A 部分：家庭经济

A1. 您丈夫最近半年是否外出务工了？_____（如果选 2，请直接跳答 A13）

　　1□是　　2□否

A2. 您丈夫的打工地点：_____（具体地点是：_____

_____ ）

1□ 本县/市　2□ 省内其他县/市　3□ 外省　4□ 国外　5□ 不知道

A3. 您丈夫是跟谁一起外出务工的？ _____

1□ 亲戚　2□ 同乡　3□ 自己一个人　4□ 朋友　5□ 其他人　6□ 不知道

A4. 您丈夫在外务工年收入是多少？ _____

1□ 2万元以下　2□ 2万-3万元　3□ 4万-5万元　4□ 6万-7万元　6□ 8万元以上

A5. 您丈夫在外务工一年带多少钱回家？ _____

1□ 没有给过　2□ 1万元以下　3□ 1万—2万元　4□ 3万—4万元　5□ 5万—6万元　6□ 7万元以上

A6. 您的年收入占家庭总年收入的比例是多少？ _____

1□ 没有　2□ 二成以下　3□ 二至四成　4□ 四至六成　5□ 六至八成　6□ 八成以上

A7. 您的家庭收入主要用于？（可多选，请按支出多少排序）

_____

1□ 生活开支　2□ 农业生产资料等投入　3□ 人情往来　4□ 看病就医　5□ 子女教育费用　6□ 其他（请说明_____）

A8. 您丈夫从事的职业是什么？ _____

1□ 加工制造业　2□ 建筑业　3□ 交通运输业　4□ 餐饮、环卫、家政服务等　5□ 商贸流通业　6□ 采掘业　7□ 其他（请说明_____）　8□ 不知道

A9. 丈夫外出期间，您家实际耕种的土地面积：_____

1□ 增加　2□ 没有变化　3□ 减少

A10. 丈夫外出期间，您在农业生产中遇到的最主要的问题是：_____

1□ 生产资料购买困难　2□ 劳动力不足
3□ 自己农业技术不高　4□ 销售困难　5□ 其他（请说明_____）
6□ 没有困难　7□ 不从事农业生产

A11. 您丈夫外出务工挣钱主要是为了什么？（可多选，请按支出由多到少排序）_____

1□ 改善生活　2□ 孩子上学　3□ 还债　4□ 看病
5□ 翻建房屋　6□ 添置家具、电器　7□ 储蓄
8□ 其他（请说明_____）

A12. 您家现在的生活水平比丈夫打工之前：_____

1□ 提高了　2□ 大幅提高　3□ 和以前差不多　4□ 下降了

A13. 您不能和丈夫一起外出务工，是因为：_____

1□ 有孩子要照顾　2□ 有老人要照顾　3□ 有地要照顾
4□ 自己在城里找不到工作　5□ 其他（请说明_____）

A14. 您不能和丈夫一起带孩子进城务工的原因是：_____

1□ 生活成本高　2□ 孩子入学困难　3□ 城里生活不习惯
4□ 其他（请说明_____）

A15. 您和丈夫都未外出务工，是因为：_____

1□ 在家经营，生活也能过　2□ 有特殊困难不能出去
3□ 不想出去　4□ 其他（请说明_____）

A16. 您和丈夫在家主要从事：_____

1□ 农业　2□ 农副兼业（例如农家乐、养猪、鸡等）
3□ 办家庭农场　4□ 经营商业（开门面、摆摊儿、小卖部等）
5□ 其他（请说明_____）

A17. 您家目前主要的收入来源是（多选）_____；其中最主要的是：_____

1□ 种植业收入　2□ 养殖业收入　3□ 外出务工收入
4□ 做小买卖收入　5□ 跑运输收入　6□ 其他（请说明_____）

A18. 您的家庭年收入：_____

1□ 2万元及以下　2□ 2万—4万元　3□ 5万—7万元　4□ 8万—10万元　5□ 10万元及以上

A19. 您认为在城市里生活最大的障碍有哪些？（可多选，限选三项，按程度大小排序）_____

1□ 租房贵　2□ 看病贵　3□ 孩子上学难　4□ 日常生活费用太高　5□ 没法照顾家里　6□ 其他（请说明_____）

C部分：身体健康与人身安全

C1. 您目前的身体健康状况：_____

1□ 良好　2□ 一般　3□ 不好　4□ 非常不好

C2. 您平时生病了会怎么办？_____

1□ 忍着，既不吃药也不看医生　2□ 不去看医生，自己买药　3□ 找医生看病　4□ 其他（请说明_____）

C3. 您不去就医的原因是：（多选，请按主次顺序填写）_____

1□ 医药费太贵了　2□ 觉得自己没什么大病　3□ 不相信医生的水平　4□ 就医不方便　5□ 其他（请说明_____）

C4. 以下让您感觉无助或害怕的情景是？_____

1□ 雨夜雷鸣　2□ 黑暗孤寂　3□ 独自夜行　4□ 孩子生病　5□ 与人争执　6□ 自己感觉身体不适

C5. 您在家遭遇过以下哪些情况？（可多选）_____

1□ 被抢、被盗　2□ 被骂　3□ 被骚扰　4□ 被打　5□ 被骗　6□ 被公然威胁　7□ 其他（请说明_____）　8□ 没有任何不安全情况发生

C6. 如果遇到上述情况，您首先想到怎么处理？（可多选，请

按主次顺序填写）_____

1□ 靠自己　2□ 找家人　3□ 靠丈夫　4□ 找亲戚
5□ 找朋友　6□ 找邻居　7□ 找村干部　8□ 找村里有威望的人
9□ 报警　10□ 不声张

D 部分：子女教育

D1. 与丈夫外出务工前相比，您的孩子：_____（如果丈夫未外出务工，请跳过本题）

1□ 更听话　2□ 差不多　3□ 更不听话

D2. 如果您的孩子做错了事情，您一般会采取哪种方式教育孩子？（多选，请按优先顺序填写）_____

1□ 放任　2□ 讲道理　3□ 训斥　4□ 体罚
5□ 生气，不理孩子　6□ 其他（请说明_____）

D3. 从实际情况出发，您认为孩子读书有用吗？_____

1□ 有用　2□ 无用

D4. 您在养育孩子方面面临的最主要的问题是什么？_____

1□ 没有时间辅导　2□ 自己文化素质不高，辅导不了孩子
3□ 管不住孩子　4□ 其他（请说明_____）

D5. 一般来说，您通过哪种方式了解孩子的需求？_____

1□ 从不去了解　2□ 等孩子自己提出　3□ 主动询问孩子
4□ 从其他人口中了解　5□ 其他（请说明_____）

D6. 您参加家庭教育讲座（培训）的情况：_____

1□ 从不参加　2□ 很少参加　3□ 有时参加　4□ 经常参加

E 部分：生产劳动与主要职业

E1. 您目前从事的主要职业：_____

1□ 纯务农　2□ 就近打工兼务农　3□ 只做家务

4□ 其他（请说明_____）

　　E2. 您家的耕地是：_____

　　1□ 自己种　2□ 无偿暂时交给别人管理　3□ 有偿租给别人

4□ 撂荒　5□ 其他（请说明_____）

　　E3. 您每天用于家务劳动的时间为：_____

　　1□ 1小时　2□ 2小时　3□ 3小时　4□ 4小时以上

　　E4. 您每天用于子女教育的时间为：_____

　　1□ 1小时　2□ 2小时　3□ 3小时　4□ 4小时以上

　　E5. 您每天用于照顾老人的时间为：_____

　　1□ 1小时　2□ 2小时　3□ 3小时　4□ 4小时以上

　　E6. 家里的生产劳动和家务劳动您感觉您自己：_____

　　1□ 完全能胜任　2□ 基本能承担　3□ 感到力不从心

4□ 基本不承担

　　E7. 农忙时，谁会来帮忙？（多选，请按照帮忙次数由多到少排序）_____

　　1□ 丈夫　2□ 子女　3□ 公婆　4□ 亲戚　5□ 朋友

6□ 娘家人　7□ 邻居　8□ 雇人　9□ 没人帮忙

10□ 不需要帮忙　11□ 不种地

　　E8. 您在农业生产过程中遇到的最主要的问题是_____

　　1□ 生产资料购买困难　2□ 劳动力不足

3□ 自己农业技术不高　4□ 销售困难　5□ 其他（请说明_____）　6□ 没有困难　7□ 不从事农业生产

　　E9. 您的家庭生产及生活的重大事情：_____

　　1□ 丈夫当家　2□ 公婆当家　3□ 自己当家　4□ 商量决定

5□ 其他（请说明_____）

　　E10. 您是否赞同改变"男主外，女主内"的家庭分工？_____

1□ 非常赞同　2□ 赞同　3□ 不知道　4□ 不赞同　5□ 非常不赞同

E11. 您是否赞同"女性外出打工会遇到更多困难"这一说法：_____

1□ 非常赞同　2□ 赞同　3□ 不知道　4□ 不赞同　5□ 非常不赞同

F 部分：家庭关系与社会网络

F1. 你们家住在一起（不算长期外出打工的人）的有几个人？_____

1□ 1　2□ 2　3□ 3　4□ 4　5□ 其他（请说明_____）

F2. 当您与公婆有矛盾时，如何解决？（多选，限三项，按优先排序填写）_____；当您或您家与他人产生矛盾时，如何解决？（可多选，按优先排序填写）_____

1□ 靠自己　2□ 找家人　3□ 找丈夫　4□ 找亲戚　5□ 找朋友　6□ 找邻居　7□ 找村干部　8□ 找村里有威望的人　9□ 不需要帮忙　10□ 其他（请说明_____）　11□ 没矛盾

F3. 您遇到过以下哪些矛盾纠纷？（多选，请按发生次数由多到少排序填写）_____

1□ 家族纠纷　2□ 宅基地纠纷　3□ 闲言闲语造成的纠纷　4□ 邻里生活琐事纠纷　5□ 土地分配纠纷　6□ 家庭财产分配纠纷　7□ 照料老人纠纷　8□ 其他（请说明_____）

F4. 你经常去谁家串门？_____

1□ 婆家人　2□ 娘家人　3□ 邻居　4□ 亲戚　5□ 朋友　6□ 不串门

F5. 您生活中遇到困难的情况及您是如何解决的？

困难内容	是/否	最主要的困难（请从左边困难中选择一项）	找谁帮忙：1□ 婆家人 2□ 娘家人 3□ 邻居 4□ 亲戚 5□ 朋友 6□ 村干部 7□ 其他人
照顾老人			
照顾子女			
教育孩子			
看病就医			
农业生产			
家务劳动			

G部分：情感交流

G1. 丈夫外出务工期间，您与丈夫一般以什么方式联系？（多选，请按由多到少排序填写）（如果是非留守妇女，本题跳过）_____

1□ 打电话　2□ 手机短信　3□ 微信　4□ QQ消息　5□ 托人捎口信　6□ 其他（请说明_____）

G2. 丈夫回家探亲次数：_____（如果未外出务工，请跳过本题）

1□ 每月3次及以上　2□ 每月2次　3□ 每月1次　4□ 两个月到半年1次　5□ 半年到一年1次　6□ 一年不到1次　7□ 从未联系过

G3. 丈夫与家里联系次数？_____（如果丈夫未外出务工，请跳过本题）

1□ 每月3次及以上　2□ 每月2次　3□ 每月1次　4□ 两个月至半年1次　5□ 半年至一年1次　6□ 一年不到1次　7□ 从未联系过

G4. 您与丈夫谈论的主要内容涉及最多的是：（可多选，限三项）_____

1□ 孩子的情况 2□ 家庭生产 3□ 老人的情况
4□ 相互的关怀 5□ 自己的苦恼与心事 6□ 丈夫的苦恼与心事
7□ 丈夫工作上的事情 8□ 村里的事情 9□ 打工地方的事情
10□ 其他（请说明_____）

G5. 丈夫外出务工后，你与丈夫的关系：_____（如果丈夫未外出务工，请跳过本题）

1□ 更好了 2□ 和以前差不多 3□ 不如以前好

G6. 丈夫外出务工期间，您与丈夫是否出现过感情危机？_____（如果丈夫未外出务工，请跳过本题）

1□ 是 2□ 否

G7. 导致你们感情危机的有哪些因素？（多选，按影响程度填写）（如果丈夫外出务工，请跳过本题）_____

1□ 丈夫与自己的思想观念不一致 2□ 丈夫不管家
3□ 感情基础不好 4□ 第三者插足 5□ 家庭关系不和谐
6□ 子女的事情 7□ 闲言闲语 8□ 其他（请说明_____）
9□ 没什么影响我们的夫妻感情

G8. 您认为与丈夫分隔两地容易导致妻子出轨吗？_____

1□ 一定会 2□ 会 3□ 可能 4□ 不确定 5□ 根本不可能

H 部分：心理健康状况

H1. 您家遭遇过以下哪些情况：（多选）_____

1□ 被抢 2□ 被盗 3□ 被骗 4□ 被打 5□ 被骂
6□ 被投毒 7□ 被骚扰 8□ 其他（请说明_____）
9□ 没有不安全情况发生

H2. 您经常有以下哪些感觉？（可多选，请排序）_____

1□ 孤单 2□ 害怕 3□ 情绪低落 4□ 烦躁 5□ 焦虑

6□ 压抑   7□ 其他（请说明_____）   8□ 没有这些问题

　　H3. 您是否有下列感受（可多选，请排序）：_____

　　1□ 疲惫   2□ 提不起精神   3□ 心神不宁

4□ 容易激惹、与人争吵   5□ 睡眠不好

　　H4. 您去寺庙或教堂吗？_____（如果选4，请直接跳答I1题）

　　1□ 经常去   2□ 有时   3□ 很少   4□ 不去

　　H5. 您去寺庙教堂的原因？_____

　　1□ 缓解精神压力   2□ 相信因果报应   3□ 为家人祈祷

4□ 看破俗世，有出家念头   5□ 其他（请说明_____）

I 部分：娱乐与自身发展

　　I1. 丈夫外出务工期间，您平时怎样打发闲暇时间？（可多选）_____

　　1□ 打麻将或牌   2□ 串门聊天   3□ 看书   4□ 看电视

5□ 健身活动   6□ 闲坐   7□ 其他（请说明_____）

8□ 没有闲暇时间

　　I2. 您最喜欢什么形式的娱乐活动？_____

　　1□ 文艺演出   2□ 健身活动   3□ 看戏

4□ 其他（请说明_____）

　　I3. 您对自己的文化娱乐生活：_____

　　1□ 非常满意   2□ 比较满意   3□ 不满意   4□ 非常不满意

　　I4. 您村的休闲娱乐场所有：（多选）_____

　　1□ 文化广场   2□ 农家书屋   3□ 农家大院   4□ 网吧

5□ 棋牌室   6□ 其他（请说明_____）

　　I5. 您经常参加哪些协会或组织？（多选）_____；您希望村中有哪些组织（可多选，按优先顺序排序填写）：_____

1□ 经济合作社组织　2□ 广场舞队、唱歌唱戏班
3□ 专业技术协会组织　4□ 子女爱心同盟　5□ 爱心妈妈
6□ 留守妇女互助协会（女人家）　7□ 治安联防组织
8□ 母亲学校　9□ 组织基金或信贷组织
10□ 其他（请说明＿＿＿＿＿＿＿＿＿＿＿＿＿＿＿＿）
11□ 不想参加任何组织

　　I6. 您参加过以下哪些培训？（可多选）＿＿＿＿＿＿；您希望举行的是哪些：（可多选，请按优先意愿排序填写）＿＿＿＿＿＿
　　1□ 种植业技术培训　2□ 养殖业技术培训
3□ 法律知识培训　4□ 打工技术培训　5□ 卫生保健知识培训
6□ 其他（请说明＿＿＿＿＿＿＿）　7□ 不想参加　8□ 没有

　　I7. 您认为您适合通过以下哪些途径增加收入？（可多选）
＿＿＿＿＿＿＿＿＿＿
　　1□ 养殖业　2□ 水果种植　3□ 蔬菜种植
4□ 种植粮食作物　5□ 其他（请说明＿＿＿＿＿＿）

　　I8. 您是否参加过农业技能培训？＿＿＿＿＿＿（如果选1，请直接跳答I10题）
　　1□ 是　2□ 否

　　I9. 您不参加农业技术培训的主要原因是？（参加过培训的不做此题）＿＿＿＿＿＿
　　1□ 体力劳动强度大，精力有限
2□ 家务劳动繁忙，时间有限
3□ 周围女性很少参加，自己也不好意思参加
4□ 觉得不重要，没必要参加

　　I10. 您认为农业技能培训活动应侧重于哪些方面？（可多选）＿＿＿＿＿＿
　　1□ 作物品种知识　2□ 农业机械操作　3□ 作物种植方法

4□ 病虫害防治　5□ 其他（请说明＿＿＿＿＿＿＿＿＿＿）

I11. 您在增加收入的过程中需要哪些帮助？（可多选，请按需要程度从大到小填写）：＿＿＿＿＿＿

1□ 资金　2□ 技术方面　3□ 产品销路方面

4□ 信息获得方面　5□ 其他（请说明＿＿＿＿＿＿＿＿＿＿）

I12. 如果创业，您希望哪些支持？（可多选，按希望程度由大到小排序填写）：＿＿＿＿＿＿

1□ 知识技能的培训　2□ 提供减免税收　3□ 小额贷款

4□ 市场信息服务　5□ 建立镇、村扶贫基金

6□ 其他（请说明＿＿＿＿＿＿＿＿＿＿）

I13. 您是否有智能手机？＿＿＿；您是否会使网络吗？＿＿（如果选2，请直接跳答I15题）

1□ 是　2□ 否

I14. 您能通过网络获得：（多选，按从多到少排序填写）＿＿

1□ 购买廉价商品　2□ 获得经营流通信息　3□ 宣传自家产品

4□ 查找知识或信息　5□ 与在外家人联系

I15. 您最想获得哪些方面的法律知识培训？＿＿＿＿＿＿

1□ 妇女维权　2□ 土地纠纷　3□ 婚姻法　4□ 财产继承

5□ 其他（请说明＿＿＿＿＿＿）

I16. 您的生活压力来源主要是？（多选，按从大到小排序填写）＿＿＿＿＿＿

1□ 经济问题　2□ 家庭责任　3□ 农业生产　4□ 子女教育

5□ 家庭关系　6□ 邻里关系　7□ 其他（请说明＿＿＿＿＿＿）

J部分：妇女维权与妇代会建设

J1. 村委会选举干部时，您积极参加，并自己做主投票：＿＿＿＿＿＿＿＿

1□ 非常符合　2□ 比较符合　3□ 一般　4□ 不符合　5□ 非常不符合

J2. 您对村务管理有意见和建议时，会主动向村委会干部提出：_____

1□ 非常符合　2□ 比较符合　3□ 一般　4□ 不符合　5□ 非常不符合

J3. 村务管理中有关您利益的事情，您会主动参加并提出建议：_____

1□ 非常符合　2□ 比较符合　3□ 一般　4□ 不符合　5□ 非常不符合

J4. 以下哪些情况下您的土地权益遭受过侵害？（多选）_____

1□ 土地出租和转让　2□ 征收与征用　3□ 宅基地纠纷　4□ 土地承包经营权纠纷　5□ 没有分到土地　6□ 没受到过侵害　7□ 其他（请说明_____）

J5. 在土地权益受到侵害时，您会选择以下哪些途径解决：_____

1□ 找村委会或镇政府　2□ 诉诸法律　3□ 朋友协调　4□ 不了了之

J6. 您村有妇代会吗？_____妇女小组长？_____妇女代表？_____

1□ 有　2□ 无　3□ 不清楚

J7. 您村有"妇女之家"吗？_____有无妇女开展活动的阵地场所？_____

1□ 有　2□ 无　3 不清楚

J8. 您所知道的本村的妇代会工作主要有以下哪几项？（多选）_____

1□ 计划生育工作 2□ 妇女培训 3□ 妇女维权工作
4□ 致富引导 5□ 扶贫助学 7□ 劳务输出 8□ 文体活动
9□ 不清楚

J9. 您村妇女代表大会一年组织学习或妇女活动次数：_____

1□ 没有   2□ 一次   3□ 两次   4□ 三次以上

J10. 您村的妇代会开展过以下哪些活动？（多选）_____

1□ 双学双比   2□ 五好文明家庭创建
3□ 巾帼科技致富工程   4□ 拥军优属
5□ 其他（请说明_____）   6□ 从来没有

J11. 您希望妇女代表大会在哪些方面发挥更多作用？（多选，按希望程度由高到低填写）_____

1□ 开展妇女健康知识培训   2□ 成立"妇女之家"
3□ 开展各类文化、体育、娱乐活动
4□ 不定期召开妇女代表大会委员会议   5□ 向村委会反映有关妇女权益的问题
6□ 其他（请说明_____）

B 部分：背景资料

最后，我们有几个有关您和您家庭的问题，仅供参考分析用，希望您不要介意，我们会为您保密。

B1. 您的年龄：_____

1□ 20—30 岁   2□ 31—40 岁   3□ 41—50 岁   4□ 51—60 岁
5□ 61 岁以上

B2. 您的文化程度：_____

1□ 文盲   2□ 小学   3□ 初中   4□ 高中或中专
5□ 大专及以上

B3. 您已婚多少年？_____

1□ 0—1 年　2□ 1—5 年　3□ 5—10 年　4□ 10—20 年　5□ 20 年以上

B4. 您与丈夫两地分居的时间：_____

1□ 6 个月以上　2□ 6 个月到 1 年　3□ 1 年以上

B5. 您生育子女数：_____

1□ 没有　2□ 1 个　3□ 2 个　4□ 3 个及以上

B6. 您的居住地：_____省_____市（县）_____乡（镇）_____村_____组

第二部分　农村流动妇女

K 部分：基本生活与就业状况

K1. 您目前在本地的住房情况是：_____

1□ 自己购买的住房　2□ 私人出租房　3□ 政府提供廉租房　4□ 单位提供的宿舍　5□ 建筑工棚　6□ 亲戚家　7□ 无固定住所　8□ 其他_____

K2. 您目前已经享受了哪些住房政策？（可多选）_____

1□ 可以购买本地的经济适用房或限价房

2□ 可购买家乡所在市县的经济适用房或限价房

3□ 可以申请本地的廉租房　4□ 可以申请家乡所在地的廉租房

5□ 单位缴纳了住房公积金　6□ 单位提供了住房补贴

7□ 没有享受过　8□ 其他_____

K3. 您期望改善住房的方式是：_____

1□ 单位提供更舒适的宿舍　2□ 单位缴纳住房公积金

3□ 单位提供住房补贴　4□ 政府放开购买政策性住房的限制

5□ 政府改善务工人员集聚区的生活环境

6□ 政府建设专门的居住区　7□ 其他＿＿＿＿＿＿＿＿＿＿

K4. 目前，您从事的职业是：＿＿＿＿＿＿＿＿＿＿（请根据您的实际情况填写；多种职业者填收入主要来源职业）

K5. 您是否与单位签订了书面劳动合同？（无单位者选择3）＿＿＿＿＿＿

1□ 否　2□ 是　3□ 其他＿＿＿＿＿＿＿＿

K6. 近3年中您更换了几个工作单位？＿＿＿＿＿＿＿＿

1□ 没有更换过　2□ 1个　3□ 2个　4□ 3个　5□ 4个及以上

K7. 您接受就业或技能培训的情况是：（可多选）＿＿＿＿

1□ 没有参加任何培训　2□ 接受过政府组织的就业培训　3□ 参加过政府组织的技能培训　4□ 参加过企业组织的技能培训　5□ 自费参加过技能培训　6□ 其他＿＿＿＿＿＿＿＿

K8. 您有没有职业资格或技术等级证书？＿＿＿＿＿＿＿＿

1□ 没有　2□ 初级资格证　3□ 中级资格证　4□ 高级资格证　5□ 其他＿＿＿＿＿＿＿＿

K9. 您现在的月收入约＿＿＿元，您每天工作＿＿＿＿小时，每月休息＿＿＿天，其中带薪休息＿＿＿＿天。

K10. 您的收入主要用于日常消费的哪些方面？（可多选，并按重要性从大到小排序）＿＿＿＿＿＿＿＿

1□ 吃饭　2□ 买衣服　3□ 住房　4□ 通信（手机缴费）　5□ 交通　6□ 医疗　7□ 其他＿＿＿＿＿＿＿＿＿＿

K11. 除日常消费外，您的收入主要用在：（可多选，并按重要性从大小到排序）＿＿＿＿＿＿＿＿

1□ 储蓄　2□ 子女教育　3□ 休闲娱乐　4□ 人情交际　5□ 投资理财　6□ 自我学习与教育投资　7□ 没有结余　8□ 其他＿＿＿＿＿＿＿＿

K12. 请在符合您实际情况的表述下画"√"。

	非常满意	比较满意	一般	不满意	非常不满意
K01 您对在城镇的基本生活与工作状况满意吗？					
K02 您对目前的居住状况满意吗？					
K03 您对目前的工作状况满意吗？					
K04 您对目前的收入水平满意吗？					

M 部分：情感、婚姻与家庭状况

M1. 您的婚姻状况：_____

1□ 未婚　2□ 已婚（跳答 M6）　3□ 离异（跳答 M12）　4□ 丧偶（跳答 M12）

【请您注意】M2 至 M5 仅供未婚人员回答。

M2. 在城里您的异性朋友主要是：_____

1□ 同学　2□ 同乡　3□ 同事　4□ 街坊　5□ 邻居　6□ 网友　7□ 其他_____

M3. 您认识异性朋友的途径是：（可多选，并按重要性从大小到排序）_____

1□ 网络（交友网站、微博、QQ 等）　2□ 亲朋好友介绍　3□ 参加社交活动　4□ 学习培训中结识　5□ 因为工作结识　6□ 其他_____

M4. 您对结婚对象的条件要求是：（可多选，最多选三项，并按重要性从大到小依次排序）_____

1□ 老乡　2□ 有稳定的工作　3□ 有房有车　4□ 家庭背景好
5□ 社会地位比较高　6□ 有发展前途　7□ 两情相悦
8□ 有共同的语言　9□ 人品才华　10□ 相貌身高　11□ 城市居民
12□ 其他_____

M5. 您在城里成家最大的困难是：_____

1□ 没有城镇户口　2□ 没有住房　3□ 工作不稳定
4□ 不适应城镇生活方式　5□ 消费水平太高
6□ 接触异性少，不好找对象　7□ 其他_____

【请您注意】M6 至 M11 仅供已婚人员回答。

M6. 您的居住情况是：_____

1□ 全家住在一起　2□ 自己一人住，配偶及子女在老家
3□ 与配偶一起，子女在老家　4□ 与子女住在一起，配偶留在老家
5□ 与朋友或亲戚合租　6□ 其他_____

M7. 您认为夫妻一方留守农村的原因是：（可多选，最多选三项）_____

1□ 需要照顾老人　2□ 需要照顾小孩　3□ 要种地
4□ 不适应城里生活，不愿意进城　5□ 生活成本高
6□ 其他_____

M8. 您每年与配偶相聚的次数：_____

1□ 住在一起，没有分开　2□ 在同一城镇务工，见面次数多
3□ 分隔两地，相聚次数少　4□ 分隔两地，相聚次数较多

5□ 其他_____

M9. 您觉得到城镇务工，对您和您配偶之间感情的影响是：_____

1□ 更加和谐　2□ 没有影响　3□ 感情冷淡　4□ 感情破裂
5□ 其他_____

M10. 您认为导致外来务工人员家庭破裂的主要原因是：_____

1□ 长期分居导致感情疏远　2□ 婚外情
3□ 夫妻双方出现经济地位、社会地位上的差距
4□ 夫妻双方出现文化观念、生活方式上的差距
5□ 没有感情基础　6□ 其他_____

M11. 您觉得全家移居进城的最大困难是：_____

1□ 房价太高　2□ 工作不稳定　3□ 没有城镇户口
4□ 子女上学困难　5□ 缺乏社会保障　6□ 生活不习惯
7□ 生活成本高　8□ 不便照料老人　9□ 承包地的处置

【请您注意】M12 至 M14 仅供离异与丧偶人员回答。

M12. 您有没有再婚的打算？_____

1□ 有　2□ 没有　3□ 没想过（跳答 M15）

M13. 如果有的话，你最看重再婚对象的是：_____（仅 M12 选 1 者回答）

1□ 经济条件　2□ 社会地位　3□ 年龄相当　4□ 情投意合
5□ 体贴、孝顺　6□ 有家庭责任感　7□ 其他_____（仅

M12 选 2 者回答）

M14. 您没有再婚打算的主要原因是：_____

1□ 经济困难　2□ 找不到合适的　3□ 考虑到家人的因素　4□ 再也不相信感情　5□ 其他_____

【请您注意】M15 至 M20 仅供有小孩的人员回答。

M15. 您有几个小孩？_____

1□ 没有（跳答 M21）　2□ 1 个　3□ 2 个　4□ 3 个及以上

M16. 您有几个孩子是带在身边，在城镇上幼儿园、小学或初中？_____

1□ 没有（跳答 M21）　2□ 1 个　3□ 2 个　4□ 3 个及以上

M17. 您带在身边的孩子在哪里上学？（如果同时有几个孩子上不同类型的学校，可多选，并在横线上注明具体情况_____

1□ 公办幼儿园　2□ 所在社区公办小学　3□ 所在城市公办中学　4□ 打工子弟学校　5□ 私立学校　6□ 其他

M18. 您的小孩在城镇上学：每学期交的学费是_____元，借读费是_____元。每月在学校的生活费是_____元。

M19. 您认为您的小孩跟随自己在城镇接受教育有困难吗？_____

1□ 有　2□ 没有（跳答 M21）

M20. 如果有困难，主要困难是：_____

1□ 受户口限制，入校困难　2□ 借读费高　3□ 与城里孩子相处困难　4□ 其他_____

【请您注意】M21 至 M29 供所有人员回答。

M21. 您是否认同婚前性行为？＿＿＿＿＿＿＿＿

1□ 非常赞成　2□ 比较赞成　3□ 不赞成也不反对　4□ 比较反对　5□ 非常反对

M22. 您身边未婚先孕的现象多吗？＿＿＿＿＿＿＿＿

1□ 非常多　2□ 比较多　3□ 一般　4□ 比较少　5□ 没有

M23. 您或您身边的同伴是否遭遇过性骚扰？＿＿＿＿＿＿＿＿

1□ 没有　2□ 偶尔　3□ 经常　4□ 不清楚（跳答 M25）

M24. 您所了解的进行性骚扰的人是：（可多选）＿＿＿＿＿＿

1□ 陌生人　2□ 同乡　3□ 同事　4□ 街坊邻居　5□ 上司　6□ 老板　7□ 其他＿＿＿＿＿＿

M25. 您身边有没有"临时夫妻"现象？＿＿＿＿＿＿＿＿

1□ 有，而且非常多　2□ 有，但是不多　3□ 没有　4□ 不清楚

M26. 您怎么看待"临时夫妻"现象？＿＿＿＿＿＿＿＿

1□ 完全不能接受　2□ 不能接受　3□ 一般　4□ 基本可以接受　5□ 很正常

M27. 根据您在城镇务工的经历，请在符合您实际情况的表述下画"√"。

	非常同意	比较同意	一般	不同意	极不同意
M01 "男性比女性更容易找到工作"					

续表

	非常同意	比较同意	一般	不同意	极不同意
M02 "男性比女性更容易适应城镇生活"					
M03 "男性比女性更容易结识异性朋友"					

M28. 根据您对家庭夫妻分工方式的看法,请在符合您实际情况的表述下画"√"。

	非常同意	比较同意	一般	不同意	极不同意
M01 农村与城镇家庭分工都是"男主外、女主内"					
M02 农村与城镇不一样,农村是"男主外、女主内",城市是夫妻共同劳动、共同分担家务					

M29. 根据您对移居城镇后家庭分工方式的打算,请在符合您实际情况的表述下画"√"。

	丈夫	妻子	丈夫和妻子
M01 结婚生子前,准备由谁出去工作			
M02 结婚生子后,准备由谁出去工作			
M03 您认为家庭的主要经济支柱应该是			
M04 您认为从事家务劳动的是			

N 部分：职业安全与社会保障状况

N1. 您所在的单位是否提供了安全保护措施？_____

1□ 目前没有工作单位　　2□ 开展过安全培训

3□ 提供了必要的安全防护用品　　4□ 没有　　5□ 其他_____

N2. 如果工友发生工伤事故，工作单位提供的工伤费用是：_____

1□ 全额　　2□ 部分　　3□ 很少　　4□ 没有　　5□ 不知道

N3. 如果权益受到侵犯，您会采取解决的方式是：（可多选，并按重要性从大到小排序）_____

您期望采取的方式是：（可多选，并按重要性从大到小排序）_____

1□ 默默忍受　　2□ 找亲友同乡帮助　　3□ 罢工

4□ 同单位（老板）协商解决　　5□ 求助妇联

6□ 通过企业工会保障部门（劳动监察大队）找报纸电视媒体曝光

7□ 寻求政府法律援助　　8□ 通过仲裁委员会

9□ 通过企业工会　　10□ 通过劳动和社会保障部门（劳动监察大队）

11□ 向人大代表或政协委员反映　　12□ 其他_____

N4. 请根据您的实际以及本题的填写说明，详实填写。

您在本地享受过下列社会保障吗？如果享受过，您是否满意？请把对应的答案序号 1 或 2 或 3 或 4 或 5，填在后面的（　）中。	您享受过吗？ 1 享受过 2 没有	您满意吗？（请选择 1 个回答） 1 非常不满意 2 不满意　3 一般 4 满意　5 非常满意
N01 养老保险	(　　)	(　　)
N02 医疗保险	(　　)	(　　)
N03 工伤保险	(　　)	(　　)
N04 失业保险	(　　)	(　　)
N05 住房公积金	(　　)	(　　)
N06 城镇低保	(　　)	(　　)

附录　农村留守与流动人口调查问卷　/　237

N5. 请根据您的实际以及本题的填写说明，详实填写。

您在本地享受过下列基本公共服务吗？如果享受过，您是否满意？请把对应的答案序号1或2或3或4或5，填在后面的（　）中。	您享受过吗？ 1 享受过 2 没有	您满意吗？（请选择1个回答） 1 非常不满意 2 不满意　3 一般 4 满意　5 非常满意
N01 法律援助	（　　）	（　　）
N02 心理咨询	（　　）	（　　）
N03 提供工作信息或岗位	（　　）	（　　）
N04 计划生育和生殖健康服务	（　　）	（　　）
N05 职业病防治	（　　）	（　　）
N06 子女学前教育	（　　）	（　　）
N07 子女义务教育	（　　）	（　　）
N08 生育保险（男士不回答该题）	（　　）	（　　）
N09 公共安全（治安状况）	（　　）	（　　）
N00 改善食品、药品安全	（　　）	（　　）
N01 打预防针（注射疫苗）	（　　）	（　　）
N02 公共文化设施与场所（博物馆、图书馆等）	（　　）	（　　）
N03 社区管理（办理准生证、暂住证等）	（　　）	（　　）
N04 便利的生活设施（超市、菜市场）	（　　）	（　　）
N05 福利机构（养老院、慈善机构等）	（　　）	（　　）
N06 健康讲座或社区免费健康检查（免费测量血压等）	（　　）	（　　）
N07 科学普及活动（如火灾逃生演练、免费计划生育用品）	（　　）	（　　）
N08 其他：如办理老年证、免费公交卡、公园免门票等	（　　）	（　　）

N6. 您没有参加社会保险的主要原因是：_____

1□ 费用太高，承担不起　2□ 参保不划算

3□ 单位不给缴纳　4□ 没有参保机会

5□ 不知道怎么异地转移，或接续不方便　6□ 对社保政策不了解

7□ 不需要

O 部分：社会关系状况

O1. 您参加社区举办的娱乐交流活动的次数多吗？_____

1□ 从来没有　2□ 很少　3□ 偶尔　4□ 比较多　5□ 非常多

O2. 您参加社区民主管理（如社区听证会、民情恳谈会等）的次数多吗？_____

1□ 从来没有　2□ 很少　3□ 偶尔　4□ 比较多　5□ 非常多

O3. 您参加社区选举的次数多吗？_____

1□ 从来没有　2□ 很少　3□ 偶尔　4□ 比较多　5□ 非常多

O4. 如果有机会，您愿意参加社区的各种活动吗？_____

1□ 非常愿意　2□ 比较愿意　3□ 说不好　4□ 不愿意

5□ 非常不愿意

O5. 您在城/镇里有参加选举或被选举为代表、居委会委员、楼栋长等的机会吗？_____

1□ 完全有　2□ 可能有　3□ 不知道　4□ 没有

5□ 完全没有

O6. 您的政治面貌是：_____

1□ 共产党员　2□ 共青团员　3□ 群众（跳答 O8）

4□ 其他

O7. 您在工作单位是否经常参加党团组织活动？_____

1□ 经常参加　2□ 参加比较多　3□ 参加过几次

4□ 偶尔参加　5□ 从不参加

O8. 与进城镇前相比，您回家乡参加村委会选举的次数是：_____

1□ 与进城镇前一样　2□ 比进城镇前多　3□ 比进城镇前少　4□ 从没有参加过

O9. 目前您在本地参加的组织或团体是：_____

1□ 行业协会　2□ 企业工会　3□ 社区管理委员会　4□ 业主管理委员会　5□ 老乡会　6□ 志愿组织　7□ 娱乐团体　8□ 社区服务中心　9□ 家属委员会　10□ 其他_____

O10. 您参加社会活动的主要原因是：（可多选，请按主次排序）_____

1□ 适应城市的生活方式　2□ 提高自身社会地位　3□ 结交更多朋友　4□ 寻求更多资源或机会　5□ 个人兴趣　6□ 其他_____

O11. 请在符合您实际情况的表述下画"√"。

	全是本地人	大部分是本地人	大部分是外地人	全是外地人	各占一半
O01 经常接触的人					
O02 朋友					
O03 同事					
O04 居住社区					

O12. 请在符合您实际情况的表述下画"√"。

	亲戚家人	同乡	朋友	本地人	其他
O01 您心情不好时，经常找谁谈心？					
O02 与您经常交往的对象主要是谁？					

O13. 当遇到困难时，您一般找谁帮忙？_____

1□ 亲友家人 2□ 同乡 3□ 本地人 4□ 妇联组织 5□ 新闻媒体 6□ 政府职能部门 7□ 民间公益组织 8□ 其他_____

O14. 您在与本地人交往过程中遇到过哪些困难？（可多选，请按主次排序）_____

1□ 语言问题 2□ 观念不同 3□ 生活习惯不同 4□ 没有交往机会 5□ 被本地人看不起 6□ 没有困难 7□ 其他_____

O15. 请在符合您实际情况的表述下画"√"。

	非常符合	比较符合	一般	不符合	极不符合
O01 您熟悉本地特有的风俗习惯					
O02 您按照本地人的风俗习惯办事					
O03 您经常与本地人一起参加社会活动					
O04 您经常与本地人接触					
O25 您与本市居民相处融洽					

P 部分：心理状况

P1. 请在符合您实际情况的表述下画"√"

	非常不愿意	不愿意	一般	比较愿意	非常愿意
P01 您是否愿意与本地人聊天					
P02 您是否愿意和本地人一起工作					
P03 您是否愿意和本地人成为邻居					
P04 您是否愿意和本地人成为亲密朋友					
P05 您是否愿意和本地人参加社区管理					
P06 你是否愿意和本地人通婚或结成亲戚					
P07 您觉得本地人是否愿意跟您聊天					
P08 本地人是否愿意和跟您一起工作					
P09 本地人是否愿意和您成为邻居					
P10 本地人是否愿意和您成为亲密朋友					
P11 本地人是否愿意和您参加社区管理					
P12 本地人是否愿意和您通婚或结成亲戚					

P2. 请在符合您实际情况的表述下画"√"。

	完全不符合	比较不符合	说不清楚	比较符合	完全符合
P01 您感觉自己是属于城市的					
P02 您觉得大部分城里人素质比较高					
P03 您经常把自己生活、工作的各个方面与城里人进行比较					
P04 您认为自己已经是城里人					
P05 您觉得城里人比较傲慢,瞧不起人					
P06 生活在城市里,您感觉很孤独					
P07 您还是愿意回到农村					
P08 您认为自己始终都是农民					
P09 您经常把现在的生活跟以前在农村的生活进行比较					
P00 您只有获得城市居民身份后,才是城里人					
P01 您认为即使有城市居民身份,仍会被城里人认为是外地人					

Q 部分：自我认同与发展状况

Q1. 您闲暇时间的主要活动是：（可多选，请按主次排序）＿＿＿＿

1□ 闲在家里，睡觉 2□ 逛街购物 3□ 外出旅游
4□ 看电视或听广播 5□ 进行体育活动 6□ 与朋友聚会聊天
7□ 读书、看报、学习 8□ 玩扑克或打麻将 9□ 上网
10□ 其他＿＿＿＿

Q2. 您对未来居住地的打算是：＿＿＿＿＿

1□ 愿意在本地定居 2□ 工作一段时间后选一城镇定居
3□ 在本地工作一段时间后回乡定居 4□ 继续在城乡之间流动
5□ 难以决定

Q3. 您是否愿意成为城镇居民？＿＿＿＿

1□ 愿意 2□ 不愿意 3□ 没想好

Q4. 如果将来可以把户口迁到城镇，您处置农村承包地的方式是：＿＿＿＿

1□ 无偿放弃 2□ 补偿后放弃 3□ 保留承包地，自家耕种
4□ 保留承包地，包给他人种 5□ 以承包地入股分红
6□ 不愿意把户口迁到城市 7□ 其他＿＿＿＿

Q5. 外来务工者变为城镇居民应具备哪些条件？（可多选，请按重要性从大到小排序）＿＿＿＿

1□ 较高的收入 2□ 有城镇户籍 3□ 较高的学历
4□ 在城镇有房产 5□ 行为举止文明
6□ 与城镇居民有和谐的人际关系
7□ 在城镇工作、生活的时间较长
8□ 能够享受与城镇居民同等的待遇
9□ 获得尊重，对城镇有归属感、认同感 10□ 其他＿＿＿＿

Q6. 请在符合您实际情况的表述下画"√"。

	非常符合	比较符合	一般	不符合	极不符合
Q01 您经常会把要做的工作列成计划表					
Q02 无特殊情况，您会对没有守时感到不安					
Q03 您会通过新闻媒体、网络等渠道来了解信息					
Q04 您关心国内国际大事					
Q05 您赞同超前消费，比如贷款买房、信用透支消费等					
Q06 当您身边的大多数朋友进行投资股票等投资时，您会与他们一样					
Q07 您能够接受技术能力高低所带来的收入差异					
Q08 您赞同一份工作的发展前途比暂时的工作收入更重要					
Q09 您觉得定期去医院做全面体检有必要					
Q10 您赞成学习一项新的技术、从事新的更好的工作					
Q11 您觉得您已经是本地人了					
Q12 您觉得在本地生活很幸福					
Q13 您觉得您对工作所在地有贡献					

Q7. 您认为自己最适合在城镇发展的优势是：_____

1□ 工作能力强　2□ 适应能力强　3□ 善于交际

4□ 气质外貌佳　5□ 吃苦耐劳　6□ 有人脉关系

7□ 没有优势　8□ 其他_____

Q8. 您认为阻碍您在城镇发展最主要的自身因素是：_____

1□ 学历低　2□ 没有一技之长　3□ 适应性差　4□ 性别原因

5□ 不善交际　6□ 自卑心理　7□ 其他_____

Q9. 除自身因素外，您认为制约您在城镇发展的其他最主要因素是：_____

1□ 缺乏学习与培训的机会　2□ 没有人脉关系
3□ 在城里受到歧视　4□ 缺乏政府与社会的支持
5□ 传统男女分工观念的限制　6□ 其他_____

Q10. 您认为提升自身技术能力最大的障碍是：_____

1□ 自身文化基础差　2□ 没有经济条件
3□ 没有学习与培训的机会　4□ 没有时间　5□ 没想过
6□ 其他_____

Q11. 您最希望通过什么途径来提高自身技术能力？_____

1□ 自费参加成人教育　2□ 政府组织技能培训
3□ 企业组织技能培训　4□ 民间组织免费提供帮助
5□ 其他_____

Q12. 您的梦想是：（可多选，最多选三项，并按重要性从大到小依次排序）_____

1□ 在城里结婚成家　2□ 在城镇创业　3□ 回家乡创业
4□ 全家移居城镇　5□ 获得职位升迁与提高工资的机会
6□ 其他_____

Q13. 您希望政府提供的服务是：（可多选，最多选三项，并按重要性从大到小排序）_____

1□ 取消户籍限制　2□ 提供保障住房或廉租房
3□ 提供更多就业机会　4□ 提高最低工资水平
5□ 解决子女的上学问题　6□ 改善医疗条件
7□ 改善工作和生活环境　8□ 提供职业技能培训
9□ 改善社会保障　10□ 加强权益保障　11□ 其他_____

Q14. 您希望妇联组织帮助您：（可多选，最多选三项，并按重要性从大到小依次排序）_____

1□ 提供心理辅导　2□ 提供维权服务　3□ 组织市民化培训
4□ 就业培训　5□ 提供免费技能培训　6□ 提供家庭教育辅导

7□ 组织文体健身活动　8□ 其他_____

Q15. 您希望所居住的社区帮助您：（可多选，最多选三项，并按重要性从大到小依次排序）_____

1□ 提供就业信息　2□ 提供技能培训

3□ 开展法律援助服务活动　4□ 开展健康义诊服务活动

5□ 建立进城务工人员服务站　6□ 建立娱乐室或学习室

7□ 其他_____

Q16. 您希望所在的工作单位帮助您：（可多选，最多选三项，并按重要性从大到小依次排序）_____

1□ 提供实用技术培训　2□ 举办更多的文体活动

3□ 建立心理疏导小组　4□ 有特殊保护　5□ 按时如数发放工资

6□ 建立健全"五险一金"制　7□ 其他_____

L 部分：背景资料

最后，我们有几个有关您和您家庭的问题，仅供参考分析用，希望您不介意，我们会为您保密。

L1. 您的性别：_____

1□ 男　2□ 女

L2. 您是哪一年出生的？_____

1□ 1980 年前出生　2□ 1980—1990 年出生

3□ 1990 年以后

L3. 您的教育程度：_____

1□ 本科及以上　2□ 大专　3□ 高中或中专　4□ 初中

5□ 小学　6□ 小学以下

L4. 您来自_____省的：

1□ 城郊　2□ 乡镇　3□ 农村

L5. 您目前的工作地点在：_____

1□ 省会城市　2□ 地级市　3□ 县城

　　L6. 您在目前工作的城镇生活多长时间？_____（请您填写）

　　L7. 到目前为止，您到城镇工作，累计有多长时间？_____（请您填写）

　　L8. 在目前工作的城镇，您搬了几次家？_____次（请您填写）

　　R 部分：您对农村妇女生活现状还有其他哪些看法？您期望社会、政府等怎样帮助她们改善这种现状？
_____
_____
_____

问卷到此结束，再次衷心感谢您的参与！